砂糖のイスラーム生活史

砂糖の
イスラーム生活史

佐藤次高
Sato Tsugitaka

岩波書店

目　次

目　次

＊　引用文中には（　）を用いて引用文献における原語もしくは訳語表記を、また〔　〕を用いて筆者による注記を補った。
＊　人名のカタカナ表記は、本名、尊称、由来名などは＝で区切り、さらにそれぞれの名称を細かく区切る必要がある場合には、・を用いた。たとえば、歴史家マクリーズィーは、タキー・アッディーン＝アブー・アルアッバース＝アフマド＝アルマクリーズィーと表記される。

プロローグ

砂糖から見たイスラーム生活史の可能性

砂糖は、その生産がはじまって以来、私たちの日常生活と常に密接な関係を保ってきた。砂糖きびを原料とする砂糖生産は、紀元後まもなくインド北東部のベンガル地方で開始され、その後長い年月をかけて東西の世界に広まっていった。東方ルートでは、砂糖きび栽培はゆっくりと拡大し、唐代(七―十世紀)の中国で砂糖生産が開始されてから、南宋時代(十二世紀前半―十三世紀後半)になって本格的な砂糖きび栽培と商品生産が行われ、その後沖縄にまで達したのは十七世紀はじめのことであった。

いっぽう、西方のルートでは、ササン朝時代の七世紀はじめにはイランで砂糖きび栽培がはじまり、七世紀半ば以後のイスラーム時代になると、イラク南部・シリアの海岸地帯・ヨルダン渓谷への普及と並行して、九世紀には早くもエジプトのデルタ地帯へと拡大した。さらに十一世紀以後には上エジプトや地中海諸島・マグリブ地方に広まり、十二世紀頃までにはアンダルシア(イベリア半島南部)でも本格的な砂糖生産が始まっていた。ムスリムから製糖技術を学んだイベリア半島のキリスト教徒は、コロンブスを先駆者としてこの技術を新世界に持ち込み、十六世紀にはカリブ海諸島やブラジルで黒人の奴隷労働による大規模な砂糖きびプランテーションが開始されたのである。

アラビア語で砂糖をスッカル sukkar という。これはサンスクリット語のサルカラー sarkarā に起源をもつペルシア語のシャカル shakar からの借用である。聖地エルサレムの奪回をめざした十字軍の騎士たちは、シリアやエジプトで砂糖の強烈な甘みをはじめて体験し、これを十二世紀から十三世紀のヨーロッパに持ち帰った。アラビア語のスッカルをもとに、やがて英語のシュガー sugar やフランス語のスュクル sucre、あるいはドイツ語のツッカー Zucker などの用語が定着していったことはよく知られている。またアイユーブ朝（一一六九―一二五〇年）やマムルーク朝（一二五〇―一五一七年）の時代には、アレクサンドリアでヴェネツィアやジェノヴァなどのイタリア商人に売り渡す商品のなかには、香辛料や穀物にくわえてエジプト産の砂糖が大量に含まれていた。したがって十二世紀以降についてみると、砂糖は地中海を舞台にしてイスラーム世界とヨーロッパとを結ぶ、交易用の重要な商品でもあったことになる。

前述のようにイランやイラクでは、すでに七―八世紀頃から砂糖の生産は始まっていたが、この砂糖を通して考察してみた場合、どのようなイスラーム社会像が浮かび上がってくるのだろうか。砂糖の原料となる砂糖きびの栽培には、当時としては高度な農業技術が必要とされ、また砂糖の精製にも各種の先進的な技術が開発された。しかも精製された砂糖は、高価な商品として販売されるばかりでなく、貴重な薬や薬膳の素材、あるいはイスラームに固有な祭の品としても扱われた。したがって砂糖を手がかりとすれば、砂糖の管理や下賜によるカリフやスルタン権力の誇示、イスラーム世界を股に掛けた砂糖商人の活躍、薬としての砂糖の効能、断食月に食べる砂糖菓子、メッカ巡礼と砂糖など、ムスリムを中心とする社会生活史の具体相をさまざまな形で浮き彫りにすることが可能だと思われる。

アラブ詩のなかの砂糖——人気の甘味料

イスラーム時代のはじめまで伝統的な甘味料として用いられてきた完熟の果物や蜂蜜に比べれば、新来の砂糖ははるかに純度の高い甘味料であった。人々の垂涎の的となった砂糖にまつわるアラブ詩を紹介する前に、まずイスラーム初期の法学者による珍しい砂糖についての一文を読んでみることにしよう。ハナフィー派法学の祖となったクーファのアブー・ハニーファ(六九九頃—七六七年)は、砂糖きびと砂糖に注目して次のように述べる。

砂糖きび(カサブ・アッスッカル qasab al-sukkar)には、白、黄、黒の各種あるが、黒色のきびは痩せているので圧搾されることはない。白や黄色のきびの搾り汁は「きびの蜜」とよばれ、最上のものはザンジュ(東アフリカ)産でレモンのような黄色である。また砂糖きびの搾り汁を固めたものが粗糖(カンド)であり、これから砂糖(スッカル)がつくられる。

(ディマシュキー『シリアの魅惑』p. 354)

一般に、砂糖きびの搾り汁を一度煮沸してから、黒色の糖蜜を分離して得られるのが褐色の砂糖(粗糖)であり、これに水を加えてもう一度煮沸すればさらに上質の砂糖ができあがる。右の文章で、粗糖からつくられるとされた「砂糖」とは、この上質な砂糖のことであったと思われる。

また『千夜一夜物語』には、酒ほがいの詩人イブラーヒーム・アンナッザーム(八四五年頃没)と法学・神学・伝承(ハディース)学・哲学・詩学・音楽などイスラームの学芸万般に秀でた賢い女奴隷タワッドゥドとの間に交わされた、次のような問答が記されている。

「それじゃあ、ある詩人がつぎのようにいってるが、なんのことかいうてみるがいい。

細やかな　脚をもち　その味は　いと甘し
その形　槍に似て　おりながら　穂先なし
誰もみな　このものの　恩恵を　常に受く
ラマダーンの　月のうち　日が暮れて
そをば食《は》む」
「甘蔗《さとうきび》のことでございます」

（前嶋信次訳『アラビアン・ナイト』X, p. 343）

これは九世紀半ば以前のイラクを舞台にした話だと思われるが、ここにはすでに断食を行うラマダーン月と砂糖（きび）との密接な関係が語られていてなかなか興味深い。現代までつづく「ラマダーン月の砂糖」については、本論のなかでさらにくわしく述べることにしよう。なお興膳宏によれば、中国の文人画家顧愷之《こがいし》（三四四頃—四〇五年頃）にまつわる言葉「佳境に入る」の原義は、甘みの少ない砂糖きびのしっぽの方から食べ始めて、だんだん中心のおいしいところにいたることを意味していたのだという（『平成漢字語往来』日本経済新聞社、二〇〇七年、pp. 164–165）。

ここでもうひとつ砂糖を読み込んだ詩を紹介してみることにしたい。アレッポ生まれの知識人イブン・アルアディーム（一二六二年没）による薬膳書には、次のような詩が収録されている。

私は、ご覧のように、五〇年、いやそれ以上に齢をかさねてきた。
塩を砂糖（スッカル）と錯覚するように、芳香の樹脂（ムクル）を
ハシバミの実と思い違えて。

（『愛する者との絆』I, p. 315）

ここには、五〇年あまりに及ぶ人生を振り返って、あたかも「塩を砂糖と思い込むような」錯誤の一

生だったのではないか、との苦い思いが語られているとみてよいであろう。アレッポで裁判官を務めていたイブン・アルアディームは、一二六〇年、モンゴル軍の追及を逃れてカイロに避難したが、ふたたびアレッポに戻って目にしたのは、殺戮と略奪によって荒れ果てた故郷の町であった。前述の詩を自著に収録したのは、このような大きな失望と愕然とした体験があったからではないかと思われる。

さらにマムルーク朝治下のダマスクスで活躍した法学者ナジュム・アッディーン＝ハーシム＝アルバールバッキー（一三三一年没）は、砂糖を題材にして次のような詩を書き残している。

私はあなた方から砂糖（スッカル）についてお聞きしました。
きっとあなた方は繰り返しそれをつくっているのでしょうね。
想像するところ、砂糖は甘美で、味もすばらしいに違いありません。
私は話に聞いただけで、まだ見たことはありませんけれどね。

（イブン・アルジャザリー『時代の出来事の歴史』II, p. 494）

これは、まだ見たことのない砂糖へのあこがれを詠った詩であるが、一行目の下の句に「繰り返しそれをつくっている」とあるのは、精製を繰り返して上質の白砂糖に仕上げることと掛ことばになっているのであろう。以上に引用した二、三の例からも明らかなように、アラブの散文や詩には砂糖が、とくに上質の白砂糖が「甘美なるもの」の象徴としてしばしば登場する。ここで取り上げた『千夜一夜物語』のなかの砂糖についても、後の本論のなかで改めて具体的な分析を試みてみることにしたい。

研究史と本書のねらい

このように「甘美な砂糖」は、早くから人々の注目を集めてきた。東西の世界に拡大した砂糖の歴史に限ってみても、その研究の数はけっして少なくないと思われる。しかし、ここでそれらの研究を網羅的に紹介することはとてもできないので、まずは本書のねらいを明らかにするのに必要な著作だけにしぼって、そのあらましを記しておくことにしたい。

最初に取り上げるのは、砂糖研究の先駆けとなったE・フォン・リップマンの著書『砂糖の歴史』*Geschichte des Zuckers* である。(1) 十九世紀末に知られていたヨーロッパ諸語の史料(アラビア語やペルシア語からの翻訳を含む)を丹念に収集し、砂糖きびを原料とする砂糖生産について、その始まりから十九世紀までの歴史をたどった労作である。アラブ・イスラーム世界の砂糖についても多くのページを割いているが、たとえばエジプトやアンダルシア地方について、砂糖きびや砂糖についての記述が一つでもあれば、それをもって砂糖生産がその地域に普及した証拠であるかのように記しているところが難点だといえよう。N・デールの『砂糖の歴史』*The History of Sugar* は、(2) アジアから新世界にいたる砂糖きび栽培と製糖業の歴史をたどるとともに、十八世紀末から出現する甜菜《てんさい》(ビート)糖にも言及した大作である。ただ地中海・イスラーム世界の砂糖については、アラブの征服活動が進むにつれて製糖業もすぐに拡大したと記述されており、これらの記述は同時代史料に照らしてみてもとうてい納得できる内容ではない。H・ブルームの『砂糖きびの地理学』*Geography of Sugar Cane* は、世界各地の砂糖きび栽培にかんする地理学的研究であるが、砂糖きび栽培の拡大の歴史については、先のリップマンのデータに依拠していて不正確である。また地中海・イスラーム世界の砂糖生産についてみると、この種の農産物加工業が発達したのは十字軍時代以後のレヴァント地方においてであった、と完全に間違った記述を残している。[3]

Ｓ・Ｗ・ミンツの『甘さと権力――砂糖が語る近代史』*Sweetness and Power*(川北稔・和田光弘訳)[4]は、食物としての砂糖の社会性から説き起こし、砂糖生産の歴史、近代ヨーロッパにおける消費の拡大、砂糖を基礎にした富と権力までを論じていて有益である。しかしアラブ・イスラーム世界の製糖業には奴隷が用いられ、それが起源となってカリブ海諸島やブラジルのプランテーションでも黒人奴隷が使用されるようになった、と記しているのは、明らかに歴史の事実に反している。川北稔も『砂糖の世界史』のなかで、イスラーム社会を対象に砂糖と奴隷制度との密接な関係を強調しているが[5]、この問題については本文のなかで改めて取り上げ、史料にもとづく検討を加えてみることにしたい。

以上は、主として十六世紀以降の欧米における砂糖の生産と消費を扱った著作であるが、東方ルート上にある中国の砂糖生産についても重要な研究がいくつか発表されている。戴国煇《たいこくき》『中国甘蔗糖業の展開』[6]は、中国史料にもとづいて、甘蔗栽培の始まりから、宋代以降の栽培技術の発展、元代・明代における製糖業の展開を丹念にたどった著作であり、私にとっては、砂糖研究の重要さを教えてくれた懐かしい書物である。Ｃ・ダニエルスが一九九六年に発表した大冊『中国の科学と文明――農産物加工業：甘蔗糖の技術』*Science and Civilisation in China: Agro-Industries: Sugarcane Technology*[7]は、中国の製糖業史研究のなかで画期的な意義をもつものといえよう。砂糖きび栽培と製糖技術の展開を一次史料にもとづいて綿密にあとづける手法とそれによって得られた結果には、圧倒的な厚みが感じられる。中国についてばかりでなく、本書でイスラーム世界の製糖技術を考える場合にも、比較の対象として貴重なデータを数多く提供してくれるにちがいない。S・マズムダルの『中国の砂糖と社会』*Sugar and Society in China*[8]も六〇〇頁を超える大著である。ダニエルスの著書が製糖技術に重点をおいているのに対して、マズムダルは、明清時代を対象にして、中国産の砂糖が世界経済に組み込まれ、それによって地主・小作関係がさまざまに変容していく様子を描き出している。

いっぽう奄美諸島や沖縄など日本の製糖業については、実際に製糖業にたずさわった経験をもつ松浦豊敏《まつうらとよとし》の著作、『風と甕——砂糖の話』[9]が製糖技術のくわしい情報を提供してくれる。とくに前近代の中国や日本を対象にして、砂糖汁の煮沸から白砂糖を精製する工程を具体的に解明しようとする追跡調査には、ある種の執念すら感じられる。なお、この書のなかで情報の欠落が指摘されているアラブ世界の製糖技術、とくに円錐形の素焼き壺を用いた製糖法については、本書のなかで史料や遺物にもとづく回答を提供することができるものと思う。明坂英二《あけさかえいじ》『シュガーロード——砂糖が出島にやってきた』[10]は、これまでの研究に依拠して砂糖の生産とその販売ルートをたどり、インドではじめて生産された砂糖がヨーロッパをへて長崎の出島にまでいたった経緯を分かりやすく解説している。

それではイスラーム世界の砂糖の研究状況はどうなっているのだろうか。西アジアからマグリブ・アンダルシアの地域についてみると、砂糖の歴史にかんする単独の研究書は、J・マズエルの『エジプトの砂糖』*Le sucre en Égypte*[11]がおそらく唯一のものであろう。しかし、その前半部でエジプトの砂糖について簡単な歴史も述べられているが、記述の中心はあくまでも十九世紀から二〇世紀にかけての機械化されたエジプト製糖業の実態におかれている。またP・ベルティエの『モロッコにおける伝統的製糖業とその灌漑組織』*Les anciennes sucreries du Moroc et leur reseaux hydrauliques*[12]は、地域をモロッコに限定しているとはいえ、文献調査と発掘調査とを組み合わせた詳細な研究であり、本書での利用価値もけっして少なくないと思われる。しかしアラビア語史料についていえば、すべて仏語訳あるいは英語訳のあるものに限定されており、本書はこの点で史料検索の限界があるといわなければならない。

A・W・ワトソンの『初期イスラーム世界の農業革新』*Agricultural Innovation in the Early Islamic World*(13)は、稲・綿花・砂糖きび・ナス・バナナなどイスラーム世界で拡大・発展した新種の栽培作物を中心に、それらの作物の拡大とその要因を探った画期的な著作であるといえよう。しかしたとえば砂糖きびと砂糖についていては、図版も含めてわずかに七頁が割かれているに過ぎず、ここから砂糖きびの栽培法、製糖の技術、砂糖の取引、砂糖商人の活躍などについての知見を得ることはできないのである。製糖の技術にかんしていえば、E・アシュトールの論文「中世後期におけるレヴァントの製糖業」"Levantine Sugar Industry in the Late Middle Ages"(14)が参考になり、またS・Y・ラビーブの『中世後期のエジプト商業』*Handelsgeschichte Ägyptens im Spätmittelalter*(15)には、マムルーク朝政府による砂糖価格の統制問題も含めて、砂糖取引への貴重な言及が随所にみられる。佐藤次高は『イスラームの生活と技術』(16)と「マムルーク朝時代エジプトの経済生活における砂糖」"Sugar in the Economic Life of Mamluk Egypt"(17)のなかで、イスラーム社会への砂糖きび栽培の導入と拡大、砂糖の製法、商品・薬・祭の品としての砂糖などについて略述したが、筆者(佐藤)はこれらの著書や論文を本書執筆のための習作だと位置づけている。なおアラビア語の著作にも、サフィー・A・M・アブドッラーフの『イスラーム時代エジプト都市の工業』をはじめとして、砂糖きび栽培と製糖業に触れたものはかなりあるが、いずれも精緻な分析にもとづく記述とはいえず、分量もせいぜい数頁の範囲にとどまっている。(18)

世界各地を対象にした砂糖研究の概要は以上の通りである。これらを一瞥して気が付くのは、中国での砂糖きび栽培と製糖の歴史については分厚い研究の蓄積があり、また十六世紀以降の新世界での砂糖プランテーションとヨーロッパでの精製と販売・消費についても、多くの研究がなされてきたことである。これに対して、東アジア世界とヨーロッパ世界の中間に位置するイスラーム世界にかんしては、砂糖きび栽培の導入と拡大、製糖技術の開発、砂糖の取引、砂糖と権力など、どの分野を取り上げてみてもまだ十分な成果を手にしているとはいえないのが実情であろう。このような事情を考慮して、本書では、同時代のアラビア語史料と若干のペルシア語史料を活用しながら、砂糖きび栽培と製糖の技術、商品であると同時に薬や祭の品としての砂糖、さらには砂糖商人の盛衰などの考察を通じて、イスラーム社会の生活史を複合的に描き出してみたいと考えている。これらの作業を積み上げていくことにより、砂糖を軸にして東アジア世界、イスラーム世界、ヨーロッパとアメリカの新世界をはじめて一体のものとして理解できる可能性が生まれてくるに違いないからである。

史料の性格――アラビア語史料が語る世界

本書ではアラビア語史料を中心とし、ペルシア語その他の史料を補助的に用いることにしたい。アラビア語史料では、年代記や地方史・都市史のほかに、地理書・地誌・旅行記、百科全書・伝記・文学書、さらには農書・薬事書・薬膳書などから砂糖関係の記事を収集した。以下に主なアラビア語史書を取り上げ、その特徴を述べてみることにしよう。アラビア語史料を網羅的に利用した砂糖の歴史研究は、世界的にみてもはじめての試みだからである。

まず初期イスラーム時代のイランやイラクについては、アラブの地理書がさまざまな情報を提供してくれる。たとえばエルサレム生まれの地理学者ムカッダスィー(十世紀)は、『世界を知るための最良の地域区分』*Aḥsan al-Taqāsīm*(以下、『最良の地域区分』と略記)を著し、十世紀の「イスラーム世界(アカーリーム・アルイスラーム)」についてきわめて正確な記録を書き残した。砂糖きび栽培と砂糖生産にかんする記事も豊富である。また北イラクに生まれた同時代の商人イブン・ハウカル(十世紀)も、エジプト、マグリブ、アンダルシアまで旅して『大地の形態』*Kitāb Ṣūrat al-Arḍ*を編纂した。自らの足で集めた知見が盛り込まれており、その点でムカッダスィーの地理書と同様の価値をもつものといえよう。十一世紀以降のシリア、エジプト、地中海世界については、イドリースィー(一一〇〇—六五年)の有名な地理書『世界を深く知ることを望む者の慰みの書』*Kitāb Nuzhat al-Mushtāq fī Ikhtirāq al-Āfāq*(以下、『慰みの書』と略記)が、砂糖をはじめとする各地の特産品についてくわしく記している。この書は、ノルマン・シチリア王国(一一三〇—九四年)のルッジェーロ二世の求めによって書かれたので、別名『ルッジェーロの書』とも呼ばれている。

エジプトでは、七世紀半ばのアラブによる征服以降、部族民が各地に定着していく様子をその土地の地理情報とあわせて記す「地誌(ヒタト)」の伝統が生まれた。カイロに生まれ育った歴史家のマクリーズィー(一三六四頃—一四四二年)は、新旧の地誌情報を集大成して大部な『エジプト誌』*Khiṭaṭ*を著した。このなかには、エジプト各地の砂糖きび圧搾所、製糖所、イタリア商人への砂糖の売却、子供向けに砂糖菓子を売るカイロの市場商人など、マムルーク朝時代のエジプトにかんする貴重な情報が数多く集められている。また、マクリーズィーの師の一人であったイブン・ドクマーク(一四〇六年没）も、『都市を結ぶことによる勝利の書』*Kitāb al-Intiṣār*（以下、『勝利の書』と略記）と題するエジプトの都市誌を書き表した。この書には、マムルーク朝治下カイロ南郊のフスタートに集中していた製糖所（マトバフ・アッスッカル）について、それぞれの設置場所や所有者・管理者を具体的に記しているので、製糖所経営の実態を知るにはきわめて有用な書といえるであろう。

十世紀以降のイスラーム時代には、数多くのメッカ巡礼記（リフラ）が著されるようになった。アンダルシア生まれのイブン・ジュバイル（一一四五―一二一七年）やモロッコ生まれのイブン・バットゥータ（一三〇四―六八／六九あるいは七七年）も、当初はメッカ巡礼を志して故郷を出発した。実際には、イブン・ジュバイルの『旅行記』*Riḥla* もイブン・バットゥータの旅行記『都市の不思議と旅の驚異を見る者への贈り物』（『大旅行記』家島彦一訳）*Tuḥfat al-Nuẓẓār*（以下、『旅行記』と略記）も、ともにメッカ巡礼記の範囲を超えているが、途中のエジプトやシリアについても砂糖きび栽培と砂糖生産の情報を伝えてくれる点で貴重な史料といえよう。ペルシア東部のバルフ地方に生まれたナースィル・ホスロー（一〇〇三―六一年）は、同じくメッカ巡礼の途次ファーティマ朝（九〇九―一一七一年）治下のエジプトを訪れ、帰国後、ペルシア語の『旅行記』*Safar Nāma* を著した。この旅行記には、十一世紀当時のエジプトで、カリフがラマダーン月の祭礼用に大量の砂糖を消費する様子が生き生きと描き出されている。

年代記・地方史・都市史については、まずナーブルスィー（一二六一年没）の『ファイユームの歴史』*Ta'rīkh al-Fayyūm* をあげなければならない。アラブ人官僚のナーブルスィーは、アイユーブ朝スルタン・サーリフ（在位一二四〇―四九年）の命を受けてエジプト中部にあるファイユーム地方の調査を実施し、その結果を『ファイユームの歴史』にまとめてスルタンに提出した。この書には、ファイユームの町と周辺の一〇〇カ村について、町や村の景観、税収入、作物の種類、村に固有な水利権などが実に克明に記されている。新しく導入された砂糖きびについても、その栽培面積や耕作農民の階層が具体的に記録されており、他に例のないユニークな史料であるといえよう。地方史の範囲からは外れるが、イブン・マンマーティー(一二〇九年没)の『官庁の諸規則』*Kitāb Qawānīn al-Dawāwīn* も、エジプトの地方行政を体系的に叙述していて貴重である。マンマーティー家はエジプトの地方行政を担うコプト官僚の名家であり、この書にはその知識の伝統が集約されているといってよい。年代記では、前述したマクリーズィーの『諸王朝の知識の旅』*Kitāb al-Sulūk* が具体的な情報を提供してくれる。一般的にいえば、イスラームの年代記はカリフやスルタンの事績を記したものが中心であるが、マクリーズィーの年代記には十四―十五世紀のカイロの社会生活にかんする記録も数多く記されている。とくに砂糖や砂糖菓子の売買をきめ細かく叙述しているのは、マクリーズィー自身が何度かカイロの市場監督官(ムフタスィブ)を務めた経験をもったからであろうと思われる。

マムルーク朝時代に活躍した百科全書家のなかでは、上エジプト生まれの知識人ヌワイリー(一二七九―一三三三年)が筆頭にあげられる。十五年あまりを費やして編纂された主著『学芸の究極の目的』*Nihāyat al-Arab* は、天と地、人間、動物、植物、歴史の五部から構成され、そのうちの第二部「人間」のなかの一章(刊本では第八巻)では、上エジプトのクース地方で行われてきた砂糖きび栽培と製糖法がくわしく記されている。十三世紀から十四世紀にかけてのエジプトの製糖業については、出色の情報源であるといえよう。また同種の百科全書として、官僚養成のために書かれたウマリー(一三〇一―四九年)の『道程の書』*Masālik al-Abṣār* やカルカシャンディー(一三五五―一四一八年)の『黎明』

Ṣubḥ al-Aʻshā も、エジプトやシリアの砂糖についてさまざまな情報を提供してくれる。さらにカーリミー商人を含む砂糖商人の経歴を明らかにするうえでは、各種の人名辞典を利用することが不可欠であろう。たとえばサファディー（一三六三年没）の『死亡録補遺』*Kitāb al-Wāfī bil-Wafayāt* やイブン・ハジャル（一三七二―一四四九年）の『隠れた真珠』*al-Durar al-Kāmina* には、モスク・学院・病院、あるいは神秘主義者（スーフィー）のための修道場の建設、修行者への砂糖の支給など、富裕な商人による公益（マスラハ）増進のための事業が克明に記されている。

　最後に農書や薬事書関係の書物を何点か取り上げてみることにしよう。イブン・ワフシーヤ（十世紀）の作とされる『ナバタイ人の農業書』*Kitāb al-Filāḥat al-Nabaṭīya* は、もとはシリア語からアラビア語への翻訳（訳者不明）であったが、その後イブン・ワフシーヤによって、シリアやイラクの実情が書き加えられたとされている。砂糖きびや砂糖についての記事も豊富であるが、記述が一般的にすぎて栽培地や製造地を特定できない場合も少なくない。またセビーリャのイブン・アルアッワーム（十二―十三世紀）による『アンダルシア・ムスリムの農業書』*Kitāb al-Filāḥat al-Muslimīn al-Andalusīin* は、十二―十三世紀のアンダルシアにおける砂糖きび栽培の実態を知るうえで有用な書物である。同じアンダルシアのマラガに生まれたイブン・アルバイタール（一二四八年没）は、二〇歳を過ぎた頃に東方へと旅立ち、カイロとダマスクスで薬事学を修めた後、大部な『薬種・薬膳集成』*al-Jāmiʻ li-Mufradāt al-Adwiya wal-Aghdhiya* を著した。後述するように、「スッカル」の項目には、当時の人々が理解していた砂糖のさまざまな医療効果が簡潔に、しかも具体的に示されている。さらに、マムルーク朝のスルタン・バイバルス（在位一二六〇―七七年）の侍医を務めたイブン・アンナフィース（一二八八年没）は、大部な『医学百科全書』*Shāmil fī al-Ṣinā'at al-Ṭibbiya* を著し、そのなかで砂糖の製法とその効能についても、きわめて具体的に論じている。いっぽう、シリアの城塞都市カラクに生まれたイブン・アルクッフ（一二三三—八六年）は、健康維持の専門医としての知識を生かして『健康維持と病気予防策集成』*Jāmi' al-Gharaḍ* を著し、全体で二五〇を超える薬膳のレシピを紹介した。そのなかには、砂糖入りの甘菓子や砂糖を加味した肉料理が数多く含まれており、甘党の人にとってはきっと魅力あふれる書物になるに違いないと思う。

第1章　砂糖生産のはじまりと拡大

1　砂糖生産の起源と西アジアへの伝播

砂糖きび栽培の起源

砂糖きび(英語名 sugarcane)は、インドや東南アジアに自生していたサッカルム属の野生種が、ニューギニアで優良品種に改良され、やがてその栽培種、ラテン語の学名ではサッカルム・オフィキナールム Saccharum Officinarum(「薬屋の砂糖」の意味)が生まれたとされている。大型の多年生イネ科植物で、茎の直径は太いもので四センチメートル、高さは二―四メートルにも達する。ニューギニアで誕生したこの栽培種は、紀元前の時代にインドネシアやマレーシア、さらにはインドおよび中国南部へと広まっていった。古くは砂糖きびの栽培種はインドにはじめて出現し、そこから世界の各地に普及していったとされていたが、最近ではもっと赤道に近いニューギニアでの発生説が有力なようである。

いくつかの説を紹介してみよう。世界史なかの砂糖研究に先鞭をつけたリップマンは、砂糖きびの

図 1　砂糖きび畑
J. Mazuel, *Le Sucre en Égypte* より.

故地がインド北東部、とくにベンガル地方にあったことは明らかだと述べている[1]。松井透もインド起源説をとり、『アジア歴史事典』(平凡社)中の「砂糖」の項目で、「かなり古くからインドでそれ〔砂糖きび栽培〕が行なわれ、時代の経過とともに原料植物の品種・栽培技術・砂糖製造技術が少しずつ改良されていった」と記している。いっぽう中国の製糖史を研究したマズムダルは、「砂糖きびは、紀元前三世紀以後の時代に東南アジアか、あるいはインド最東部から中国南部に導入された」と述べ、断定を避けている[2]。

これに対して世界製糖史を著したデールは、ニューギニア発生説を採用し、砂糖きびの栽培は東南アジアからインドに伝わり、ついで中国に達したと述べている[3]。ワトソンも『初期イスラーム世界の農業革新』のなかで、「砂糖きびの栽培と交配はニューギニアで始まったのであろう」と記し[4]、また中国製糖業史の研究家ダニエルスは、「砂糖きびは、紀元前の時代から東南アジア、インドネシア、メラネシア、ポリネシアの菜園で他の作物と一緒に栽培されていた」と述べている[5]。確かなことはなお不明であるが、ここでは砂糖きび栽培は、紀元前の時代にニューギニアからインドネシアへかけての島嶼部で始まったと考えておくことにしよう。

製糖業の開始

それでは、砂糖きびを原料とする砂糖生産は、いつ頃どこで始まったのであろうか。この問題についても、これまでの研究をまとめながら要点だけを記しておくことにしたい。まずデールは、ストラボン(前六四あるいは六三―後二一年頃)の『地理書』から次のような記事を引用している。[6]「彼〔アレクサンドロス大王の将軍ネアルコス〕によれば、インドには蜜蜂がいないのに蜜を出す葦があり、また実を結ぶ木もあって、その実からは蜜がつくられるが、それを生のまま食べると酩酊する」。川北稔は、この記事をもとに、アレクサンドロス大王(前三五六―前三二三年)の「兵士たちが北インドに入ったとき、「蜂がつくったのではない固い蜜」をみつけて大喜びした」と記している。[7] しかしネアルコスは「蜜を出す葦」と述べているだけであって、「固い蜜」つまり「砂糖の固まり」とはいっていない点に注意しなければならない。しかも『甘さと権力』の著者ミンツは、デールは「蜜を出す葦」を「砂糖きび」とみなしているようだが、この見方が正しいかどうかさえ分からない、と厳しい指摘をしている。

ミンツは、食品史家R・J・フォーブズの意見を参考にして、ディオスコリデス(一世紀ローマの植物学者)の『薬物誌』*Materia Medica* から、次のような記事を引用している。つまり「「サッカロン」と呼ばれる固型の蜜があり、インドやアラビア・フェリクス(イエメンを中心とする肥沃地)の葦からとれる。見かけは塩に似た感じで、塩と同じくかんたんに嚙み砕ける。水に溶けやすいので、胃腸にもよく、腎臓や膀胱の痛みを和らげる」。彼はこの記述をもとに、紀元後一世紀頃にはインドで少量の砂糖がつくられ、これがローマ世界にも知られるようになった、とする見解を示している。[8] ただミンツは、サッカロンとは、ある種の竹の茎に溜まる甘いガムのことであるとする見解があることも紹介している。確かに、『薬物誌』の英訳をよく見てみると、「サッカロンは葦に見出される」と記されていて、「葦から〔加工して〕とれる」とは書かれていない（*The Greek Herbal*, p. 125）。このことを根拠に考えれば、一世紀頃に砂糖きびの液汁を加工して砂糖の結晶をつくることが始まった、と断定することはできないように思われる。

これに対し、砂糖きびについてインド起源説を採ったリップマンは、二八六年に「ガンジス川南のフナン王国」が砂糖きびを中国皇帝への贈り物として用いたとする『南方草木状《なんぽうそうもくじょう》』（『漢魏叢書』所収、諸蔗の項）の記述にもとづいて、粗糖の生産はこれ以後、つまり三世紀以降の時代に開始されたと推定している。[9] しかしフナンとはメコン川下流域の「扶南」のことであり、ガンジス川の南ではありえない。いっぽうダニエルスは、「砂糖生産のための砂糖きび栽培は、北インドで始まったらしい」とだけ述べて、[10] 年代については明確な言及を避けている。

以上のように、砂糖生産の開始時期についても確かなことは不明であるが、結晶化した固形の砂糖づくりはインド北部で始まったとする点では諸説一致している。ここではディオスコリデスに依拠するミンツの説に疑問を残し、砂糖きびを原料とする砂糖の生産は、紀元後一世紀頃、あるいはそれ以後に開始されたと考えておくことにしよう。

東方ルート——インドから中国・沖縄への拡大

砂糖きびを原料とする製糖業は、北インドから東西の世界へ拡大していったが、まず東方ルートについて、その拡大の概要を記しておくことにしたい。戴国煇によれば、中国の文献では甘蔗(砂糖きび)の存在は紀元前四世紀までさかのぼることができるが、初期の時代にはその栽培の中心は広東、広西、安南などの南越地方に限られていた。また砂糖きびの搾り汁を煮沸して「沙糖」の結晶(おそらく「粗糖」のこと)をつくるようになったのは、唐代に入ってからのことであり、それ以前の「石蜜」は糖汁を天日にさらして固めただけのものであったとされている。[11] ちなみに、『旧《く》唐書《とうじょ》』西戎伝・康国の条によると、中央アジアのサマルカンドでは、「子供が生まれると石蜜を口に入れ、膠《にかわ》を手のひらに塗りつける。これは、成長すれば甘言を用い、銭をもてば膠のように手に張り付くのを願ってのことであった」という。

ダニエルスも、畜力によって石臼を回して砂糖きびを搾った後、これを加工して砂糖の結晶をつくる技術がインドから導入されたのは、唐代になってからのことであり、この新しい技術導入の担い手は仏教の僧侶たちであったと述べている。[12] マズムダルも同様の見解をとり、唐代に本格的な製造が始まった砂糖は、当初はもっぱら医療用・祭礼用に用いられたが、宋代になると商業用の砂糖生産が開始され、市場にも広く出回るようになったとしている。[13]

日本にはじめて砂糖をもたらしたのは、唐の学僧鑑真(六八八—七六三年)であったとされているが、これが事実であるかどうかを確かめることはできないようである。いずれにせよ、遣唐使や僧侶が中国の砂糖を持ち帰ったことは確かであり、その後室町時代になると、明からの砂糖の輸入がしだいに増大し、茶の湯の発達にともなって甘菓子の消費も少しずつ増えていった。しかし砂糖きびを栽培し、自ら砂糖を製造するようになるのは江戸時代になってからのことであった。日本ではじめて黒砂糖をつくったのは、奄美大島の人、直川智《すなおかわち》とされてきた。直は台風で中国沿岸に漂着した際に砂糖きびの栽培法と砂糖の製法を学んで国へ帰り、一六一〇年に黒砂糖の製造に成功したのだという。しかし現在では、これは明治一三（一八八〇）年に大阪で開催された「綿糖共進会」が仕立てあげたつくり話として葬り去られている。琉球（現沖縄県）については、一六二三年に儀間真常《ぎましんじょう》という人物が中国福建省で製糖法を学び、黒砂糖を製造したとの説が有力視されている。奄美大島には、元禄年間（一六八八―

イスラーム世界

一七〇四年）に沖縄の製糖法が伝えられたが、いずれにしても沖縄や奄美大島では、黒蜜を分離した上質の白砂糖がつくられることはなかったのである。藩財政を強化するために、讃岐や阿波などで含蜜糖ではあるが、袋を用いた独特の減蜜法によって、きめの細かい上質の和《わ》三盆《さんぼん》（三盆白）糖がつくられるようになるのは、十九世紀になってからのことであった。[14]

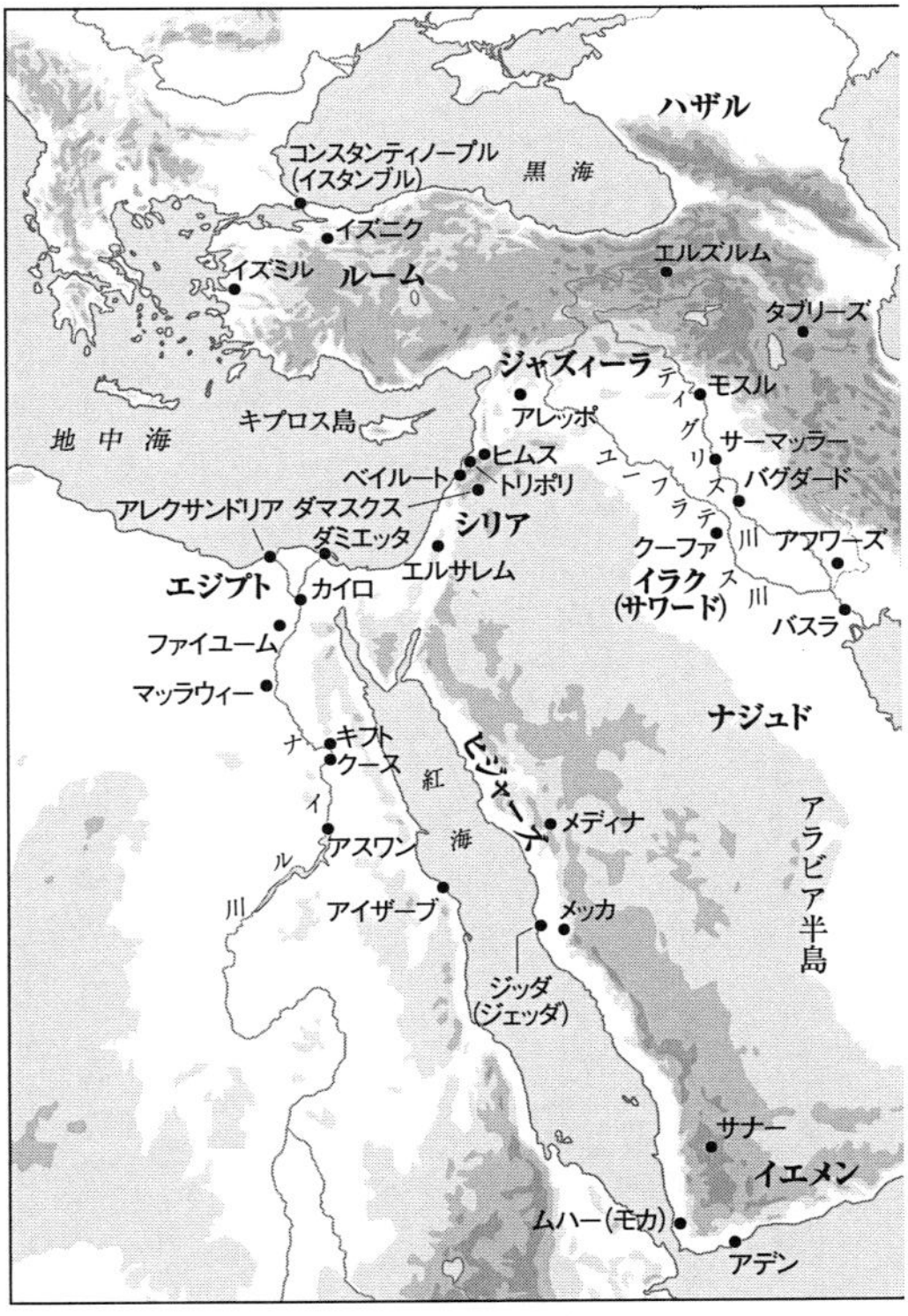

図2　西アジア・

西方ルート――インドからイランへの普及

いっぽう西方のルートについてみると、イスラーム以前の七世紀はじめには、すでにササン朝(二二六―六五一年)治下のイランで砂糖きび栽培と砂糖の生産が始まっていた。しかしこのことを確実に伝える史料は意外に少なく、リップマンは「ジュンディーシャープール(ササン朝時代に建設されたイラン南西部の古都)に住むキリスト教徒たちが、砂糖きび栽培を広め、製糖業を推進したに違いない」と主張している。(15) しかしB・ラウファーは、『シノ・イラニカ』*Sino Iranica* のなかで、リップマンの説には文献的な根拠はなく、巧妙に仕立てられた憶測に過ぎないと一蹴している。(16) ただ十世紀アラブの地理学者ムカッダスィーは、「ジュンディーシャープールはかつて繁栄した大きな町であったが、今ではさびれてしまった。しかし(侵入してきた)クルド人の暴挙にもかかわらず、砂糖の生産量は多い」(『最良の地域区分』p. 408)と述べているので、この町には砂糖生産の長い伝統があったことも事実であろう。

リップマン批判につづいて、ラウファーが信頼に値するものとして引用するのは『隋書』西域伝にみえる記事であり、そこには「石蜜と半蜜はササン朝時代のペルシア(波斯)とツアオ(漕国)に産する」と記されている。(17)「半蜜」とは「なま乾きの砂糖」の意味だと思われるが、ワトソンは近年の著作でこの『隋書』の記事を信憑性のあるものとみなし、イランでの砂糖きびは、おそらくアラブによる征服(六四二年)の数十年前には栽培が始まっていたのであろうと述べている。(18) なお、ミンツは、ビザンツ皇帝ヘラクレイオスの手になる六二七年の報告には、「インドの贅沢品」として砂糖に言及している箇所があるとしている。しかしこの砂糖の生産地としては、インダス川のデルタ西部とティグリス・ユーフラテス両川の河口デルタ地帯をばくぜんと想定しているに過ぎない[19]。

私はむしろアラブの歴史家バラーズリー(八九二年頃没)が伝える次のような記事に注目したい。つまり六三七年にサワード(イラク中南部)を征服した第二代カリフ・ウマル(在位六三四―六四四年)は、「農地一ジャリーブ(約〇・一六ヘクタール)ごとに、ナツメヤシには十ディルハム(銀貨)、ブドウには十ディルハム、砂糖きび(カサブ〔・アッスッカル〕)には六ディルハム、小麦には四ディルハムを課税した」(『諸国征服史』p.376)。この記事によれば、イランより西のサワード地方でも、アラブ征服以前のササン朝時代から砂糖きびが栽培されていたことになる。しかもその課税率は主穀の小麦より高額であったから、この砂糖きびが、飲料用の生ジュースをとるためではなく、砂糖生産の原料として栽培されていたことは明らかであろう。

2　砂糖きび栽培の拡大
――イランからエジプトへ――

イランからイラクへの伝播

このようにイランやイラクではササン朝時代末期から砂糖きびの栽培は始まっていたが、イスラーム時代に入ると両地域にかんするアラビア語の情報は急速に増えはじめる。伝承によれば、七世紀前半にアラビア半島を出たアラブ人ムスリムは、征服地に自らが砂糖きび栽培の方法をもたらしたとされている。しかしワトソンも述べるように、ムハンマド以前のアラビア半島で砂糖きびが栽培されていたという記録はなく、このような伝承に歴史的な根拠を見出すことはできないであろう。[20] ここでは十世紀前後にまとめられたアラビア語とペルシア語の地理書を中心にして、イラン・イラクにおける砂糖きび栽培と製糖業の様子をまとめてみることにしたい。

　砂糖きびをアラビア語で「カサブ・アッスッカル」というが、アラブの地理書では「カサブ・アルファーリスィー qaṣab al-fārisī（ペルシアのきび）」の語もよく用いられる（たとえばムカッダスィー『最良の地域区分』p. 188）。おそらくアラブ人にとって、砂糖きびは「ペルシアから伝来したもの」と意識されていたのであろう。イスラーム以後の時代に限っていえば、イランの砂糖にかんするもっとも古い記録はジャーヒズ（七七六頃—八六八／九年）の『商業考察の書』（pp. 32-33）である。そこには、イラン南西部に位置するアフワーズ地方の特産品として、砂糖（スッカル）、絹織物、ナツメヤシ、濃縮ジュース（ディブス）、粗糖（カンド）があげられている。フージスターン州のアフワーズは、高温多湿なうえにドジャイル川の水を灌漑に用いるのにも適していた。[21] アレッポやシーラーズで活躍したアラブの高名な詩人ムタナッビー（九一五—九六五年）は、アフワーズに産する固い結晶の砂糖を讃えて、

　　たとえ敵が石炭や鉄をかみ砕こうとも
　　　アフワーズの砂糖をかみ砕くことはできまいよ

と詠っている（『ムタナッビー詩集』p. 189）。なお当時のイスラーム世界では、「スライマーニー白糖」といえば二度の精製をへた高級な白砂糖としてよく知られていたが、その名はフージスターン州南部の海岸都市スライマーナーンに由来している。

　アッバース朝（七五〇—一二五八年）の行政にかかわった経歴をもつジャフシヤーリー（九四二年没）は、

『宰相と書記の書』を著し、ハールーン・アッラシード(在位七八六―八〇九年)時代の国庫収入を地方ごとに記している(pp. 281–288)。それを見ると、イランの砂糖については、現物徴収が行われた西南部フージスターン州のアフワーズと東南部のシジスターンの二地方だけの数字が記録されている。その内訳は、アフワーズから徴収された砂糖(スッカル)が三万ラトル(六万八二五〇キログラム)、シジスターンから徴収された白砂糖(ファーニーズ)が二万ラトル(四万五五〇〇キログラム)であった。また十世紀の地理書であるイブン・ハウカルの『大地の形態』やムカッダスィー『最良の地域区分』も、フージスターン州のジュッバーやスース、あるいはファールス地方で砂糖きびの栽培が盛んであったことを伝えている。九八二年に編纂された著者不明のペルシア語地理書『世界の境界』*Hudūd al-Ālam* には、「〔フージスターン地方の〕アスカル・ムクラムは繁栄した町で、この地域では世界の需要を満たす赤・白の砂糖(シャカル)や粗糖(カンド)が生産される」(p. 138)と記されている。さらに十三世紀の地理学者ヤークート(一二二九年没)[22]によれば、イラン南部のマーサカーンでは、最上の白砂糖である「マーサカーン糖(ファーニーズ・マーサカーニー)」が生産され、また隣接するムクラーン産のファーニーズ白糖は周辺の各地へ移出されていた(『諸国集成』V, p. 42)。

以上のことから、イランでの砂糖生産は、南西部のフージスターンから南東部のシジスターンやファールス、さらには南部のマーサカーンやムクラーンを中心に行われていたことが分かる。

それではイラクについてはどうだろうか。イラク中南部のサワード地方でも、ササン朝時代からすでに砂糖生産が行われていたことは前述の通りである。イブン・ハウカルは、「イラクのどの地方においても、砂糖きびが栽培されていない村はない」(『大地の形態』p. 254)と記し、ムカッダスィーも

「〔イラク北部の〕スィンジャールには、アーモンド、ザクロ、砂糖きび、ウルシなどがある」(『最良の地域区分』p. 145)と述べている。スィンジャールはモスルの近くに位置しているので、おそらくこのあたりが砂糖きび栽培の北限であったろうと思われる。なおイブン・ワフシーヤ(十世紀)の『ナバタイ人の農業書』には、砂糖きびの栽培法についての記述はないが、料理や薬に砂糖を用いる方法はさまざまな形で登場する。一例をあげてみよう。テレビン木(ブトム)[23]の実について、「われわれの経験では、緑の実を砕いて砂糖をまぜ、これをワインで飲み下せば、性欲はおおいに昂進する」(I, p. 162)と説かれている。このような薬としての砂糖の効能については、第五章でもう一度くわしく検討してみることにしよう。

十三世紀のアラブの地理学者カズウィーニー(一二〇三頃―八三年)によれば、「〔クーファ西方の〕ティーザナーバードは、ブドウ、果樹、隊商宿、砂糖きび圧搾所(マァサラ maʿṣara)などで囲まれていた」(『諸国誌』pp. 417–418)。さらにグラナダに生まれたイブン・サイード(一二一七四あるいは八六年没)は、東方への旅の記録を『地理の書』にまとめた。この書には、「〔モンゴル軍による征服前のバグダードでは、〕バスラから運ばれてくるナツメヤシとイラク南部の湿地帯(バターイフ)から運ばれてくる米(アルッズ)や砂糖きびが安価である」(p. 158)と記されている。ティグリス川とユーフラテス川によって潤されるイラク平野では、七世紀以降、中南部のサワード地方を中心に砂糖きび栽培が広まり、それにつれて砂糖生産も徐々に盛んになっていったに違いない。

シリアへの拡大

本書では、「シリア」を現在のシリア共和国、ヨルダン王国、レバノン共和国、イスラエル国／パレスティナを含む広域の「歴史的なシリア（シャーム）」の意味に用いることにしたい。二〇世紀初頭まで、アラブの歴史地理学ではこの用法が一般的だったからである。さて砂糖きびについてみると、その栽培が普及したのは、ヒムスやハマーなどのオロンテス川流域ではなく、地中海岸（サーヒル）の小河川流域とヨルダン川の渓谷（ガウル）であった。これらの地域では、地中海に注ぐ小河川やヨルダン川、あるいは泉や井戸による灌漑であったから、プロローグで紹介したブルームの見解とは逆に、いずれも小規模な栽培に限られていたものと思われる。

砂糖きび栽培は、十世紀頃までにイラクからシリア南部にもたらされ、その後南から北へ向けて拡大していったのであろう。アラビア語史料には、栽培地の都市名があげられているが、これは都市とその周辺農村を含むアラブに固有な用語法である。まず史料に現れる主要な栽培地名を南から順にあげてみよう。海岸地帯ではアッカー、スール（トゥール）、ベイルート、タラーブルス（トリポリ）、マルカブ、バーニヤース、内陸部ではヨルダン渓谷（ガウル）のアリーハー、バイサーン、そしてヨルダン川の水源地タバリーヤ（ティベリアス）である。なお十字軍時代になると、エルサレム王国の領域内（ヨルダン川西岸）では、フランク人定住者が現地の農民から砂糖きびの栽培法を学び、経営者として製糖業にたずさわるようになった事例も明らかにされている。(24)

これらのうち、とりわけ砂糖きび栽培が盛んであったのは、地中海岸のトリポリ地方であった。イブン・ハウカルの先輩の地理学者であったイスタフリー（十世紀）は、「タラーブルスは地中海岸の繁栄した町で、ナツメヤシや砂糖きびが栽培されている」（『諸国道程の書』p. 46）と記している。これが、トリポリの砂糖きびにかんするもっとも古い記録である。町中をレバノン山脈に発するカディーシャ川が流れ、この川の西岸に広がる郊外の沃野が砂糖きびの栽培地であったと思われる。イブン・シャッダード(一二八五年没)も、「タラーブルスは低地にあるので、〔定期的に水を必要とする〕砂糖きびが豊富である」(『シリアのアミールたち』p. 104)と述べている。

また、一三一〇年から一二年まで、騎士へのイクター(分与地)授与や諸手当を管轄する軍務庁の長官としてトリポリに滞在したヌワイリー(一二七九—一三三三年)は、スルタン・ナースィル(在位一二九三—九四、一二九九—一三〇九、一三一〇—四一年)によるトリポリ地方の検地(一三一七年)の結果を記しているが、ここでその一部を見てみることにしよう。耕地の種類やハラージュ(地租)・ウシュル(十分の一税)などの税収入を確定する検地の調査につづいて、騎士に対するイクターの再分配が行われ、さらに慣例に従って各種の雑税(ラスム)が廃止された。そのなかには、イスラーム法に規定されていない、以下のような二種の雑税が含まれていた。

トリポリ地方の農民(ファッラーフ)は、政府の農場で砂糖きび栽培に課されていた力役(スフラ・アルアクサーブ)を免除されたが、その代わりに年額二〇〇〇ディルハムの現金が課税されていた。次にアミールたちが課す砂糖きび税の免除。砂糖きび農場を管理するアミールたちは、税の代わりに農民に労役を課すか、年額三〇〇〇ディルハムの労賃を課していた。

(『学芸の究極の目的』XXXII, p. 260)

つまり、政府の砂糖きび農場で働く農民に対する雑税二〇〇〇ディルハムと、アミールが保持するイクター内の砂糖きび農場で働く農民に対する雑税三〇〇〇ディルハムが免除されたのである。[25] このとき廃止された雑税は九項目、トリポリ地方全体では十一万ディルハムにのぼったから、砂糖きび関連の雑税額は全体の四・五パーセント強となり、それほど大きな比率は占めていなかったことが分かる。アシュトールによれば、これ以後十四世紀から十五世紀へかけて、マムルーク政権による農民の搾取、ペストの度重なる流行、あるいは技術革新の停滞などによって、シリアの砂糖きび栽培と砂糖生産はしだいに衰退期へと入っていくことになる。(26)

下エジプトへの普及

シリアへの砂糖きび栽培の導入時期は、十世紀以前までさかのぼることはできなかった。これに対してエジプトの場合には、パピルス文書によって八世紀半ばには、すでに砂糖きびを栽培していたことが確かめられている。(27)ただ、八―九世紀の時代にどの程度の規模で栽培されていたかは不明であり、しかも初期イスラーム時代のアラブ史料によれば、十一世紀頃までの主な栽培地は、運河網が発達したフスタートやカイロ周辺と下エジプトに限られていた。たとえば、後に砂糖きび栽培の中心となる上エジプトのファイユーム地方について、十世紀のムカッダスィーは、「この地方は良質の米（アルッズ）とすぐれた亜麻（カッターン）の産地である」（『最良の地域区分』pp. 201, 208）とだけ記し、砂糖きび栽培には一言も触れていない。

下エジプトについて、いくつかの事例をあげてみよう。イブン・ハウカルやムカッダスィー、あるいはナースィル・ホスローが伝える砂糖きびの栽培地は、アレクサンドリア近郊のサンフール、ブハイラ地方のサーフィヤとドゥマー・ジュムール、港町のダミエッタ近郊、それに州都であるフスター

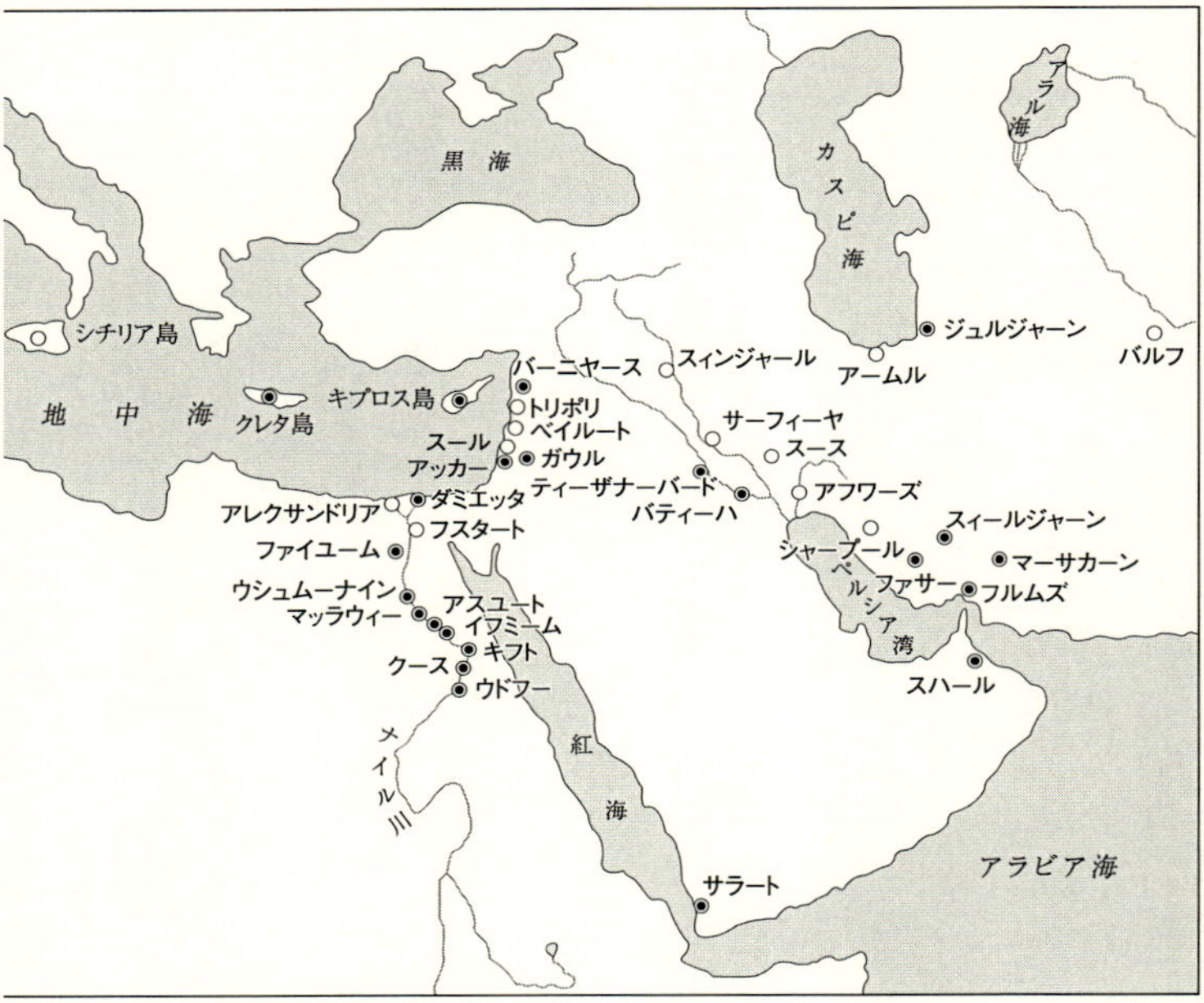

図 3　砂糖きび栽培の拡大

ト近郊などであった。とくにドゥマー・ジュムールについて、イブン・ハウカルは、「大きな村であり、砂糖きびと圧搾所(マァサラ)がたくさんあって、そこでは砂糖(スッカル)と粗糖(カンド)がつくられる」(『大地の形態』p.142)と記している。またアンダルシアや北アフリカを旅したイドリースィーによれば、十二世紀前半、ファーティマ朝(九〇九―一一七一年)治下の下エジプトにおいても、シャルキーヤ地方のミンヤ・アルウルーク村、ヒマー・アルカビール村、ミンヤ・バドル村、シンシャー村、マヌーフィーヤ地方のシャーミユーン村、さらにフスタート近郊のミンヤ・アルカーイド村、カイス村などで砂糖きび栽培が行われ、製糖用の砂糖きび圧搾所が設置されていた(『慰みの書』II, pp. 124, 125; III, pp. 329, 331, 335, 339)。このようにイスラーム初期の時代には、砂糖きび栽培を伝える記事が下エジプトに集中していたことが大きな特徴である。

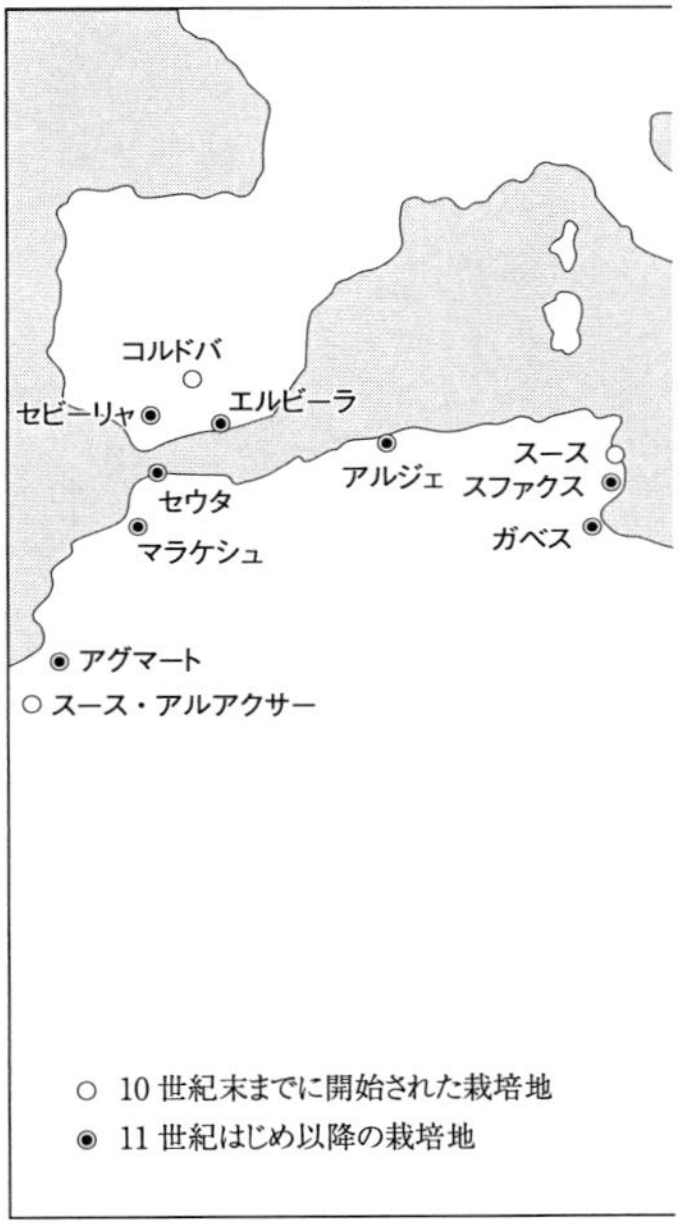

図4　下エジプトの農村風景

下エジプトから上エジプトへ

上エジプトの砂糖きび栽培と砂糖生産について、もっとも古く、しかも確実な記録を残しているのは、アンダルシア出身の地理学者バクリー(一〇九五年没)である。その主著『諸国と道程の書』によれば、ナイル西岸のアスユートは上エジプトでいちばん砂糖きび栽培が盛んであり、また、ここからさらにナイル川をさかのぼったクースでは、市場、浴場、砂糖きび圧搾所があり、各圧搾所では一〇〇人もの男たちが働いていた(pp. 81, 83)。これらの記事は、少なくとも十一世紀の後半には、上エジプトの各地でかなり活発な砂糖生産が行われていたことを示している。また圧搾所の労働者は「男たち(リジャール rijāl)」と記されていて、奴隷とは明記されていないことにも注意が必要である。

それ以後の十二世紀から十三世紀へかけて、砂糖きびは新しい商品作物として上エジプトの各地域へと広まっていった。ここではエジプト随一の肥沃な農耕地帯として知られるファイユーム地方の事例を紹介してみることにしよう。ファイユームはカイロから一〇〇キロメートルほど南にあるナイル

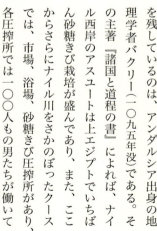

西岸の農耕地帯であり、面積は日本の滋賀県にほぼ相当する。伝説によれば、ファラオの宰相ヨセフは、マッラウィー近くのナイル川上流からこの盆地へ向けて長大なユースフ運河(約三〇〇キロメートル)を開削し、これによってファイユーム地方は、「ここの村一つでエジプトの民を一日養うことができる」ほどの沃野へと生まれ変わった。一二四三年、アラブ人官僚のナーブルスィー(一二六一年没)は、アイユーブ朝スルタン・サーリフ・アイユーブ(在位一二四〇―四九年)の命を受けてファイユームに赴き、二年間にわたる綿密な調査の結果を『ファイユームの歴史』にまとめてスルタンに提出した。(28) この地方へ砂糖きび栽培がしだいに普及していく様子を、『ファイユームの歴史』は次のように生き生きと伝えている。

ダフマー村

灌漑水が砂糖きび(カサブ)に取られるまで、この村では綿(クトン)が栽培されていた。ところが砂糖きびが増えると、すべての水がその栽培に使われるようになり、この村では綿はすたれてしまった。

ザート・アッサファー村

昔、この村では胡麻(スィムスィム)が栽培されていたが、土地がやせてきたので、代わりに稲(アルッズ)が植えられた。しかしこの稲も最近導入された砂糖きびに水を取られてしまうので、結局、何年かしてその耕作を止めてしまった。

シャーナ村

この村の住民が増えたとき、彼らはラワータ村の土地を耕すようになった。しかしこの村はもとの村から遠いので、農民たちはラワータ村の近くに移り住むようになった。ところがこの移住の原因は、ファイユーム地方で砂糖きびが増えたために、灌漑水が不足したことにあるともいわれている。

シャダムーフ村

この村にはナツメヤシ、わずかなブドウ、イチジクなどの小さな果樹園があり、冬作物がつくられている。砂糖きびが増えるまでは、夏作物もつくられていた。

ちなみに、十世紀のムカッダスィーは、前述のように、ファイユーム地方は「良質の米（アルッズ）とすぐれた亜麻（カッターン）の産地である」（『最良の地域区分』p. 201）とだけ記している。右の引用文に登場する村落は、スルタン領ではなく、いずれもアミールやマムルーク騎士に授与されたイクター（分与地）[29]である。十三世紀頃にいたるまでの間に、アミールをはじめとするイクター保有者は、商品作物である砂糖きびを積極的に導入し、砂糖生産の増大をはかったのであろう。ファイユーム地方全体についてみると、一二四三年の時点で、主作物の小麦の作付面積が約二万九〇〇〇ファッダーン（一万七〇〇〇ヘクタール）であったのに対して、砂糖きびの作付面積は一四六八ファッダーン（八八一ヘクタール）に達していた。

このように十二世紀前後の時代に、砂糖きび栽培は下エジプトから上エジプトへかけて急速に拡大していった。十四世紀はじめに上エジプトを訪れたイブン・バットゥータ（一三〇四―六八／六九あるいは七七年）は、つぎのように記している。

マッラウィーの町には十一の砂糖きび圧搾所（マァサラ・リルスッカル maʿṣara lil-sukkar）があり、

ここでは貧乏人が入ってきても、これを拒まない習慣ができている。彼らは〔焼きたての〕熱いパンをもってきて、砂糖汁を煮つめている釜（キドル）に入れ、砂糖をたっぷりとつけてから出ていく。

（『旅行記』I, pp. 100–101）

マッラウィーはアスユートに近い上エジプトの町であり、ここに記された圧搾所の数の多さからも、砂糖きび栽培と砂糖生産が盛んな様子をうかがい知ることができよう。また同じ上エジプト出身のウドフウィー（一三四七年没）によれば、マッラウィーよりさらに南のキフトには、かつては六つの砂糖きび圧搾所と四〇の製糖所があり（『幸運』p.8）、「キフトの砂糖（スッカル・キフティー）」は品質の上等なことでよく知られていた。このように、十二世紀から十三世紀、つまりファーティマ朝後期からマムルーク朝初期へかけてのエジプトは、原初的な生産の域を脱して、イスラーム世界随一の砂糖生産国へとあざやかな変貌をとげていたのである。[30]

3　地中海・マグリブ・アンダルシア地方への拡大

キプロス島からシチリア島へ

イスラーム時代がはじまった直後の六四七年、シリア総督のムアーウィヤ（後のウマイヤ朝初代カリフ）は、アラブ艦隊をキプロス島に派遣し、大規模な略奪の後、ビザンツ帝国と共同でこの島を統治する体制を整えた。さらに六五五年の「帆柱の戦い」では、ムアーウィヤはエジプト駐留のアラブ・ムスリム軍の協力を得てビザンツ艦隊を破り、東地中海の制海権をほぼ手中に収めた。また九世紀はじめになると、アンダルシアから派遣されたアラブ軍のクレタ島統治がはじまり、さらに八七八年には、チュニジアのアグラブ朝(八〇〇—九〇九年)によるシチリア島の支配が開始された。

このようなアラブ軍による地中海諸島への攻撃やその後の断続的な統治によって、これらの島々にアラブ・イスラーム文化の影響がじわじわと浸透していった。砂糖きび栽培と砂糖生産もそのうちの重要な要素として数えることができる。しかしアラブ側の史料をみる限り、地中海諸島での砂糖きび栽培については、ごくわずかな記述しか残されていないのが実情である。たとえば十世紀のイブン・ハウカルは、「シチリア島のパレルモに近い沼地では、砂糖きび(カサブ・アルファーリスィー)が栽培されている」(『大地の形態』p. 122)とだけ記している。また十二世紀のイドリースィーは、「キプロス島のラフカスィーヤ(レフコニコ、現在のニコシア)とカリーニーヤ(キレニア)はいずれも美しい町であり、いくつかの市場(スーク)や砂糖きび(カサブ)がある」(『慰みの書』VI, p. 644)と述べているが、長年滞在したシチリア島の砂糖生産についてはなぜか完全に沈黙している。

しかしデールによれば、ノルマン人のシチリア島征服(一〇七二年)以後もアラブ人が残した砂糖生産の伝統は継承され、ウィレルムス二世(在位一一六二—七二年)は製糖業保護のための寛大な政策を打ち出したとされている。ワトソンは、十世紀前後にはパレルモ以外でも砂糖の生産は行われ、イスラーム政権下の北アフリカへ輸出されていたと述べるが、十二世紀以降ノルマン時代の製糖業は、一進一退の状況がつづいたと厳しい評価を下している。(31)

エジプトからマグリブ・アンダルシアへ

マグリブ地方についての記述のなかで、イブン・ハウカルは、「スース・アルアクサーにはシトロン、クルミ、アーモンド、ナツメヤシ、砂糖きび、胡麻、大麻などがある」(『大地の形態』p.91)と記している。スース・アルアクサーはアガディールに近い大西洋岸の町であり、この記事によれば、十世紀頃にはすでにこのような遠隔の土地で砂糖きびが栽培されていたことになる。イブン・ハウカルは、他のマグリブ地方については、小麦・大麦・綿・亜麻などの栽培が多いことを記録しているが、砂糖きびにかんしては何も述べていない。スース・アルアクサーは、マグリブ地方のなかでも例外的な砂糖きびの先進地帯であったのだろうか。これについては、さらに史料を探索して調べてみることが必要である。

同じことはアンダルシア地方についても当てはまる。九六一年に作成された作者不明の『コルドバ歳時記』*Kitāb al-Anwā'*には、「一月三一日は、スベリヒユの種を播き、砂糖きび(カサブ・アッスッカル)の刈り取りを行う」(pp.36–37)と記されている。『コルドバ歳時記』は、星の運行にもとづくアラブ古来のアンワー暦[32]とアンダルシアの社会習慣とが融合してできあがった生活暦である。この記事を素直に読めば、十世紀半ば頃のコルドバ周辺でも、すでに砂糖きびが栽培されていたことになる。ただ『コルドバ歳時記』がアラビア語の「アンワー暦」を下敷きにして編纂されたことを考えると、東方イスラーム世界における砂糖きび栽培の記述が、実態をともなうことなくここにそのまま挿入された可能性も否定できない。この記事の信憑性については、なお慎重に検討してみる必要があろう。

マグリブ・アンダルシア地方の砂糖きび栽培と砂糖生産について、確実な情報が得られるのは十一世紀半ば以後のことである。アラブの地理学者バクリーによれば、「チュニジアのスースでは、川沿いに果樹と砂糖きびが栽培され、砂糖はそこからマグリブ諸国のすべてに向けて移出されていた」(『諸国と道程の書』p. 853)という。十二—十三世紀になると、マグリブ地方西部のスース・アルアクサーとその北方のアグマート、セウタ、ガベス、さらにはアンダルシア南部のエルビーラなどが砂糖きびの栽培地として知られるようになった。イドリースィーは、とくにスース・アルアクサーについて、「ここで精製された砂糖は、スライマーニー白糖(スッカル・アッスライマーニー)や氷砂糖(タバルザド)にも匹敵する」(『慰みの書』III, p. 227)と述べている。またイブン・アルアッワーム(十二—十三世紀)が、『アンダルシア・ムスリムの農業書』(fols. 164b–165b)のなかで、植え付けから灌水や刈り取りまで、砂糖きびの栽培法を具体的にくわしく解説しているのも、砂糖きび栽培がこの地方にしっかりと根付いていたことを示すものであろう。

十五世紀の半ば頃、ムスリムから砂糖きびの栽培法と製糖技術を学んだポルトガル人は、西アフリカ沿岸のマデイラ諸島、アゾーレス諸島で砂糖きびの栽培に着手し、ついでスペイン人はカナリア諸島で同じく砂糖きび栽培と砂糖生産を開始した。その後、砂糖きびは、一四九三年、二回目の航海のときに、コロンブスによって新世界にもたらされたといわれる。その結果、十六世紀はじめ頃から、カリブ海諸島やブラジルで、黒人の奴隷労働による大規模な砂糖きびプランテーションが開始されたのである。(33)

第2章　赤砂糖から白砂糖へ
——製糖の技術——

1　ヌワイリーが記す砂糖きびの栽培法

上エジプト出身の知識人ヌワイリー

マムルーク朝時代を代表する百科全書家の一人、ヌワイリー Shihāb al-Dīn Aḥmad b. ʻAbd al-Wahhāb al-Nuwayrī（一二七九―一三三三年）は、マムルーク朝政府に仕える官僚を父として上エジプトのイフミームに生まれた。確かなことは不明であるが、ヌワイリーは一二九八年、二〇歳になる頃までは上エジプトに滞在していたらしい。その後、父に従って首都カイロに移住し、女性の伝承学者ワズィーラ（一三一六年没）をはじめとする諸学者に師事して伝承学、歴史学、地理学などのイスラーム諸学を修得した。最初の官職は、スルタン領を管理する官庁（ディーワーン・アルハーッス）の書記であつた。一三〇一年には、スルタン・ナースィルの命を受けてシリアへ赴き、スルタン領の管理に当たるとともに、侵入してきたモンゴル軍との戦いにも従軍している。一三一〇年にはふたたびシリアの海岸都市トリポリに赴き、二年あまりにわたって騎士たちへのイクター授与を司る軍務庁（ディーワーン・アルジャイシュ）の長官を務めた。一三一二年にカイロへ帰還してからも、軍務庁の長官職などを歴任したが、一三一六年、三七歳のときにすべての公職を退き、以後、五四歳で没するまでの年月を自らの著作活動に費やしたのである。

主著は、一三一四年から三〇年まで、およそ十七年をかけて完成した三一巻（刊本は全三三巻）の大著『学芸の究極の目的』*Nihāyat al-Arab fī Funūn al-Adab* である。全体は五つの学芸（第一学芸「天と地」、第二学芸「人間」、第三学芸「動物」、第四学芸「植物」、第五学芸「歴史」）から構成され、きわめて体系的なイスラームの知の集成であるといってよい。ただ五つの学芸のうち第四学芸までが、最初の十巻に収められ、残りの二一巻は第五学芸の歴史に当てられている。このような構成の仕方にも、歴史を重視するヌワイリーの特徴がよく現れているといえよう。(1) 歴史記述の内容は、人類の創造からイスラーム初期の時代をへて、七三一（一三三一）年、死の二年前にいたるまでのイスラーム世界の年代記である。また、ヌワイリーは上エジプトやシリアでの見聞をもとに、できるだけ確実な事実を記そうとした著作家として知られ、以下に紹介する砂糖きびの栽培法や製糖法についても、イスラーム世界でもっとも詳細で、しかも具体的な情報を提供してくれることは間違いないであろう。

砂糖きびの栽培法と製糖法は、第二学芸の「人間」（刊本ではVIII, pp. 264–272）に収録されている。説明の最後の部分でヌワイリーは、「以上、私たちが述べてきた栽培法・収量・名称は、上エジプトのクース地方で用いられている用語によっている。これらは他の地方と多少違っているとしても、大きく異なるものではない」（『学芸の究極の目的』VIII, p. 271）と述べている。つまりその記述は、生まれ故郷のイフミームに近いクース地方の事例にもとづいていることになる。ここでは、ヌワイリーの貴重な証言をできるだけ原文に忠実な形で訳出してみることにしたい。なお、〈　〉内の見出しは、便宜上筆者が書き加えたものである。

『学芸の究極の目的』にみえる砂糖きびの栽培法

ヌワイリーは、砂糖きびの栽培法を以下のように記している。

〈犂耕と植え付け〉

砂糖きび栽培には、ナイルの水で覆われるやわらかで、しかも良質の土地が選ばれる。アフリカハネガヤを除いて耕地をきれいにした後、ムカルキラ muqalqila（大型の犂）[2]で六回犂耕《りこう》してから平らになるまでならす。それからさらに六回の犂耕を繰り返す。鍬を使って耕地が平らでやわらかくなったら、ムカルキラで畝をつくり、ふた節あるいはひと節のきびを投げ植えする。これは耕地を灌漑池（ハウド）とし、そこに水路から水を流し込んだ後に行われる。

〈中耕〉

春のはじめ〔二月末―三月初旬〕に植え付けをしてから、一週間に一度の割合で灌水を行う。きびが芽を出し、若葉が地表に現れる頃になると、アフリカハネガヤやスベリヒユも芽を出すので、中耕（アズク）を行う。アズクとは、土を掻いてきびと一緒に生えたもの〔雑草〕を取り除くことである。この作業を砂糖きびが茂って強くなるまで繰り返す。

〈灌水〉

桶（カードゥース）による灌水の合計は二八回であるが、ナイル川沿いの揚水車（マハーラ）[3]を用いてきびを育てる慣行は以下のごとくである。ナイルが増水したら、きびに「くつろぎの水（マー・アッラーハ）」をかける。すなわち灌漑土手（ジスル）の片側を切り、隘路から水が流れ込むようにする。このとき水は地表に一シブル〔約二三センチメートル〕の深さまで溜まるようにすべきである。ここまで溜まったら、水が温かくなるまで二、三時間放置する。この後、土手の反対側から排水を行う。こうしてまた新しい水を入れて灌水するが、この作業をきびが成長して必要がなくなるまで、一定の日数をおいて繰り返す。

〈害虫とネズミ対策〉

甘くなる前の砂糖きびには、虫（スース）を防ぐために、タール（カトラーン）を流してやることが必要である。底に穴を開けた桶にタールを入れ、アフリカハネガヤなどでこの穴を塞いでおく。この桶を水路の上にかけて、タールを水で溶けば、タールは塞いだ穴を通して滴り落ちてくる。こうして水と混ざったタールはきびに到達し、これによって防虫の目的が達せられる。

また、ネズミ（ファール）の害を心配するのなら、その上端を砂糖きび畑の外側にそり返らせた薄い土手を巡らせるべきである。これは「ネズミ除けの土手（ヒーターン・アルファール）」と呼ばれ、わらを混ぜた土でつくられる。こうすれば、ネズミがきびに達するのを防ぐことができる。なぜなら、もしネズミが土手によじ登ろうとしても、そり返った上端が邪魔をし、頭を抑えてしまうので、ネズミは地面に落ちてしまうからである。

〈刈り取り〉

〔コプト暦の〕キーハク月〔十一月二七日―十二月二六日〕はじめになると、砂糖きびは刈り取られ、葉を落としてから圧搾所（マァサラ）へ運ばれる。翌年、また植え付けの時期が来たら、〔散乱した葉といっしょに〕切り株を焼き、前述のように灌水と中耕を行う。そうすれば、またきびが生えてくる。エジプトではこれを「ひこばえのきび（ヒルファ khilfa）」といい、一年目のきびは「初年のきび（ラァス ra's）」と呼ばれる。「ひこばえのきび」からつくられる粗糖（カンド qand）は、「初年のきび」からつくられる粗糖より上等である。(4)

以上のように、砂糖きび栽培の作業が、犂耕・植え付け・中耕・灌水・害虫とネズミ対策・刈り取りの順にきわめて具体的に記されている。この過程をみると、砂糖きびは栽培期間が約十カ月と比較的長いうえに、定期的な灌水と除草、素早い刈り取り作業を必要としたから、通常の小麦や大麦栽培よりはるかに複雑で、しかも多量の労働力を必要としたことが分かる。つまり砂糖きび栽培は、当時としては多くの資本と先進的な農耕技術を必要とする商品作物の栽培であったといえるであろう。とりわけ、深耕のために大型の犂であるムカルキラが用いられたと記していることは注目に値する。ムカルキラの語は、灌漑土手（ジスル）建設の用具としてこれより前から知られてはいたが、砂糖きび栽培にムカルキラが用いられたとの記述は、ヌワイリーのこの記事が最初だからである。

一般に砂糖きびの栽培は地力の消耗が激しいので、「初年のきび」を刈り、つづいて翌年に「ひこばえのきび」を刈った後は、他の交代作物をつくるか、あるいは休閑にしなければならなかった。十二世紀エジプトのマフズーミー（生没年不明）は、次のように述べる。

砂糖きびは〔最上等地である〕バークの地か、あるいは四年間は休閑（タアティール）になっていた土地に植えるのがいい。またソラ豆や胡麻の後作として、あるいは〔前の年に水をかぶっていて〕耕作されなかったバルシュの地に植えるのもいい。

（『ハラージュ学の方法』fols. 32a-32b）

つまり砂糖きびは連作を避け、しかもヌワイリーが述べるように、灌漑のゆき届いた、やわらかい良質の土地を選んで栽培しなければならなかったのである。(5)

砂糖きびの耕作者と製糖労働者——奴隷は用いられていたのか

ここでいったんヌワイリーの記述を離れて、誰が砂糖きび栽培と製糖所の仕事に従事していたのかを考えてみることにしたい。まず砂糖きびの耕作者については、前述したナーブルスィーの著書『ファイユームの歴史』に貴重な記録が残されている。ナーブルスィーは以下のように述べる。

ウドワ村の砂糖きび	八〇ファッダーン（スルタン領）
ムラービウーンによる耕作	八〇ファッダーン
スィンヌーリス村の砂糖きび	三一八ファッダーン（スルタン領）
ムザーリウーンによる耕作	二二二ファッダーン
ムラービウーンによる耕作	九六ファッダーン
ファーヌー村の砂糖きび	二六八ファッダーン（スルタン領）
ムラービウーンによる耕作	九五ファッダーン

（『ファイユームの歴史』pp. 32-34, 107-110, 134-136. 一ファッダーンは約〇・六四ヘクタール）

以上の三村は、騎士たちに授与されたイクターではなく、いずれもスルタン領に属している。ここに登場するムザーリウーン muzāri'ūn（「耕作農民」の意味）は、ナイルの増水後にスルタン、つまり政府と耕作請負（カバーラ）契約を結んで農業経営を行う分益小作農であった。いっぽうのムラービウーン murābi'ūn は文字通りには「四分の一分益農民」を意味し、ムザーリウーンより取り分の少ない弱小の小作人であった。ムザーリウーンが砂糖きび栽培に限らず、小麦や大麦栽培にも従事していたのに対して、ムラービウーンはもっぱら政府の直轄農場（アワースィー）で砂糖きび栽培に従事していたことが特徴である。(6) いずれにせよ、ムザーリウーンにしてもムラービウーンにしても、自由身分の小作農であって、法制上、奴隷身分には属していなかったことに注意しなければならない。

他のアラビア語史書や地理書をみても、エジプトやシリアの奴隷が砂糖きび栽培に従事していたことを伝える記事は見当たらない。イスラーム社会の奴隷は、男女の家内奴隷とトルコ人やスラヴ人、あるいはギリシア人などの軍事奴隷（マムルーク）が中心であって、農業生産に奴隷を用いる事例はけっして多くはなかったことが特徴である。アッバース朝時代の南イラクでは、黒人奴隷のザンジュが大規模な反乱を起こしたが（八六九―八八三年）、彼らは農業生産に従事するいわゆる「農業奴隷」ではなかった。灌漑水の蒸発によって生じた塩害地（スィバーフ）から塩を取り除く、農地の改良事業に用いられていたのがザンジュだったのである。(7)

次にエジプトの製糖所で働く労働者については、意外なことに、九世紀はじめに書かれたパピルス文書が貴重な情報を提供してくれる。ある一枚のアラビア語文書には、「〔刈り取った〕砂糖きびを裁断する者（カッターゥ qaṭṭā'）」、「きびを圧搾所へ運ぶ者（ナッカール naqqāl）」、「圧搾する者（ハッジャー

ル ḥajjār)」、「煮沸する者(タッバーフ ṭabbākh)」などと並んで、「壺(キドル)を運ぶ人夫(ギルマーン・アルクドゥール ghilmān al-qudūr)」と「円錐壺(ウブルージュ)の人夫(ギルマーン・アルアバーリージュ ghilmān al-abālīj)」という二種の労働者が記されている(グローマン編『パピルス文書』III, p.233)。この文書を検討したJ・ソヴァジェは、ここに出てくるギルマーン(単数形はグラーム ghulām)を何のためらいもなく「奴隷」と解釈し[8]、ベルティエもこの解釈を踏襲してモロッコの砂糖生産でも同様であったに違いないと推定している[9]。しかしさまざまな職種があるうち、この二種の仕事に限って、特別に奴隷が用いられたとは考えがたく、やはりグローマンのようにこれを「仕事仲間」と訳すか、あるいはグラームの原義である「召使い」もしくは「人夫」と解釈すべきであろう。

「プロローグ」で記したように、ミンツは、ベルティエのあいまいな記述を根拠に、モロッコでも奴隷労働を用いて砂糖生産が行われていたと記していた。これにつづいて川北稔は、『砂糖の世界史』のなかで「砂糖と奴隷制度の悪名高い結びつきは、こうしてすでにイスラム教徒が世界の砂糖生産を握っていた時代から、はじまりました」(p.16)と述べている。しかし、これまで検討したデータからも明らかなように、このような見方に確実な歴史的根拠はなく、「製糖業といえば奴隷労働」と考えるヨーロッパでの固定観念にもとづく誤解であったに違いないと思う。

2 ヌワイリーが記す砂糖の製法

ふたたびヌワイリーの記述に戻って、エジプトにおける製糖の過程を確かめておくことにしたい。

以下のヌワイリーの文章は、十三世紀から十四世紀の製糖業について、中国の場合も含め世界でもっともくわしい記述であるとされている。[10] 順を追って、重要部分をできるだけ正確に訳出してみることにしよう。

〈きびのクリーニング〉

ラクダあるいはロバに積んで刈り取り場から圧搾所（マァサラ maʻṣara）へ運ばれた砂糖きびは、「きびの家（ダール・アルカサブ）」と呼ばれる場所におかれる。そこには裁断用の台と薪があり、また大きな刀（長さ約五〇センチメートル、幅十一センチメートル）によってきびをさばく作業のために待機する男たちがいる。彼らはきびの茎をきれいにし、「みそっかす」と呼ばれる甘みのない先端部を切り落とす。また根と泥のついた茎の下部をきれいにする。これがクリーニング（イスラーフ・アッタトヒール）と呼ばれる作業である。

〈小片への裁断〉

ついで砂糖きびはこの台から、土台に固定された丈の高い別の台へと運ばれる。土台の片側は「きびの家」に近く、反対側は「ヌワブの家」[11]につづいている。台の上では、椅子に座った男たちが刀でさらにきびをきれいにする。彼らの前には固定された台があり、何本かの茎をまとめてその上におき、それらを小片（キトア・サギーラ）に裁断する。小片は「ヌワブの家」に落とされ、そこからイヤールと呼ばれる中型の容器に入れて石臼（ハジャル ḥajar）まで運ばれる。

〈石臼による圧搾〉

このきびの小片を石臼の下に入れ、丈夫な牛が石臼を回して砂糖きびを搾ると、搾り汁は石臼の下の穴を通って狭い場所に流れ落ちる。石臼による圧搾が終わると、きびは別の場所に移され、アフリカハネガヤで編んだ籠に入れる。これを「玉座の車（ドゥーラーブ・アルタフト）」の下におき、車を回して最後までぎゅっと搾る。そうして残った液汁が出てきたら、石臼と玉座の液汁を一カ所に集める。

図5　エッジ式石臼（想像図）
作成：瀧下彩子

以上のように砂糖きびを刈り取った後、クリーニングして「小片」に裁断し、石臼で搾るということは、この石臼が縦型あるいは横型のローラー式圧搾機ではなく、円形の溝にきびを入れて石臼で圧搾するエッジ式の圧搾機であったことを示している（図5参照）。なぜなら、もしローラー式圧搾機であれば、長いきびをそのまま二つの石臼の間に挿入して圧搾することになり、わざわざ小片に裁断する必要はなかったからである。ダニエルスによれば、木製あるいは石製のローラー・ミルが砂糖きびの圧搾用に用いられるようになるのは、中国の場合には十六世紀末以降のことであった[12]。一七九八年、ナポレオンのエジプト遠征に同行したフランスの学術隊は、エジプトの製糖所で横型のローラー・ミルが用いられている様子を描いているが（図6参照）、これはオスマン朝時代がはじまってから導入された新技術である可能性が高いといえよう。

〈液汁の濾過〉

この液汁は別の場所に移され、篩《ふるい》（ムンフル）で濾《こ》してきれいにする。篩で濾した液汁はくぼみへ流れ落ちるが、そこには一定の大きさの容器が置かれている。一杯になった濾し汁は製糖所（マトバフ maṭbakh）へ運ばれ、ハービヤと呼ばれる大きな釜へ入れるときに二度目の濾過を行う。濾過の後、くぼみのなかの液汁はすべてこのハービヤのなかに注がれる。それは六〇マタルの液汁であり、一マタルは二分の一キンタール（・ジャルウィー。一マタルは四八キログラム）に相当する。これによれば、煮沸用の釜（ハービヤ）は、およそ二八八〇キログラムの液汁を入れることができたから、かなり大きな釜であったことが分かる（仮に直径一・五メートルの円筒形であるとすれば、高さは約一・六メートルとなる）。なお、後で紹介するマルコ・ポーロの記述にあるように、当時のイスラーム世界では、製糖の過程で木灰が利用されていたことはほぼ間違いないと思われる。しかしヌワイリーの記述のなかには、液汁を中和して、砂糖の結晶化を促すために木灰を加えることは何も記されていない。

〈液汁の煮沸〉

次に圧搾所の外側から点火し、グツグツと煮てから火を弱め、それから火を落とす。煮沸が収まったら、煮汁は大きな壺（ヤクティーン）に移される。容器の両側には腕のような長い木が差し込まれており、煮汁は羊毛の布を通して下の大きな容器（ダン）に注がれる。これが三回目の濾過で

図 6 『エジプト誌』*Description de l'Égypte* に描かれた製糖所

（上） 牛力によって横型のローラー・ミルを回し，砂糖きびを搾る工程.

（下） 搾った液汁を煮沸する工程.

あり、そのままダンのなかに放置される。それから煮汁はダンから別の壺（キドル）に移され、そこでまた十分煮詰まるまで煮沸する。

〈円錐形の壺ウブルージュ〉

石臼と玉座の車で搾られた液を煮沸するには、石臼一基につき一つの釜（ハービヤ）と八つの壺（キドル）が必要である。真鍮製の釜で煮沸した後、マフラブ〔「搾られたもの」の意〕(13)と呼ばれる煮汁は、底に穴が開いた、底部が狭く、上が広い素焼き壺（ファッハール）のウブルージュ ublūj(14)に注がれる。各ウブルージュには、底に三つの穴が開けてあり、きびの茎で塞いである。これらのウブルージュは「滴《したた》りの家（バイト・アッサッブ bayt al-sabb）」と呼ばれる場所におかれている。そこには飼い葉桶に似た細長いベンチがあり、各ウブルージュの下には受け壺（カードゥース）がおかれていて、そこにマフラブのエッセンス、つまり糖蜜（アサル・アルカトル）が滴り落ちてくる。

ウブルージュの大きさはまちまちであり、一キンタール〔・ジャルウィー。九六・七キログラム〕より多いこともあれば、これより少ないこともある。これが一杯になり固まってきたら、「滴りの家」から「覆土の家（バイト・アッダフン bayt al-dafn）」に移される。これを受け壺の上に置いておけば、残りの糖蜜が滴り落ちてくる。

この一節が、糖汁を煮沸した後、円錐形の素焼き壺（ウブルージュ）を用いて粗糖（カンド qand）と糖蜜（アサル ʿasal）とを分離する製糖工程の核心部分である。これまでの製糖史研究では、実際の観察にもとづいてウブルージュの記録が残されていることはまれであるが、私は、二〇〇六年の六月に、ヨルダン北方のアジュルーン郊外にある城塞（カルアト・アッラバド）の市立博物館で一組のウブルージュと出会う幸運に恵まれた。この城塞は、一一八五年、サラーフ・アッディーンに仕えていたムンキズ家のアミール、イッズ・アッディーン＝ウサーマによって建設されたことでよく知られている（イブン・シャッダード『シリアのアミールたち』pp. 86–87）。館内では、無秩序に並べられた展示物を眺めながら漫然と歩いていたが、ある一角におかれたガラス戸棚のなかの展示物をみて、私はその場に釘付けになってしまった。そこには一組の円錐形素焼き壺とそれを受ける丸形の壺が展示されていたのである（図7上参照）。円錐形の上部の直径と高さはそれぞれ約三〇センチメートル、解説文には底に三つの穴が開いていると記されていて、ヌワイリーの記述ともぴったり一致する。(15)

イスラーム考古学を専門とする川床睦夫《かわとこむつお》は、フスタートの発掘品のなかにもそれと似たものがあったはずだといい、これよりやや細長いコーン（とうもろこし）形の素焼き壺を見つけ出してくれた（図7下参照）。いずれも十四世紀前後、マムルーク朝時代中期のものと推定されている。アジュルーンの場合のような受け壺は発見されていないが、形状からみてこれもウブルージュの一種に違いないと思われる。

ヌワイリーによれば、ウブルージュは最後に「滴りの家」から「覆土の家」に移されたが、「覆土」とはウブルージュの上部表面を土で覆うことを意味している。この土に水をかけることによって糖蜜をゆっくりと洗い流し、その後、頃合いをみて覆土を除いてやれば、円錐形の砂糖（第一段階では粗糖）を結晶として取り出すことができたのである。中国ではこれを覆土法といい、『天工開物《てんこうかいぶつ》』（一六三七年刊）ではウブルージュに相当する壺を「瓦溜《とうろ》」と表記している（藪内清訳『天工開物』p. 125）。中国製糖史研究家のダニエルスは、この覆土法を用いた製糖の技術は元朝（一二七一―一三六八年）の時代にエジプトやアラブ文化圏から中国に伝えられたのであろうと推測している。[16]

　ところで上のヌワイリーの記事は、一ウブルージュの砂糖を一キンタール・ジャルウィー、つまり九六・七キログラム前後としているが、この数字は本当に正しいのだろうか。ヌワイリーとほぼ同時代のエジプトの歴史家マクリーズィー（一三六四頃―一四四二年）は、主著『エジプト誌』のなかで、一ウブルージャ（ウブルージュ）はおよそ九分の一キンタール（tusʿ qinṭār）に等しいと述べている。これによれば一ウブルージュは、ヌワイリーの場合よりはるかに小さく、十キログラム前後であったことになる。いっぽうレヴァント地方における砂糖技術の盛衰を論じたE・アシュトールは、マクリーズ

図7　ウブルージュ

（上）　アジュルーンの市立博物館蔵.

（下）　フスタート出土. 内径17 cm, 長さ約20 cm(残存部分). 写真提供：川床睦夫.

ィーの文章を「一ウブルージュはおよそ九キンタール(tisʿ qinṭār)に等しい」と解釈している[17]。しかしこれは文法的にみて誤った読み方であり、しかもこの解釈では一ウブルージュが八七〇キログラムを超えてしまうことになる。技術的にも、これだけの容量の素焼き壺をつくることはとうてい不可能であろう。

いずれにせよ、ヌワイリーとマクリーズィーの記述には九倍の開きがあり、ヌワイリーが述べるようにウブルージュが一〇〇キログラム近い重量であったとすれば、この固まりを一人で運ぶことは難しいといわざるをえない。どちらの説をとるべきか、決め手はないままであったが、解決のヒントは前述したアジュルーンの市立博物館に展示されていたウブルージュがもたらしてくれた。目測によって、円錐上部の直径は約三〇センチメートル、縦もほぼ同様であり、受ける壺の高さも同じく三〇センチメートルと推定することができた。

この目測にもとづいて円錐の体積を算出すれば、七〇六五立方センチメートルとなる。砂糖の比重は一・五九なので、これをもとに計算すれば、この円錐形の砂糖の重量は約一一・二キログラムとなる。この数値は、ヌワイリーが伝える数値ではなく、マクリーズィーが述べる数値と驚くほど近似している。もちろん地方により、時代によって、ウブルージュの重量はさまざまに異なっていた可能性は十分にあるといえよう。しかし少なくともアジュルーンの市立博物館の展示品による限り、ウブルージュの砂糖は十キログラム前後と一人での持ち運びが可能であり、また店頭に飾っておくこともできる現実的なサイズであったことが分かるのである[18]。

〈砂糖の収量〉

状態のいい、上質の砂糖きびから結晶する粗糖(カンド)は、〔一ファッダーン当たり〕二五キンタールから十五キンタールであり、糖蜜(アサル)は十二キンタールから八キンタールである。最終的に一ファッダーンの砂糖きびから得られる砂糖の総収量は、三ダリーバである。その内訳は粗糖と上等な糖蜜(カトル)が二ダリーバと二分の一、糖蜜(アサル)が二分の一ダリーバである。以上の合計は二四エジプト・キンタールに等しい。

エジプトでは、砂糖の重量をはかる場合には、エジプト・キンタール、つまりキンタール・ジャルウィーが用いられ、これは九六・七キログラムに相当する。これによれば、一ファッダーン(約〇・六四ヘクタール)当たりの粗糖の収量は、上は二四一八キログラムから下は一四五〇キログラムとなる。この数字は、ここでヌワイリーが記す、合計三ダリーバで二四エジプト・キンタールの重量二三二一キログラムにほぼ匹敵する。なお粗糖と糖蜜を合わせれば、上は三五七八キログラムから下は二二二四キログラムとなる。

いっぽうヌワイリーの別の説明によれば、一ダリーバは八ヤド、一ヤドは一ハービヤに等しく、一ハービヤは三〇〇〇ラトル・ライシーである(『学芸の究極の目的』VIII, p. 271)。当時の一ラトル・ライシーは六二〇グラムであったから、これにもとづいて一ダリーバの重量を計算すれば、一万四八八〇キログラムとなる。そうすると一ファッダーン当たりの砂糖の総収量は四万四六四〇キログラムにふくれ上がってしまう。仮にラトル・ライシーではなく、通常のラトル(三〇〇グラム)であるとしても、総収量は二万一六〇〇キログラムとなり、これも法外な数値である。

ちなみにH・A・リヴリンの調査によれば、一八二七年、ムハンマド・アリー期のエジプトでは、一ファッダーン(〇・四四一六ヘクタール)当たりの砂糖の収量は約二五〇〇キログラムであった[19]。したがって一ファッダーン当たりの砂糖の総収量が四万四六四〇キログラム、あるいは二万一六〇〇キログラムという数字は、やはり現実の収量とは相当にかけ離れているとみるべきであろう。ここでは、一ファッダーン当たりの砂糖と糖蜜の総収量は、平均で三ダリーバ、つまり二三二〇キログラム前後と考えることにしたい。

〈粗糖から白砂糖・氷砂糖へ〉

粗糖は固まって白くなりかけたら、製糖所(マトバフ・アッスッカル)へ運ばれ、水と牛乳(ラバン・ハリーブ)を加えて煮沸すれば、白砂糖(スッカル・アブヤド sukkar abyaḍ)と上質の糖蜜(クターラ quṭāra)が得られる。一キンタールの粗糖から得られる白砂糖は六分の一から四分の一キンタール、糖蜜は四分の一から三分の一キンタールである。さらに煮沸を繰り返せば、きわめて純度の高い白砂糖となり、糖蜜は氷砂糖(スッカル・アンナバート sukkar al-nabāt)に近づく。

ここでヌワイリーが述べるように、粗糖に水と牛乳を加えて煮沸すれば、本当に白砂糖ができるのだろうか。この疑問を解くために、ある日、私は東京大学農学部農芸化学科の畜産物利用学研究室を訪ねてみた。そこでうかがった説明によれば、「牛乳に含まれるタンパク質は、加熱されると雑物を吸着し、凝固して浮き上がる。水牛の乳はとくにタンパク質を多く含むので、粗糖に混じっている雑物をとり除く作用があり、それだけ白砂糖をつくるのに適していたに違いない。江戸時代の琉球では、粗糖の溶液に鶏卵を入れて煮沸したが、これも同じ原理による」。この説明とヌワイリーの記事を組み合わせて考えれば、糖液に牛乳を加えて加熱し、その結果凝固した雑物をとり除いた後で、ふたたびウブルージュを用いる覆土法によって分蜜し、さらに純度の高い砂糖をつくりだしたのであろう。

最後にヌワイリーは、糖蜜(クターラ)から氷砂糖(スッカル・アンナバート)ができると述べているが、ナバートとは「草木」を意味するアラビア語である。なぜ氷砂糖が「草木の砂糖」と呼ばれるのか、私には長い間理解不能であったが、ダマスクスの市場で氷砂糖を見たとたんにこの疑問は氷解した。この氷砂糖は今でも郊外にあるグータの森でつくられているが、ある種のひごを芯にして純度の高い糖蜜が小さな結晶をつくり、これがいくつもつながった状態で並んでいた(図8参照)。それではこの草木とは、具体的に何だったのだろうか。スルタン・バイバルスの侍医を務めたイブン・アンナフィース(一二八八年没、くわしくは後述)は、氷砂糖の製法について、次のような興味深い記述を残している。

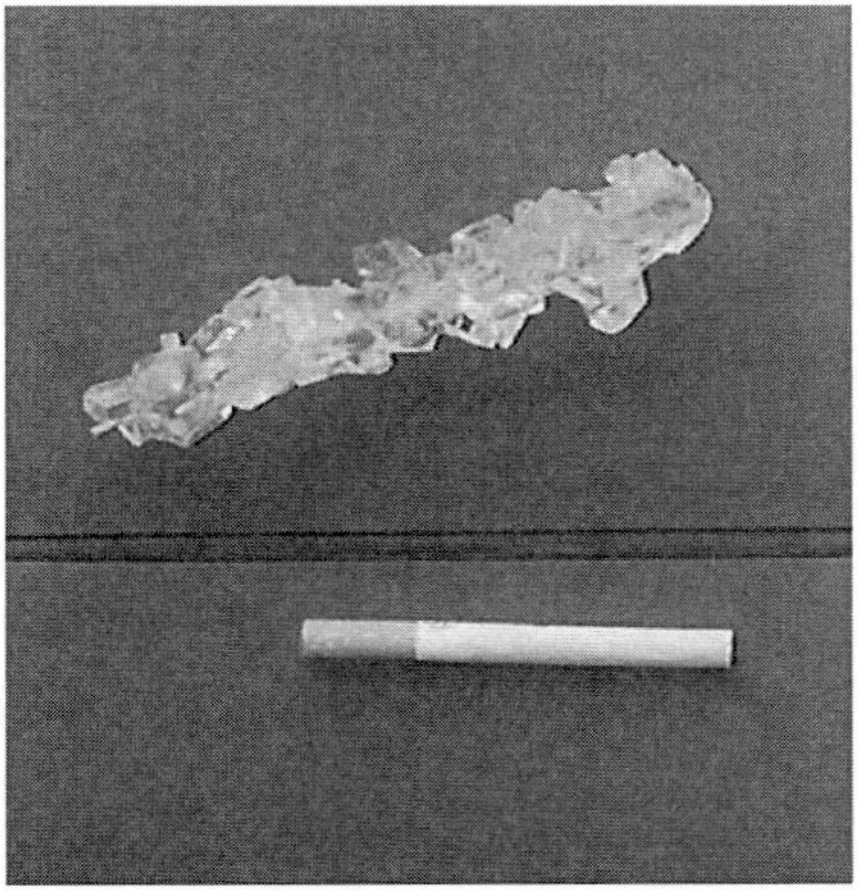

図8　ダマスクスのブズーリーヤ市場で売られている氷砂糖

> 砂糖にはさまざまな種類があるが、シリアやエジプトでもっとも一般的に用いられているのは、スッカル・タバルザド sukkar ṭabarzad(氷砂糖)である。これはスッカル・ウブルージュ sukkar ublūj の名で知られ、円錐形(ウブルージュ)につくられる。ムカッラル mukarrar(繰り返し精製した砂糖)は、溶かしてウブルージュで精製し、さらにもう一度精製す

る。精製を繰り返すごとに、白さや純度は増すが、甘さは少し減少し、味気が乏しくなる。また煮沸してできる砂糖には、スッカル・アンナバート sukkar al-nabāt と呼ばれる別種のものがある。これはムカッラルと同様に、〔煮沸後〕ウブルージュで結晶化させた後、ふたたび水に溶かすが、これ以後はウブルージュで固めることはせず、〔もう一度煮沸した後〕壺（キドル）に入れて放置しておき、これにナツメヤシの切り枝を入れる。するとその枝に純粋な砂糖がくっつき、角のある小さな結晶（ハジャル・サギール）ができてくる。

（『医学百科全書』XV, pp. 115–116）

この記事の後半部分によれば、「草木（ナバート）」とは、氷砂糖の結晶化を促すための「ナツメヤシのひご」のことだったのである。なお赤砂糖、白砂糖、氷砂糖などは、地域や時代によりさまざまな名称で呼ばれたが、これらの砂糖の種類と名称については、巻末の「用語解説」（スッカルの項）を参照していただきたい。

3　マルコ・ポーロの記述をめぐって

『東方見聞録』は語る

一二九〇年、元朝治下の福州を訪れたマルコ・ポーロ（一二五四―一三二四年）は、『東方見聞録』のなかで以下のような一文を残している。

三日間の行程に加えてさらに十五マイル進むと、砂糖の製造額が莫大な量に達しているウンケン市〔福州西北の侯官県〕に到達する。カーン〔クビライ・ハーン〕宮廷で使用するそれこそ巨額な価格の砂糖はすべてここから上供される。ところでカーンがこの地方を支配する以前には、土地の人々はまだバビロンで行なっているような調合法による砂糖精製の技術を知らなかった。彼等はそれを凝結し型に入れて固めるという製法を用いず、ただ煮つめて粋を取るだけだったから、糊の程度の堅さをした黒い砂糖しか造れなかった。しかしカーンに征服せられてから、この地にもカーン朝廷に仕えるバビロン人がやって来て、ある種の木灰を用いることによってそれを精製する方法を教えたのである。

（愛宕松男訳注『東方見聞録』II, p. 102）

バビロンで行っているような「それを凝結し型に入れて固めるという製法」とは、ヌワイリーが述べるウブルージュを用いた分蜜法、つまり中国でいう瓦溜を用いた覆土法のことに他ならない。いっぽう木灰の利用は、液汁を中和することによって砂糖の結晶を促す技法なので、覆土法とはまったく別種の技術であった点に注意が必要である。[20] なおここでいうバビロンとは、イラクの大バビロンのことではなく、エジプトの旧都フスタートにある小バビロンをさすことについておおかたの意見は一致している。したがって「バビロンの人々」とは、ムスリムかコプト教徒（単性論派のキリスト教徒）か、あるいはユダヤ教徒かは別として、マムルーク朝治下のエジプト人をさすとみてほぼ間違いないと思われる。[21]

ところで『東方見聞録』の訳者愛宕松男《おたぎまつお》は、「七世紀の前半に当たる唐太宗朝に、精製して結晶せしめる方法が西域〔インド〕人によって伝えられ、ここに初めて沙餹が製造されることになった」と述べ、したがってこの技法が元朝に始まったとするマルコ・ポーロの記述は誤りだと注記している。しかし「精製して〔竹べらで〕結晶せしめる方法」と「分蜜して結晶を得るウブルージュの覆土法」とは明らかにレベルの違う、別種の製糖法と考える必要があろう。なお『宋史』列伝、外国六、大食国の条には、九八四年と九九五年の二度にわたって、大食国(アッバース朝)の商人が「白砂糖」あるいは「白砂糖入りのガラス壺」を皇帝に献上したと記されている。これも宋代初期の中国では、白砂糖がなお貴重な物産であったことを物語っているに違いない。戴国煇によれば、中国でウブルージュと同型の円錐形の壺が用いられるようになるのは、やはり元の時代、つまり十三世紀後半以降になってからのことであった。[22] ダニエルスも、ほとんどの研究者がマルコ・ポーロの記述は事実を伝えるものだとみなしているとし、この記述を誤りとするマズムダルなどの説を退けている。[23] 以上のことから、円錐形の壺を用いる覆土法と液汁を中和するための木灰の利用は、十三世紀末の元代にエジプトからもたらされたとするマルコ・ポーロの記述は、確かな事実を伝えているとみていいのではないだろうか。

東西の技術交流

このようにマルコ・ポーロの記述が事実を伝えるものであるとすれば、イスラーム世界と中国との間には、製糖法についても重要な技術交流があったことになる。八世紀半ば以後、中国の製紙法や火薬・羅針盤などの導入が、イスラーム文明の形成に大きな役割を果たしたことはよく知られている。とくに製紙法の導入と拡大は、急速に発達しつつあった法学、神学、伝承学、クルアーン(コーラン)の解釈学、歴史学、散文学などの「アラブの学問」と、医学、哲学、数学、光学、幾何学、地理学など「外来の学問」の成果を公表するうえで、はかり知れないほどの影響を及ぼした。

アッバース朝以降のイスラーム世界では、ペルシアのスライマーニー紙、バグダードのジャーファリー紙、エジプトのフィルアウニー（ファラオ）紙などが高級紙として知られていた。これら輸出用の高級紙の他に、安価な紙が大量に普及するようになると、十世紀頃までには、イスラーム世界における学問活動の成果や行政上の命令、あるいは裁判の判決などは、羊皮紙やパピルス紙に代わって亜麻織物を原料とする紙（カーガド、ワラカ）に記して発行されるようになったのである。[24]

いっぽう、中国にウブルージュによる覆土法と木灰による中和法を伝えたエジプト人が小バビロン、つまり旧都フスタートからやって来たことに注目したい。ファーティマ朝時代のエジプトでは、新都カイロが政治・軍事都市としての機能を担っていたのに対して、旧都フスタートは経済活動の中心地としての役割を果たしていた。しかし一一六八年十一月、アモーリー配下の十字軍がダミエッタからカイロに迫ると、宰相シャーワルは、十字軍の糧食を断つために石油製品（ナフサ）によるフスタート焼却の命令を発した。アラブの史書によれば、この火災は五四日間にわたって燃えつづけたと伝えられる。[25]

その後、フスタートに昔通りの市街地が完全に復活することはなかったが、アイユーブ朝時代からマムルーク朝時代にかけては、スルタンやアミール、あるいは大商人によって砂糖の精製所（マトバフ・アッスッカル）が次々と建設されていった。前述のように、刈り取った後の砂糖きびは近くの圧搾所で搾られ、煮沸の後ウブルージュを用いて粗糖（カンド）と糖蜜（アサル）がつくられた。この粗糖は同じ製糖所でさらに精製されることもあったが、粗糖の固まり、あるいは砕いた粗糖を旧都フスタートに運び、そこの製糖所で白砂糖や氷砂糖などの上質の砂糖に精製して、国内あるいは国外向けの販売網に乗せることが盛んに行われた。つまり、十三世紀から十四世紀へかけてのエジプトはすでにイスラーム世界随一の砂糖生産国となっていたが、カイロ南郊のフスタートは、エジプト各地で生産された粗糖を精製し、商品化するいわば製糖センターの役割を担っていたのである。

したがって製紙法や火薬、あるいは羅針盤が東方の中国から西方のイスラーム世界へ伝えられたのに対して、製糖技術については、先端的な製糖業の中心であったマムルーク朝期のエジプトから中国へと伝えられた可能性は、きわめて高いとみるべきであろう。

第3章　ラクダと船に乗って
——商品としての砂糖——

1　カルフ地区のにぎわい
——バグダード——

バグダードの建設

七五四年、アッバース朝の第二代カリフに就任したマンスール（在位七五四—七七五年）は、即位後まもなく新しい国家（ダウラ）にふさわしい首都の建設を構想しはじめた。臣下に候補地の慎重な調査を命ずるとともに、自らも騎馬で適地を探索した結果、ティグリス川西岸の集落バグダードを最適の候補地として選択した。アラブ歴史学の父タバリー（九二三年没）の年代記は、バグダードを選択したマンスールの言葉を以下のように伝えている。

ここは軍隊の駐屯地として安全であり、われわれと中国（スィーン）とを隔てるものは何もない。ティグリス川を通じれば、海からのあらゆる物産とジャズィーラ〔北イラク〕やアルメニアなどからの食料が入手可能である。またユーフラテス川は、シリアやラッカ〔ユーフラテス川上流の都市〕などから、どんな物資でもわれわれに運んでくれる。

（『使徒たちと諸王の歴史』III, p. 272）

この記事は、バグダードの選択があらかじめ周辺諸地域との物資の交換を十分に考慮したうえでの決断であったことを明瞭に物語っている。七六六年の完成後、新都の公式な名称は「平安の都（マディーナト・アッサラーム）」と定められたが、人々はその後も従来通りのバグダードの呼称を好んで用いたという。

この都城は三重の城壁に囲まれた円形のプランをもち、直径は二・三五キロメートル、真ん中の主壁の高さは三四メートルであった。中央にはカリフの住む黄金門宮（カスル・バーブ・アッザハブ）とそれに付設されたモスクがあり、その周囲にカリフ一族の館、四〇〇〇人を超える警備兵の詰め所、それに租税庁（ディーワーン・アルハラージュ）、文書庁（ディーワーン・アッラサーイル）、軍務庁（ディーワーン・アルジャイシュ）などの諸官庁が並んでいた。つまり王朝の支配層（ハーッサ）だけが円城内に居を構え、商人や職人などの庶民（アーンマ）は円城外に住んだことが特徴である。

円城には等間隔に四つの城門が設けられた。ホラーサーン門、バスラ門、クーファ門、シリア門がそれであり、その設計には国際都市としての雄大な構想がよく示されていた。北東側のホラーサーン門を出てティグリス川の舟橋を渡り、ホラーサーン街道を東にたどれば、絹の道をへて、やがて唐の都長安に達する。南東部のバスラ門を出てティグリス川を船で下れば、港町バスラを経由して、ペルシア湾からアラビア海、さらにはインド洋をへてインド・東南アジアへとつづいていく。また西南部のクーファ門を出て南へ道をたどれば、東方イスラーム世界（中央アジア・イラン・イラク）からの巡

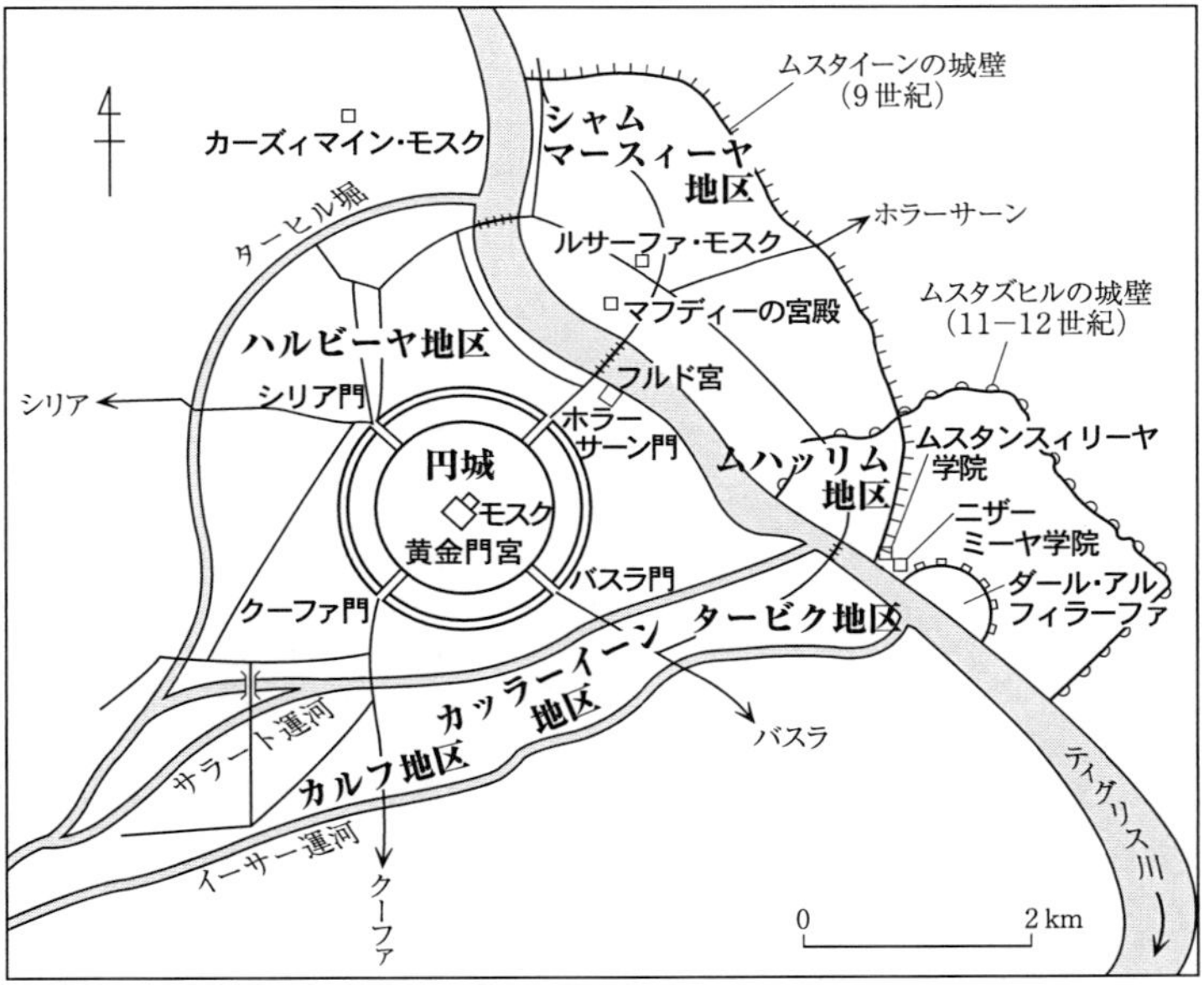

図9　バグダード

礼者が集結する宿駅クーファがあり、その先にはイスラーム世界の中心都市メッカがある。最後に北西部のシリア門を出てユーフラテス川沿いにさかのぼり、途中から西へ進めばシリアの古都ダマスクスにいたり、北へ進めばアレッポをへて絹の道の終点コンスタンティノープル(現在のイスタンブル)に到達する。

以上の四つの城門と中庭を結ぶアーケードの両側に日常品をあきなう市場(スーク)がおかれていた。しかし市場には、当然のことながら多くの庶民が日用品を購入するために集まってくる。アーケードを入れば、その先にはカリフが住む黄金門宮があり、その一族や政府高官も館を構えていた。つまり庶民が集まる市場と宮殿の距離が近いことは、カリフとその一族の身辺を警護するうえで支障のあることが分かってきた。この解決をはかるために、七七三年、アーケード内の市場は、円城の南約二キロメートルにあるカルフ地区にそっくり移転されることになったのである。(1)

商工業センターとしてのカルフ

カルフ Karkh 地区は、サラート運河とイーサー運河に挟まれた交通利便の土地に位置していた。しかもこの頃には、ユーフラテス川の川床の方がティグリス川の川床より高く、ユーフラテス川側から運河を掘れば、水は自然にティグリス川へ向かって流れることも知られていた。(2) このような立地条件を利用して八世紀から九世紀にかけて、バグダードの周辺部を中心にして、両河川を結ぶ運河が数多く開削され、飲料水や灌漑水、あるいは物資の運搬用にと多目的に用いられた。バグダードの発展と繁栄を支えたのは、これらの運河網を利用した灌漑農業の発達と、東西のキャラバン・ルートや南北の河川ルートを用いた交易活動のめざましい進展にあったといえよう。

アッバース朝は、八世紀末以降に経済の発展期をむかえると、海陸のルートを通じて、中国の絹織物や陶磁器、東南アジア・インドの香辛料や木材、中央アジアの毛織物やトルコ人・スラヴ人奴隷、さらにアフリカの金や奴隷などが首都バグダードにもたらされるようになった。いっぽうバグダードからは、綿織物・絹織物・貴金属・ガラス製品・紙などがイラクの特産品として、周辺のイスラーム世界やビザンツ帝国領にむけて輸出された。これらの交易活動の担い手が、アラブ人やペルシア人をはじめとする大手のムスリム商人(タージル tājir)であった。

アッバース朝時代の歴史家・地理学者のヤークービー(八九七年没)は、バグダードの繁栄について『諸国誌』のなかでおよそ次のように述べている。これは、バグダードの発展にかんするもっとも古い記録のひとつである。

バグダードの近くには、ティグリス川とユーフラテス川の両大河が流れているので、そこには各種の商品や物資が、陸路および水路を利用して、いとも簡単に運び込まれる。交易の相手は、東西のイスラーム諸国に限らず、遠くインド、シンド〔パキスタン南東部〕、中国、チベット、トルコ、ダイラム〔カスピ海西南部〕、ハザル〔黒海とカスピ海の間〕、エチオピアの地方からも、あらゆる種類の商品がもたらされる。バグダードでは、路地(ダルブ)や小路(スィッカ)の数が六〇〇〇、モスク(マスジド)の数が三万、公衆浴場(ハンマーム)は一万に達し、その後も増加しつづけている。カルフ地区の民とそれに隣接する地区には、「鶏の運河」と呼ばれる運河が引かれた。その名の由来は、鶏の所有者がそこに居を定めたからである。またユーフラテス川から引かれたイーサー大運河には大型船(サフィーナ・カビーラ)が入り、それによってシリア・エジプト方面からラッカ経由で運ばれる小麦粉その他の商品が、市場(スーク)や商店(ハーヌート)の立ち並ぶ河岸に陸揚げされるようになった。水利がよくなったために、町の周囲には耕地や果樹園が増大した。また各地からさまざまな技術をもつ人々が集まってきて、あらゆる種類の物資が生産されるようになった。

(『諸国誌』pp. 234, 250–251)

この記事は、世界の国々とむすぶ広範な交易活動と灌漑にもとづく豊かな農業生産、それにさまざまな技術をもつ職人たちの来住がバグダードの繁栄をもたらす要因であったことをよく示している。新興のカルフ地区は、それらの経済活動のちょうど中心に位置していたのだといえよう。当時の人々は、カルフ地区を「商人とシーア派のふるさと」と呼んだが、それはこの地区の商人や職人の多くがシーア派のムスリムによって占められていたことによる。それでは新商工業センターであるカルフ地区は、同じく新しい商品として登場してきた砂糖の取引とどのように関係していたのだろうか。

果物・蜂蜜から砂糖へ――甘味料の変化

カルフ地区と砂糖との関係を検討する前に、あらかじめアッバース朝時代における甘味料の変化を確かめておくことにしたい。西アジア社会では、砂糖が登場する以前の甘味は、アプリコットやブドウ、ナツメヤシなどの熟した果物、それに長い歴史をもつ蜂蜜（アサル）などからとられていた[3]。

イスラーム時代に入ってからも、ブドウ（イナブ）、イナゴ豆（ハッルーブ）、アプリコット（ミシュミシュ）、ナツメヤシの実（タムル）などの熟した果物は伝統的な甘味料として用いられてきたが、これらの濃縮させたジュース状の甘味料をアラビア語でディブス dibs という。ディブスとは、もともと「甘みのあるブドウ」を意味する言葉であった。八―九世紀以降、カリフの宮廷や富裕者の家庭で砂糖が用いられるようになってからも、庶民の台所では従来通りのディブスが安価な甘味料として用いられつづけた。とりわけイラン南部のファールス地方にあるアッラジャーンは、干しブドウからつくるディブスの産地としてよく知られていた。ちなみにアッバース朝時代の代表的な豆入りの肉料理「スィクバージュ」（詳しくは後述）は、羊肉とイナゴ豆の他にアーモンドや乾燥イチジクと一緒に、ナツメヤシのディブスを入れて煮込み、香辛料と塩で味付けした後、バラ水を振りかけて食膳に供されたという。[4]

なお前述のように、砂糖きびの搾り汁を一度煮沸して、ウブルージュで製糖すると粗糖（カンド）と糖蜜（アサル）がつくられた。このアサルは、もともとは「蜂蜜」を意味するアラビア語であった。蜂蜜は、今より一万七〇〇〇—二万年前から利用されてきた、もっとも古い甘味料のひとつである。エジプトの歴史家マクリーズィー（一三六四頃—一四四二年）に、『蜜蜂論の贈り物』（以下、『蜜蜂論』と略記）と題する珍しい著作があり、蜜蜂や蜂蜜の種類・色・効能などに加えて、蜜蜂や蜂蜜にまつわるさまざまなアラブの伝承を収録している。それによると、マムルーク朝時代のエジプトでは、以下のような慣行があった。

図 10　クウェートの市場に並ぶナツメヤシのディブス（濃縮ジュース）

〔コプト暦の〕アムシール月（一月二六日—二月二四日）になると〔働き蜂である〕若い雌蜂が集まり、やがてバルムーダ月（三月二七日—四月二五日）が来ると蜜を集めはじめる。〔蜜を集めるための〕もっとも上等な花は、ウマゴヤシ（クルト）とエンドウ豆（ジュルッバーン）である。なお母親たちは、冷え込みが厳しいときや風が強く吹くときには、蜂蜜を水にといて飲むのが習わしとなっている。

（『蜜蜂論』p. 30）

また、マクリーズィーは次のようにも伝えている。

最上等の蜂蜜は、甘くて香りもよく、また苦みと刺激性、腰の強さも兼ね備えている。蜂蜜は肉の腐敗を遅らせ、体に塗ればシラミやその卵がたかるのを防ぎ、それらを殺すこともできる。さらに蜂蜜に漬けておけば、遺体をずっと保存することができるし、肉は三カ月、果物は六カ月の間もたせることが可能である。

（『蜜蜂論』pp. 40-42）

以上の簡単な紹介から、砂糖生産が開始されてからも、蜂蜜は依然として日常生活のなかで重要な役割を果たしつづけたことがわかるであろう。しかし砂糖の甘みは蜂蜜よりさらにすぐれた効能があり、また人々の味覚中枢を刺激することによって、砂糖の需要をますます高めていったに違いない。その結果として、イブン・ハウカル（十世紀）が述べるように、「イラクのどの地方においても、砂糖きびが栽培されていない村はない」といわれるほど製糖業の盛んな状態が生まれていたのである（第一章参照）。

東方イスラーム世界における砂糖の流通

このようにイラクでも砂糖きび栽培と砂糖生産は盛んであったが、十世紀前後の東方イスラーム世界では、前述のように、イラン南西部のアフワーズ地方が砂糖の第一の生産地として知られていた。イラン東部の都市ニーシャープールに生まれたサアーリビー（九六一―一〇三八年）は、『珍しい情報』と題する書物の第十章「各地方の特色」で、以下のような記録を残している。

〈アフワーズ地方についての記述〉

アスカル・ムクラムは、質においても、量においても、この世で並ぶものがないほどの砂糖(スッカル)を産する。たしかにイラクやジュルジャーン〔カスピ海東部〕やインドでは、より多くの砂糖きびが栽培されているが、アスカル・ムクラムの砂糖が商品(マトジャル)としてはもっともすぐれている。ここからバグダードのスルタン(カリフ)のもとへ、〔毎年〕地租(ハラージュ)の他に五万ラトル〔十一万三七五〇キログラム〕のアスカル産砂糖が運び込まれる。(『珍しい情報』p. 174)

先に紹介したジャフシヤーリー(九四二年没)は、アフワーズの町の北方、ドジャイル川の河岸に広がる水の豊かな地方である。アスカル・ムクラムは、アフワーズの町の北方、ドジャイル川の河岸に広がる水の豊かな地方である。

先に紹介したジャフシヤーリー(九四二年没)は、地租としての砂糖をアフワーズ地方全体で三万ラトル(六万八二五〇キログラム)と記していた。ここに引用したサアーリビーの記事によれば、十一世紀はじめ頃には、イスラーム法に定められた地租以外に、毎年十万キログラム以上の砂糖が首都のバグダードへ向けて売り出されていたことになる。

前述のように、ジャーヒズも九世紀のイスラーム世界では、アフワーズが砂糖の第一の産地であると述べていたが、サアーリビーも各地に固有な果実や農産物、あるいはその加工品を次のように伝えている。

シリアのりんご(トッファーフ)、イラクの熟したナツメヤシ(ルタブ)、イエメンのバナナ(マウズ)、インドのクルミ(ジャウズ)、クーファのソラ豆(バーキッラー)、アフワーズの砂糖(スッカル)、イスファハーンの蜂蜜(アサル)、マーサカーンの白砂糖(ファーニーズ)、キルマーンのナツメヤシの実(タムル)、アッラジャーンの濃縮ジュース(ディブス)、フルワーンのイチジク(ティーン)、バグダードのブドウ(イナブ)、ジュルジャーンのナツメ(ウンナーブ)、ブストのプラム（イッジャース）、ライのザクロ（ルッマーン）、ニハーワンドの梨（クンマスラー）、ニーシャープールのマルメロの実（サファルジャル）、トウスのアプリコット（ミシュミシュ）、マルウの果物菓子（ムラッバン）、フワーリズムのメロン（バッティーフ）などである。

（『珍しい情報』pp. 237–238）

この記事では、砂糖の産地としてはイラン西南部のアフワーズと南部のマーサカーンだけがあげられ、イラクの諸地方については指摘がないことに注目したい。もちろんイラク中南部でも砂糖の生産は活発に行われていたが、サアーリビーが「アスカル・ムクラムの砂糖が商品としてもっともすぐれている」と述べているように、アフワーズ産の砂糖は、品質の点でイラク産の砂糖を上まわっていたのであろう。

A・ドゥーリーも述べるように、アッバース朝時代には、これらの高級なイラン産の砂糖が、バグダードのカルフ地区へと運び込まれた。(5) 十世紀の地理学者ムカッダスィーは、「〔アフワーズ北方の〕スースからバグダードへむけて砂糖が商品として運ばれる」（『最良の地域区分』p. 416）と記し、十二世紀のアラブ人地理学者イドリースィーも、「〔イラン南部の〕マーサカーンとカスラーンは、砂糖きびの栽培が盛んであり、そこから砂糖（スッカル）と白砂糖（ファーニーズ fanidh）が東西の諸地方に運ばれる」（『慰みの書』II, p. 174）と述べている。また奴隷から身を起こし、地理学者として名をなしたギリシア人のヤークート＝アッルーミー（一二二九年没）は、「マーサカーンは、白砂糖（ファーニーズ）の産地として知られ、これらの商品はそこから諸国へと運ばれる」（『諸国集成』V, p. 42）と記している。ここでファーニーズと区別して記されているスッカルは、白砂糖に精製される前の粗糖のことであったと思われる。

九世紀から十世紀へかけてのバグダードは、人口一〇〇万近くを擁する大都市へと発展した。しかし経済活動の進展にともなって貧富の差も拡大し、九世紀前半には、下層民のなかからアイヤールーン ʿayyārūn と呼ばれる任俠・無頼の徒が登場してきた。彼らは、数十人で徒党を組み、カリフの館や大商人の屋敷を襲って放火や略奪を繰り返したが、やがてこれがカルフ地区を荒廃に導く要因となった。いっぽうアイヤールーンは、乱暴狼藉を働くだけではなく、勇敢で物惜しみせず、弱者にはすすんで手を差し伸べたから、民衆の支持もけっして少なくなかったと伝えられる。(6) ともあれ、当時のバグダードで「砂糖の甘み」を楽しんでいたのは、アイヤールーンが攻撃の対象にしたハーッサと呼ばれる、特権的でしかも富裕な階層の人々、具体的にはカリフとその一族、高級官僚や軍人、それに大商人などであったと思われる。

2　エジプト製糖業の興隆

バグダードからカイロへ——歴史の転換

バグダードの経済的な繁栄にともなって、文化活動の面でも、外来の文化を翻訳する域を脱して、哲学や医学、あるいは数学や光学、地理学などの分野で独自の成果が次々と発表されるようになった。また法学や神学、伝承学、散文学、歴史学などイスラームに固有な学問も高度な発達をとげ、それらの成果はいずれもクルアーンの言葉であるアラビア語で公表された。しかしこのような経済や文化の隆盛にもかかわらず、九世紀にはいるとアッバース朝のカリフ権にははやくも翳りがみえはじめた。

たとえば八二一年には、ホラーサーン総督のターヒルがカリフへの服従を拒否して、イラン東部に独立のターヒル朝(八二一―八七三年)を樹立した。ついで鍛冶職人(サッファール)から身を起こしたヤークーブは、同じくイラン東部にサッファール朝(八六一―一〇〇三年)を建国すると、バグダードへむけて西方への進出を開始し、やがてターヒル朝を吸収して勢力を拡大した。さらに東方のマーワラーン・ナフルでは、イラン系の土着貴族(ディフカーン)であったサーマーンが、イスラームへの改宗後、独立のサーマーン朝(八一九―一〇〇五年)を建設した。この王朝は、九〇〇年、サッファール朝を破ってホラーサーン地方の全域を支配下に収め、ブハラに首都を定めて王朝の最盛期を現出した。いっぽう西方のエジプトでは、トルコ人奴隷兵(マムルーク)の息子イブン・トゥールーンが、徴収した租税をバグダードへ送付することを拒否してトゥールーン朝(八六八―九〇五年)を興した。この王朝の樹立によって、アラブによる征服以後、はじめてエジプトの豊かな富がエジプト社会のために利用される体制ができあがったとされている。(7)

以上のような独立王朝の出現によって、アッバース朝カリフの権威が及ぶ範囲は縮小し、それにともなって国庫収入も著しく減少した。収入の減少によって軍隊への俸給(アターー)の支払いが滞ると、主権者であるカリフでさえ軍隊を十分に掌握することは不可能となった。またカリフ権強化のために採用されたトルコ人マムルークも、九世紀半ば以後になるとしだいに勢力を拡大し、やがてカリフの改廃をも自由にするようになった。イラクの歴史家イブン・アッティクタカー(十三世紀)によれば、「[八六一年のカリフ・ムタワッキルの殺害以後、]カリフはマムルークたちの手中にあって、あたかも捕虜のごとき存在であり、彼らは望むままにカリフを位にとどめ、廃位し、殺害した」のである(『統治の誉れ』p.243)。

このような厳しい状況のなかで、九三六年、カリフ・ラーディー(在位九三四—九四〇年)は、バスラとワースィトの総督を兼任していたイブン・ラーイクを大アミールに任命し、徴税権と軍隊の指揮権を一任した。カリフが徴税権と軍事権を含む王国の統治権を第三者にゆだねたのは、イスラーム史上

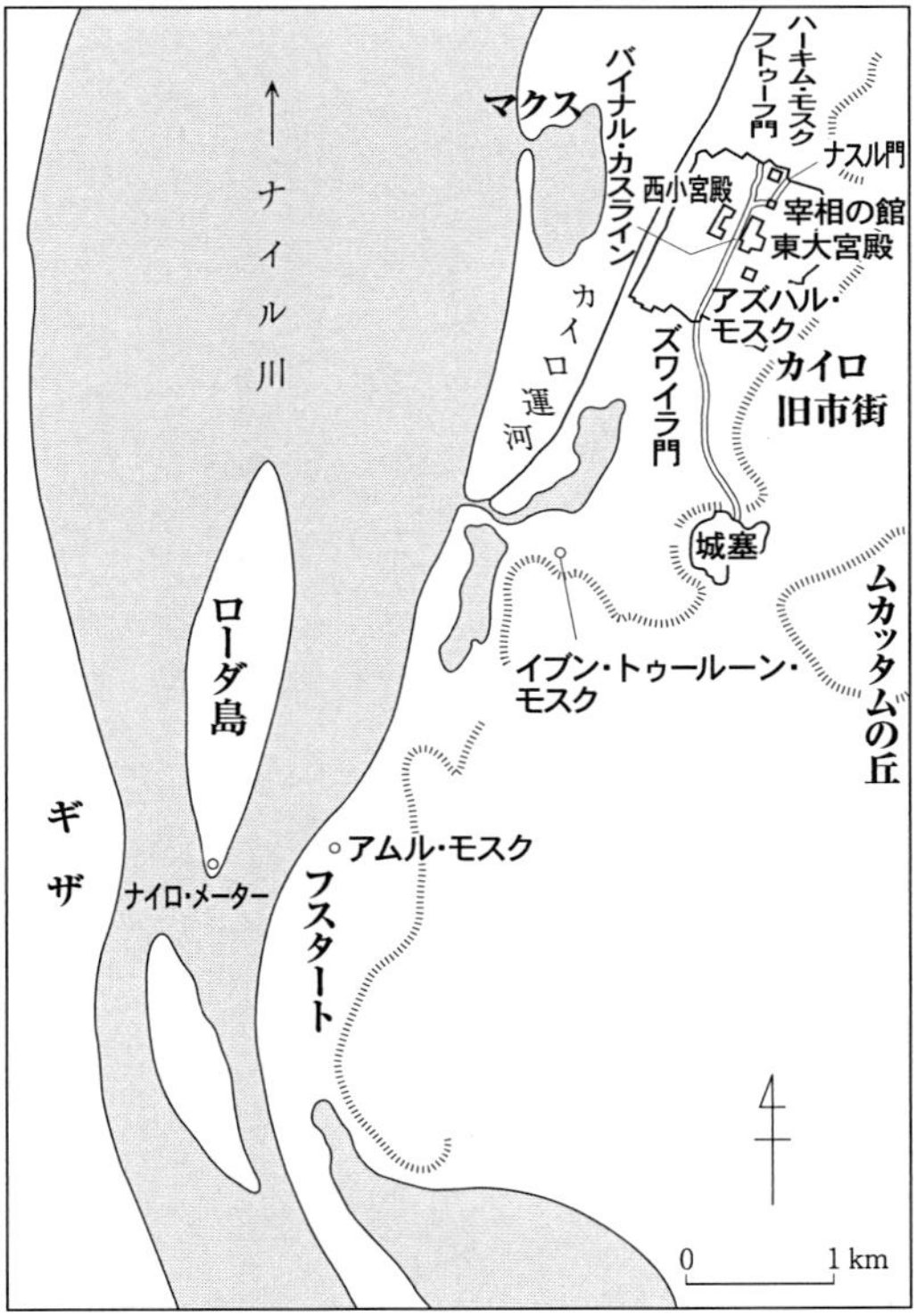

図 11　カイロとフスタート

はじめてのことであった。十年後の九四六年には、シーア派を奉ずるブワイフ朝(九三二—一〇六二年)の軍隊がバグダードに入城し、スンナ派のアッバース朝カリフを保護下におく体制を整えた。これ以後のカリフは、依然としてムスリム信仰の象徴的な存在ではあったが、自由に動かすことのできる軍事力はなく、新興の軍事政権に支配の正当性を与える権威だけが残されたのである。一〇五五年、ブワイフ朝にかわってスンナ派のセルジューク朝(一〇三八—一一九四年)がバグダードを支配下に収めてからも、ウラマー(知識人)たちの期待とは裏腹に、アッバース朝のカリフ権に依然として復活のきざしはみえなかった。

いっぽう西方のイスラーム世界では、過激シーアのイスマーイール派が北アフリカにファーティマ朝(九〇九—一一七一年)を建国し、九六九年にはエジプトに進出して、フスタートの北側に新都カイロal-Qāhira(「勝利」の意味)を建設した。ファーティマ朝の経済は、新たに脚光をあびはじめた紅海貿易の利をえて発展し、首都カイロは混迷をつづけるバグダードをしりめに、イスラーム世界の中心都市へと成長していった。前述のようにアイヤールーンの跳梁によってイラク社会の秩序は失われ、多くの商人や知識人はバグダードに見切りをつけて、シリアの古都ダマスクス、さらにはエジプトのカイロをめざした。バグダードで育まれたイスラームの経済・文化活動は、十二世紀以降、これらの人々の移住によって、ティグリス河畔のバグダードからナイル河畔のカイロへと移植されることになった。こうしてイスラーム史の舞台は、バグダードからカイロへと大きく転換しようとしていたのである。(8)

ファーティマ朝時代の砂糖消費

下エジプトで砂糖きび栽培が開始されたのは八世紀から九世紀へかけてのことであったが、その栽培が上エジプトへと拡大し、上下エジプトの製糖業が本格化するのは十世紀末以降、ファーティマ朝の支配が安定してからのことであった。カイロ南の古都フスタートに生まれ育ったムサッビヒー（九七七―一〇二九年）は、カリフによる砂糖菓子のパーフォーマンスについて、『エジプト史』のなかで以下のように記している。

図 12　砂糖菓子の人形をつくるための木型（カイロ，民俗博物館）

> ヒジュラ暦四一五〔一〇二四〕年ラマダーン月末の金曜日、砂糖でつくった人形（ティムサール）、飾り（タズウィーン）、宮殿（クスール〔単数形はカスル〕）などで飾り付けた宴席（スィマート）[9]〔の模型〕が市内を巡回した。これを取り仕切ったのは、〔宰相の〕ナジーブ・アッダウラ＝アブー・アルカースィム＝アリー＝アルジャルジャラーイーであった。人形の数は一五二、砂糖の大宮殿（カスル・アッスッカル・アルカビール）は七つであった。巡回は騎馬や先導隊、それににぎやかなスーダーン人の太鼓隊が加わり、人々はこれを見物するために寄り集まってきた。
>
> （ムサッビヒー『エジプト史』p. 65）

これは断食明けの祭（イード・アルフィトル）に、砂糖を材料にして人形や宮殿がいくつもつくられ、これがカイロやフスタート市内を巡回したことを示す記録である。「ラマダーン月と砂糖」の密接な関係は後代のアイユーブ朝やマムルーク朝にも受け継がれていくが、この記事からは、カリフの権威と富を誇示するための華やかな行事を、カイロ庶民も大いに楽しんでいた様子がうかがわれる。P・サンダースの『ファーティマ朝カイロにおける儀礼・政治・都市』によれば、ファーティマ朝の宮廷では、さまざまな儀礼や宴席に砂糖菓子の宮殿が登場するのはごく当たり前のことになっていた。[10] しかし、このようなカリフの催し物に砂糖菓子が用いられたことは、この時代には庶民にとって砂糖がまだまだ手の届きにくい、高価な品であったことを物語っているのであろう。

いっぽう、ファーティマ朝の宰相（ワズィール）を父にもつイブン・アルマームーン＝アルバターイヒー（一一九二年没）[11]は、ムサッビヒーと同名の書『エジプト史』のなかで、つぎのように述べる。

> 五一六（一一二二）年ムハッラム月十二日は、カリフ・アーミル（在位一一〇一―三〇年）の誕生日であり、木曜日に当たっていた。この日には四〇盆（スィーニーヤ）のフシュカナーニジュ khushkanānij 菓子、甘菓子（ハルワー）、ケーキ（カァク）をつくることが命ぜられた。このときカリフの命令によって、砂糖、蜂蜜、アーモンド、小麦粉、胡麻油が高貴なる人たちの墓に授与された。すなわちこれによって五〇〇ラトル（約四八四キログラム。エジプトでは砂糖をはかる場合の一ラトルは〇・九六七キログラム）の甘菓子がつくられ、モスクの指導者（ムタサッディル）やクルアーン読み（カーリゥ）、あるいは神秘主義の修行者（ファキール）たちに分け与えられたのである。
>
> （イブン・アルマームーン『エジプト史』pp. 35–36）

甘菓子を盛るスィーニーヤとは、「中国(スィーン)のもの」という意味であり、当時のエジプトでは、もっぱら真鍮製の丸盆をさす言葉として用いられていた。また、フシュカナーニジュとは、円形の甘菓子であり、中央のくぼみにアーモンドあるいはピスタチオの実がおかれていた(12)。この記事も、カリフの誕生日を記念して、信仰の道に励む人々に砂糖入りのおいしい菓子が振る舞われたことを示している。イブン・アルマームーンは、翌五一七年についてもカリフの施しを記しているが、このときには、ラジャブ月はじめからラマダーン月末まで、カイロのアズハル・モスクとフスタートのアムル・モスク(エジプト最古のモスク)などに住んでいる者たちが施しの対象に選ばれた(イブン・アルマームーン『エジプト史』p.63)。

さらにイブン・アルマームーンは、同じ五一六年の犠牲祭(イード・アンナフル。イード・アルアドハーと同義)の最終日に、宰相であった父アルマームーンが自宅で行ったもてなしについて、以下のような興味深い記録を残している。

アルマームーンの屋敷で宴席(スィマート)用に使われた費用は一三二六と四分の一と六分の一ディーナールであった。また「料理の家(ダール・アルフィトラ)」でつくられる甘菓子の宮殿(カスル・アルハラーワ)と膨らませた菓子(キトア・アルマンフーフ)用の砂糖は、台所で消費されるものを除いて四八キンタール[一・ジャルウィー。四六〇〇キログラムあまり]であった。

(イブン・アルマームーン『エジプト史』p.42)

これは、ファーティマ朝の宰相が、犠牲祭の最終日、つまり巡礼月の十三日に、自宅で砂糖をふんだんに用いた甘菓子をつくり、これらを宴席に並べて招待者をもてなしたことを示している。しかしこれも軍人宰相による砂糖消費の特別な記述であり、ファーティマ朝時代についてこれまで検討したところでは、砂糖消費が社会のより広い範囲におよんだことを示す史料は残されていないのが実情である。

サラーフ・アッディーン時代の砂糖

それでは、これにつづくサラーフ・アッディーンのアイユーブ朝(一一六九―一二五〇年)では、どうだったのだろうか。マムルーク朝時代の歴史家イブン・ドクマーク(一四〇六年没)は、『勝利の書』のなかで以下のような話を伝えている。

スルタン・サラーフ・アッディーン＝ユースフ・ブン・アイユーブは、ナッカーダ村〔上エジプトのクース地方〕を〔下エジプトの〕カルユービーヤ地方のサンダビース村の三分の一とともに、預言者の墓守をしている二四人の従者(ハーディム)のためのワクフ(寄進地)とした。彼らは、ナッカーダ村に揚水車(ドゥーラーブ)を据え、砂糖きび圧搾所を建設した。(『勝利の書』II, p. 33)

前述のように、クース地方はすでに十一世紀頃から砂糖生産の盛んな地域として知られていた。この記事にある「預言者」とはイスラームの預言者ムハンマドのことであり、「二四人の従者」はメディナにある預言者の墓を守る者たちであった。上エジプトのナッカーダ村を寄進地として与えられたこれらの従者は、管理人を雇ってこの村で砂糖きびを栽培し、さらに圧搾所を建設して、砂糖の生産と販売にたずさわったものと思われる。

サラーフ・アッディーンの治世については、以下のような記録も残されている。ヤコブ派教会の司教であったバール・ヘブラエウス(アラブ名はアブー・アルファラジュ。一二八六年没)によれば、一一九二年、ダマスクス在住のあるユダヤ商人は、シリアの海岸都市アッカーに布陣していたスルタンのもとに出向き、次のように訴えた。

私はユダヤ教徒でダマスクスの商人です。砂糖二〇荷を船に積んでアレクサンドリアからやってきました。ところがアッカーの港まで来ると、あなたの配下の者が私の荷物を奪い、このように言ったのです。「お前は不信仰者なのだから、お前の商品は当然スルタンのものになるべきだ」。

(『年代記』p. 342)

サラーフ・アッディーンはこの訴えを聞くと、関係者に事実を確かめたうえで、砂糖の代金を返却したと伝えられる。当時の一荷(ヒムル)は、ラクダ一頭が運ぶことのできるおよそ二五〇キログラムに相当するので、二〇荷の砂糖は約五〇〇〇キログラムとなる。この当時のシリアでは、砂糖の販売価格は、一キログラム当たり約〇・二二七ディーナールであったから、五〇〇〇キログラムでは約一一三五ディーナールに相当する。主食のパンの原料となる小麦は、一〇〇キログラムが一・五六ディーナールであったから、これにもとづいて計算すれば、一一三五ディーナールで小麦七万二七五六キログラムを購入できたことになる(13)。

さらにアイユーブ朝の後期になると、次のようなアミールによるイクター経営の事例も知られている。スルタン・カーミル(在位一二一八―三八年)の時代に国政を担当するウスターダールとなったアミール・ファフル・アッディーン＝ウスマーン(一二三二年没)は、一二二二年にファイユーム地方全体を、地租(ハラージュ)の他に人頭税(ジズヤ)や商業税(ウシュル)などすべての取り分を取得できる

「完全なイクター iqṭāʿ darbastā」として授与された。このイクターには、それ以前から盛んになりつつあった砂糖きび栽培の収益も含まれていたことに注目したい。ファフル・アッディーンは、カイロ郊外に鳩の塔を建設し、およそ一〇〇キロメートル離れたファイユームとの間を伝書鳩で連絡することによって、自らのイクターを経営したのである。彼は、他のアミールと同様に、こうして蓄えたイクター収入を公共の福祉事業にふり向けた。歴史家イブン・アルアミード（一二七三年没）は、その事績を次のように伝えている。

彼（ファフル・アッディーン）は、学院（マドラサ）やモスク（マスジド）を建設し、また幼い孤児のために学校（マクタブ）を建ててこれらに広大な寄進（ワクフ）を設定した。また彼は修道者や困窮者に現金、衣服、穀物などを施すのを常としていた。

（『アイユーブ朝史』p. 135）

ファフル・アッディーンは、ヒジュラ暦で数えて七八歳で没したが、ウスターダールとしてスルタンの国政を補佐し、学校やモスクを数多く建設したことにより、「高貴で偉大なアミール」と讃えられた。なおファフル・アッディーンの息子ヌール・アッディーン＝アリーも、十三世紀半ば頃にはフスタートに小規模な砂糖精製所（マトバフ・アッスッカル）を営むまでになっていた。(14)

アイユーブ朝時代のコプト官僚としてエジプトの地方行政を熟知していたイブン・マンマーティー（一二〇九年没）は、イクター保有と砂糖きび栽培の関係について、以下のような規則を書き記している。やや複雑なので、箇条書きに整理してみよう。

（一）ある軍人がヒジュラ暦五八八（一一九二）年に砂糖きびが栽培されている地方のムクター（イクター保有者）となり、翌五八九年が始まる前月（一一九二年十二月）にこの地方が他の軍人にイクターとして授与された場合、この砂糖きびを搾る権利は第一のムクターにある。
（二）それが「ひこばえの砂糖きび」であれば、トゥーバ月十日〔一一九三年一月五日〕に、「初年の砂糖きび」であれば、バシュナス月十日〔五月六日〕に、土地は第一のムクターの手から離れる。
（三）もし第一のムクターが砂糖きびを搾らなければ、軍事奉仕（ヒドマ）の義務を負う第二のムクターがそれを搾る。
（四）第一のムクターが一定の時が過ぎてもなおこの土地にかかずらっているときには、第二のムクターに対して一ファッダーン当たり（一と二四分の一五）ディーナールの賠償金を支払わなければならない。
（五）ただそれを支払えば、件《くだん》の砂糖きびを政府の圧搾所において、そこの牛や道具を用いて搾ることができる。
（六）イクターを出るときには、入ったときと同じ状態でなければならず、政府から提供されたもの〔資金や用具〕は返却することが義務づけられている。
（『官庁の諸規則』p. 366）

以上の諸規定によれば、新しい商品作物である砂糖きび栽培にかかわったムクターの権利が、スルタンの命令によってイクターが変更された場合でも、一定の期間に限って保証されていたことを示している。しかもイクターを出て行くときには、元の状態に復することが条件であったことを明示している点でも興味深い。これは、イクターの変更が円滑に行われることを可能にすると同時に、安定した農業生産の維持（イマーラ）をも考慮した措置であったと思われるからである。(15)

製糖業に携わった人々――マムルーク朝時代のフスタート

マムルーク朝時代になると、上エジプトを中心に砂糖きび栽培が広まり、十三世紀から十四世紀にかけてエジプトの製糖業が最盛期を迎えたことはすでに述べた通りである。以下に示す事件は、エジプト製糖業の盛んな様子を如実に物語っている。マクリーズィーの『諸王朝の知識の旅』によれば、

この年〔六五〇(一二五二)年〕、次のような情報が〔カイロに〕届いた。〔アレッポに近い〕ハッラーンからバグダードに向かうキャラバン(カーフィラ)がモンゴル軍と遭遇し、エジプト産の砂糖六〇〇荷(ヒムル)、時価にして六〇万ディーナールを含む莫大な商品を奪われた。

(『諸王朝の知識の旅』I, pp. 383–384)

ラクダ六〇〇荷の砂糖といえば、およそ十五万キログラムに相当する。百科全書家のウマリー(一三〇一―四九年)によれば、マムルーク朝時代の初期には、上質の砂糖が一キロ当たり〇・四ディーナールで取引されていた(『道程の書』p. 84)。これにもとづいて被害金額を算出すれば、十五万キログラムの砂糖はちょうど六万ディーナールとなる。したがってマクリーズィーが伝える六〇万ディーナールは、六万ディーナールの間違いであった可能性が高いといえよう。いずれにせよ、六〇〇荷、十五万キログラムの砂糖は莫大な量であり、これにもとづいて推定すれば、エジプトからイスラーム世界各地に移出される砂糖だけでもかなりの量にのぼっていたものと思われる。

ここで、先のイブン・ドクマークが『勝利の書』のなかで記しているフスタートの製糖所を取り上げてみることにしたい。ここまで私は「製糖、製糖所」と「精糖、精糖所」というふうに二通りの用語を用いてきた。前者は、第二章でくわしく記したように、砂糖きびの収穫・圧搾から粗糖の製造ま

でをになう地域的な生産の場、後者はこれらの粗糖を集め、さらに精製して上質の砂糖に仕上げる工業的な生産の場、という意味である。史料に描かれた砂糖生産の実態を分析すれば、この両者に区別があることは明らかであるが、製糖所も精糖所も、アラビア語ではどちらもマトバフ・アッスッカル maṭbakh al-sukkar である。本書全体としては、必要があれば両者を区別して叙述するが、ここでは混乱を避けるために、粗糖を精製するフスタートの精糖所の場合にも、同じく「製糖所」の訳語を用いることにしよう。これらのマトバフは、一回目の煮沸によって得られた粗糖(カンド)をさらに精製して、上質の砂糖をつくるための製糖所であった。この『勝利の書』には、全体で六五の製糖所が記されている。まず所有者あるいは経営者によって分類すれば、以下のようになる。

(一)スルタンの製糖所……七

そのうち一つは「政府の製糖所(マトバフ・アッダウラ)」であり、残りの六つが「スルタンの製糖所(マトバフ・アルハーッス・アッスルターニー)」である。それぞれに管理者(シャーッド)と役人(ムバーシル)がおかれていた。

(二)アミールの製糖所……二一

これらのうちアミールによって建設されたことが確認できるものは十二である。地方にイクターを保持していたアミールも、そこで製造した粗糖をフスタートに運び、そこでさらに精製して販売に回していた。

(三)商人(タージル)の製糖所……十三

これらのうち三つの製糖所はアミールによって建設された後、商人の手に渡ったものである。

その所有者がユダヤ教徒（ヤフーディー）と明記されているものが三つある。また「胡椒と香料の商人」として知られたカーリミー商人〔後述〕も、四つの製糖所を持っていた。

（四）所有者の素性を確認できない製糖所……二七[16]

（『勝利の書』I, pp. 41–46）

イブン・ドクマークは、本文の説明のなかで「製糖所を経営する（ダウラバ・マトバフ）」と表現しているが、「ダウラバ」とは精糖のための器具を「据え付ける」ことを意味していた。スルタンやアミール、あるいは商人たちは、製糖所の建設、煮沸用の釜やウブルージュ（分蜜用の壺）などの器具の設置、労働者の雇用などに資本を投下し、こうして精製した白砂糖や氷砂糖を販売することによって大きな利益を上げていたのであろう。六五という製糖所の数の多さとスルタンやアミールもこれに参画していたという事実は、砂糖の精製と販売が当時は「もうかる事業」であったことを明瞭に物語っている。[17]

イタリア商人との取引——アレクサンドリア

マムルーク朝時代にエジプトの砂糖がイスラーム世界の各地に移出されていたことはすでに述べた通りである。マクリーズィーは、『エジプト誌』のなかで、毎年六月頃にエジプト各地で展開する光景を次のように伝えている。

〔コプト暦の〕バウーナ月〔五月二六日—六月二四日〕になると、〔上エジプト〕のクース地方や下エジプトの各地から多くの船（マルカブ）が、穀物（ガッラ）、麦わら、粗糖（カンド）、糖蜜（アサル）などを〔フスタートへ〕運ぶために航行する。

（『エジプト誌』I, p. 272）

フスタートの製糖所で粗糖はさらに精製され、できあがった上質の砂糖（スッカル）は、まもなくアレクサンドリアへ向けて出荷されたのである。マクリーズィーはつづけて次のように述べる。

ミスラー月（七月二五日―八月二三日）になってナイルの水がアレクサンドリア運河に流れ込むと、穀物（ガッラ）、香辛料（バハール）、砂糖（スッカル）など各種の商品を積んだ船（マルカブ）が〔アレクサンドリアへ向けて〕出帆する。

（『エジプト誌』I, p. 273）

胡椒やクローヴ（丁字）、シナモン（肉桂）、ショウガ（ジンジャー）などの香辛料は東南アジア・インドからもたらされたが、小麦や大麦などの穀物、それに砂糖はエジプト原産の貴重な商品であった。これらの商品は船によってアレクサンドリアへ運ばれ、そこでヴェネツィア、ジェノヴァ、ピサなどのイタリア商人に売り渡された。

E・アシュトールによれば、イタリア諸都市の商人たちは、十二世紀頃から地中海交易に乗り出し、エジプトのアレクサンドリアやカイロ、あるいはシリアのヤッファ、ベイルート、トリポリ、ダマスクスなどのムスリム都市と取引関係を結んだ。イタリア商人は織物・木材・鉄・銅・鉛・錫・武器・奴隷など戦争に必要な物資をムスリム側にもたらし、ムスリム商人からは胡椒・砂糖・小麦・紙・亜麻織物・ガラス製品などを買い付けた。イタリア商人とムスリム商人の取引は、十二世紀以後、十字軍の時代に入っても着実に拡大し、十三世紀にはジェノヴァやヴェネツィア、ナポリなどの都市はアレクサンドリアやカイロ、あるいはベイルートに商館（フォンダコ、「宿屋」を意味するアラビア語フンドゥク funduq に由来）を建設して安定した取引の維持をはかった。エジプトやシリアの砂糖は、毎年、秋になるとガレー船に積み込まれて地中海を渡り、ヴェネツィア、ジェノヴァ、マルセイユ、バルセロナなどの港町へと運ばれたのである。(18)

マムルーク朝時代からオスマン朝時代へかけてのエジプト・イタリアの通商・外交関係について、アラビア語・イタリア語史料を精査した堀井優《ほりいゆたか》は次のように述べる。(19) ヴェネツィアはアイユーブ朝のスルタンからアレクサンドリアに商館を建設する許可をとりつけ、十三世紀前半には領事(コンスル)が商館に居を定めて居留民のために領事事務をとり行うようになった。領事は、居留地内の事件にかんしては独自の裁判権を認められ、ムスリムとの係争問題については、アレクサンドリア総督(ワーリー、後にナーイブ)やカイロのスルタンと交渉する権限を与えられていた。また、イタリアの船舶がムスリム側の地中海沿岸で難破したときには、積み荷はその所有者に返還されるのが原則であったという。さらに、イタリア人がムスリムに対して負った債務については個人の責任に限定され、連帯責任の必要がないことも慣例として認められていた。

なお十五世紀から十六世紀に限っていえば、エジプトからイタリアへ向けて輸出される商品は、胡椒、ショウガ、クローヴ、ナツメグ(ニクズク)、シナモン、カッシアなどの香辛料とエジプト産の小麦やソラ豆であって、かつての主力商品のひとつであった砂糖は姿を消していることに注目したい。すでに十四世紀後半から、度重なるペスト(ターウーン)の流行があり、遊牧民(ウルバーン)による製糖所の襲撃と砂糖や粗糖の略奪が行われた(たとえばマクリーズィー『諸王朝の知識の旅』II, pp. 850, 896, 908)。その結果、砂糖を精製する熟練の技術者が激減し、またスルタンやアミール、あるいは商人などの投資力も衰えたことによって、エジプトの砂糖生産は明らかな衰退期を迎えようとしていたのである。

3 砂糖商人のごまかし
――カイロ――

イブン・アルハーッジュの『入門書』

マグリブ地方のファース(フェズ)に生まれたイブン・アルハーッジュ Abū ʻAbd Allāh Muḥammad Ibn al-Ḥājj al-Mālikī(一三三六年没)は、社会の現実を厳しく見つめたマーリク派の法学者として知られる。生まれ故郷でイスラーム諸学を修めた後、十三世紀の末にマムルーク朝の首都カイロへと移住した。アブー・カースィム＝ウバイド＝アルアスアルディー(一二九三年没)に師事して、マーリク・ブン・アナス(七九五年没)の法学書『ムワッター』を学び、やがて禁欲と善行と敬虔さでよく知られる法学者となった。八〇歳を超える高齢で没したときには、壮大な葬儀が行われ、偉大な法学者シャーフィイー(七六七―八二〇年)の墓廟があるカラーファ地区に葬られた。先に取り上げたヌワイリーと同じく、スルタン・ナースィル治下のカイロで活躍した、マムルーク朝時代の代表的知識人の一人といえよう。

主著は、一三三二年に脱稿した『志を正して行為を改善するための入門書』*al-Madkhal*(以下、『入門書』と略記)四巻である。全体の内容を簡単に紹介すれば、第一巻は「知識を求めること」「沐浴」「衣服」「断食明けの祭」「犠牲祭」などを扱い、第二巻は「預言者の生誕祭」「家庭とマドラサ(学院)での学習」「死者のかたわらで礼拝することの忌避」などに言及する。つづく第三巻は「戦利品と捕虜」「利子(リバー)」「スーフィーの禁欲」「数珠(スブハ)」「葬礼」などを、そして第四巻は「土地税」「生薬商に必要なマナー」「病人が用いる飲み薬」「砂糖精製所の実態」「パン職人」「水売り」「屠畜人」などを扱う。

全体に、法学上の知識を日常生活の諸問題に即して記述しようとする意図が明確に現れており、法学書であるにもかかわらず、十四世紀前後のエジプト社会の実情を伝える書ともなっている。ここで取り上げるのは、第四巻に収められた「砂糖精製所の実態」と題する一章である。この章では、エジプトにおける砂糖の製法そのものの粗雑さや不潔さ、あるいは砂糖商人による販売のごまかしについても直截な指摘がなされている。先に紹介したヌワイリーは製糖法の実態を淡々と記述していたが、イブン・アルハーッジュは製糖所の不備や欠陥を厳しく指摘したうえで、ムスリムの同胞たちに製糖法の改善を具体的に指示している。このようにムスリム一般の生活指導に力点をおいている点で、イブン・アルハーッジュの『入門書』はなかなかユニークな書物だといえよう。[20] 以下、順を追って指摘の内容を見てみることにしたい。

不潔な精糖工程

まず粗糖(カンド)をほぐし、水を加えて煮沸することにより白砂糖をつくる工程について、次のような衛生上の問題点が指摘されている。

(一) 製糖所のなかで粗糖をほぐして煮沸した後、煮汁をふたのない壺(ジャフナ)に入れておくので、ネズミや他の虫の尿がかかってしまうことになる。実際に、虫は何日もはいまわり、うじゃうじゃとたかっているのだ。

(二) またこの煮汁を寝かせるときには、「覆土の家(バイト・アッダフン)」にある土で壺を覆っておく。しかしこの土は屋根のない粗末な家におかれていて、職工(サーニゥ)たちが、不潔な通りを歩いた足で壺にかぶせた土を踏みつける。さらにこの土には、ネズミが棲み着き、そのなかに子供を産んでいる場合も少なくない。

(『入門書』IV, pp. 150–151)

(一)にあるジャフナとは、その用法から考えて、分蜜に用いる円錐形の壺(ウブルージュ)をさしているものと思われる。ヌワイリーの説明(第二章)では、「覆土の家」におかれたウブルージュに「土をかぶせる」とは明記されていなかったが、イブン・アルハーッジュによる(二)の指摘には、覆土による精糖法がはっきりと記されている。なおイブン・アルハーッジュは、この指摘につづいて、製糖所の所有者は壺にふたをかぶせて、清潔さをたもつように勧告している。

つぎに煮沸用の大釜(ハービヤ)について、以下のように述べる。

(三) 職工たちは裸足で歩き、大釜を洗おうとするときには、ついでに自分たちの足も洗ってしまう。上等な糖蜜(クターラ)についても、その容器にはふたがないので、ネズミやその他の虫のすみかとなっている。彼らは容器の内外に湯をかけ、乾いたものを取り除こうとするが、こびりついた汚れはそのままにするので、これでは容器をきれいにすることにはならない。

(四) 洗浄後、粗糖を溶かした液を煮沸するときには、牛乳を少しずつ加える。これは雑物を釜の表面に浮かび上がらせて、取り除くためである。そのまま炊きつづけると、液が固まってくる。そうしたら、これをふたのない壺（マタラ）に移し、そのまま放置するが、これらの壺のなかにネズミの糞や他の虫が見つかることもしばしばである。

（『入門書』IV, p. 151）

前述のように、煮沸用のハービヤは、およそ三〇〇〇キログラム弱の液汁を入れることができる大釜であった。(三)の記事によれば、職工たちはこの大釜のなかに入って、洗浄の作業を行ったのであろう。また(四)の記述には、ヌワイリーの場合と同様に、粗糖を精製するために、牛乳を加えて雑物を取り除くことが明確に記されていて興味深い。先のジャフナと同じく、(四)に登場する「ふたのない壺（マタラ）」もウブルージュと同じ機能をもつ壺であろうと思われるが、他に用例がないために詳細は不明である。以上の問題に関連してイブン・アルハーッジュは、職工たちの賃金を増やしてやれば、製糖所の親方は彼らに足を洗うように命令することができるし、礼拝の義務を果たすように催促することもできるであろうと勧告している(21)。

砂糖商人の不正な手口

それでは砂糖商人については、どのように述べられているのだろうか。イブン・アルハーッジュによれば、商人たちの手口は以下のようなものである(22)。

（一）商人たちが糖蜜（クターラ）を販売するときには、糖蜜を入れた壺に家畜の乳漿《にゅうしょう》を少し混ぜる。次にこれを棒で撹拌し、互いに混じり合うようにする。すると元の糖蜜は黒色であったのに、壺の表面には黄色い泡が浮かんでくる。これをつづければいい色になるので、買い手はこれを純粋な粗糖（サファー・カンド）だと思い込んでしまう。

（二）砂糖商人のなかには、驚くような技術を発揮する者がいる。つまり砂糖の固まりの表面は白色であるのに、買い手がこれを持ち帰って割ってみると、その内側は赤色であったりする。これは、あらかじめ細工をして粗悪なものと置き換えるからであり、これを見た者は、中まで全部真正なものだと思い込んでしまう。

（三）お客が壺に入った上質の糖蜜（カトル・アンナバート）を買おうとすると、商人のなかにはそれを古いものと取り替えてしまう者がいる。これは彼らのペテンの方法（タドリース）であり、手元に古い糖蜜がなくなるまで何度でも繰り返される。本来なら、もし販売期間が長引いたときには、「これは古くなっていますよ」と明言することが義務づけられているのである。

（四）砂糖の固まりの下部の表面が赤いときには、自らの技術を使って白砂糖を赤砂糖の表面に塗り付け、あたかも白砂糖であるかのように装う商人がいる。その結果、買い手は内側も外側と同じものだと思い込んでしまう。

（『入門書』IV, pp. 151–152）

アラビア語史料では、粗糖のような精製の未熟な黒砂糖を一様に「赤砂糖（スッカル・アフマル）」と呼んでいる。（二）の手口が用いられたことは、黒い糖蜜より黄色い糖蜜の方が上等だとみなされていたことを示している。覆土法によって分蜜して得られた円錐形の砂糖（これもウブルージュという）は、上方の広い部分が白く、下方の先端部は黒みがかっているのが通例であった。[23]（四）の手口が用いられたのは、この先端部に残った「赤砂糖」を巧みに隠蔽し、全体が白砂糖であるかのように装うためであったに違いない。

このようにさまざまな商人の不正について、イブン・アルハーッジュは次のように述べる。「商人たちは、不正を行う理由として、資本の損失や利益の少ないことを訴えるかもしれない。しかし借金は自らの責任であり、ムスリム同胞の忠告を受け入れて、支出の増大を抑えれば、神の恩寵は次々とやってくるであろう。人間の行為はすべて神に帰すものである」[24]。

4 「ヒスバの書」を読む

ヒスバとは何か

以上のような砂糖商人の不正に対して、当局はどのような対応をしたのだろうか。私たちは、この問題を明らかにする手がかりを「ヒスバ ḥisba の書」に求めることができる。ヒスバとは、「善を奨励し、悪を取り締まること」を意味するが、具体的には都市社会の秩序を維持し、生活を改善することをさして用いられる。この任に当たる者をムフタスィブ muḥtasib（通常の訳語は「市場監督官」）といい、カリフやスルタン、あるいは地方総督（ワーリー）や裁判官（カーディー）によって任命された。ここで取り上げる「ヒスバの書」とは、ヒスバ業務を担当するムフタスィブに対して、判断の基準や行動の指針を細かく定めたマニュアル本のことである。

ムフタスィブの起源についてはっきりしたことは分からないが、アッバース朝時代になると、ムフタスィブは主要な都市ごとにカリフによって任命され、その業務の中心は市場（スーク）の監督におかれていた。正しい秤と貨幣が使われているかどうか、商品の中身にごまかしはないかどうか、法律で禁止されている利子（リバー）を取る貸借が行われていないかどうか、さらには学校であまりにも厳しい授業がなされていないかどうか、などをチェックすることがムフタスィブの主たる任務であった。不正な点が見つかれば、秤や貨幣を没収し、とくに悪質な場合には、むち打ちの刑や市中引き回しの刑を執行する権限も与えられていた[25]。また物価が異常に高騰した場合には、穀物仲買人や小売商に高値での販売を止めるよう指示することもムフタスィブの役目であった(マクリーズィー『諸王朝の知識の旅』II, p. 669)。

本書でもしばしば登場するマムルーク朝時代の歴史家マクリーズィーは、一三九九年、一四〇〇年、一四〇四年の三回にわたってカイロのムフタスィブに就任した。在職期間はいずれも数カ月と短かったが、この間にムフタスィブとしてカイロの日常生活をつぶさに体験することができたに違いない[26]。この貴重な経験が『エジプト誌』や『諸王朝の知識の旅』などの著作によく生かされていることが、ナイルの歴史家マクリーズィーの特徴であろう。

さて「ヒスバの書」は、東西のイスラーム世界で数多く書かれたが、ここでは次の二つの著作を取り上げてみることにしたい。第一は、シャイザリー(一一九三年頃没)の『ヒスバ追究の最高階梯』*Nihāyat al-Rutba fī Ṭalab al-Ḥisba*(以下、『ヒスバ追究』と略記)であり、これは東方イスラーム世界では最初の「ヒスバの書」であったとされている。著者はおそらくシリアの古都シャイザルの出身であったと思われるが、その生涯については、アイユーブ朝の創始者サラーフ・アッディーンと同時代であること以外はまったく知られていない。また彼自身がシャイザル、あるいはその他の町でムフタスィブを務めたかどうかも不明である。この書の全体は四〇章から構成されている。いくつかの例をあげれば、第一章「ムフタスィブに必要な条件と義務」、第二章「市場と路地の監督」、第三章「キンタール、ラトルなど度量衡の知識」、第六章「パン屋の監督(ヒスバ)」、第十六章「甘菓子屋の監督」、第十八章「生薬商の監督」、第二四章「裁縫師の監督」、第二六章「亜麻織物商の監督」、第三五章「公衆浴場の監督」、第三九章「庇護民(ズィンミー)の監督」などである。後で述べるように、点検の項目がきわめて具体的、かつ詳細にわたっていることが特徴である。

第二は、イブン・アルウフッワ=アルクラシー(一三二九年没)の『ヒスバの規則にかんする敬虔さの目印』*Ma'ālim al-Qurba fī Aḥkām al-Ḥisba*(以下、『ヒスバの規則』と略記)である。イブン・アルウフッワについても、マムルーク朝時代の初期にエジプトで活躍したこと以外には何も知られていない。この書は全体が七〇章からなり、シャイザリーの書よりさらに詳細な点検項目が列挙されている。たとえば、第一章「ヒスバの諸条件」、第三章「酒(ハムル)について」、第四章「庇護民について」、第八章「市場での禁止行為」、第九章「キンタールやラトルの度量衡について」、第十六章「屠畜者の監督」、第二三章「甘菓子屋の監督」、第二四章「シロップ屋の監督」、第二五章「生薬商の監督」、第三七章「貴金属商の監督」、第四二章「公衆浴場の監督」、第四八章「町の説教師(ワーイズ)の監督」、第五一章「裁判官と公証人について」、第六〇章「油搾りの監督」、第六九章「大工や木挽きの監督」などである。

イブン・アルウフッワの書は、シャイザリーの書とくらべると、章立てもずいぶんと細かくなっているが、ごまかしの実態を具体的に明らかにしようとする記述のスタイルは双方の書ともにほとんど変わっていない。ここでは、より詳細なイブン・アルウフッワの『ヒスバの規則』を基礎にして、シャイザリーの『ヒスバ追究』の書と比較しながら、砂糖の使用や甘菓子の販売に対するムフタスィブの監督の実態を調べてみることにしよう。

砂糖取引の監督

両書ともに砂糖商人を独立に扱った章はないので、砂糖と近い関係にある「甘菓子屋（ハルワーニー halwānī）の監督」の章が検討の対象となる。イブン・アルウフッワは、甘菓子（ハルワー）の種類はきわめて多彩であるとしたうえで、アネモネ菓子（ムカッラダ・サカブ）、石けん菓子（サーブーニーヤ）、宰相菓子（ワズィーリーヤ）などから砂糖の櫛（アムシャート・スッカリー）にいたるまで、実に五八種類もの甘菓子を列挙している（『ヒスバの規則』pp. 181–183）。なおシャイザリーの『ヒスバ追究』では、このような甘菓子の種類は列挙されていない。

イブン・アルウフッワは、この甘菓子の列挙につづいて次のように述べる。

甘菓子屋のなかには、甘いパンケーキ（ミシュバク）やカイロ菓子（カーヒリーヤ）に蜂蜜ではなく、粗糖を入れてごまかす者がいる。これは明らかなごまかし（ギッシュ）であるが、さらにナツメヤシのやわらかな甘みや石けん菓子に、慣例の量を超えて澱粉《でんぷん》を混ぜる者もいる。このごまかしの印は菓子〔の外見〕が汚れて見えることである。（『ヒスバの規則』p. 183）

ここでは、まず第一に、蜂蜜ではなく、赤色の粗糖を用いることがごまかしであるとされている。また澱粉をたくさん使うことも禁止されているが、シャイザリーも甘菓子に小麦粉や澱粉を用いることをごまかしであると非難している（『ヒスバ追究』p. 40）。

さらにイブン・アルウフッワによれば、甘菓子のなかに余分な小麦粉を入れた者には罰金や改善の義務（ダリーバ）が課せられるという。たとえば次のような事例が指摘されている。

〔甘菓子の〕着色についていえば、その改善義務は以下のようである。十ラトル〔一ラトルは三〇〇グラム〕の小麦に五ラトルの澱粉を混ぜ、焼いてから新鮮な胡麻油で焦げ付かないように揚げる。このとき彼らのなかには、砂糖（スッカル）の代わりに粗糖（カンド）を使ったにもかかわらず、これを砂糖パン（スッカリー）だと称する者がいる。こういう者には、卵の黄身を少なくして、味をよくするように指示する。これは〔消費者を〕がっかりさせないためである。すべての甘菓子は、外見によってすぐに分かるものだ。彼らには、このことを教訓として教えなければならない。

（『ヒスバの規則』p.184）

シャイザリーも、同じように「すべての甘菓子は外見と味で分かるものであり、ムフタスィブは甘菓子屋に対してこのことを教えなければならない」と記している（『ヒスバ追究』p.41）。以上の簡単な紹介からも、多くの甘菓子をつくる過程で、赤色の粗糖よりも天然の蜂蜜を使うことが好ましい場合があったこと、また上質の砂糖の代わりに粗糖を用いることは明らかに「ごまかし」とみなされたことを知ることができよう。十四世紀頃までの時代にあっては、スッカリーと名のつく甘菓子は、一種のブランド商品であったに違いないからである。

なお、「甘菓子屋の監督」の章以外に、「シロップ屋（シャラービーユーン）の監督」の章にも、砂糖に関連した項目をみつけることができる。今度はシャイザリーの『ヒスバ追究』の書から、ひとつだけ例をあげてみることにしよう。

彼らの多くは、砂糖きびの液汁（アサル・アルカサブ）に牛乳、酢、鉛白（イスフィーダージュ）を混ぜた飲み物をつくるが、これは色の純粋さや味と香りのよさを引き出すためである。さらに、この飲み物に砂糖(スッカル)や蜂蜜に代えて果汁やクリームをかける者がいる。ムフタスィブはこのようなことをしないよう彼らに誓わせる。なぜならそのような飲み物は体に毒であり、混ぜたものを変質させ、劣化をもたらすからである。

（『ヒスバ追究』pp.56–57）

これは砂糖きびの液汁を基本にした混合のシロップであるが、「体に毒」となる元凶とされているのは牛乳や鉛白だけではなく、果汁やクリームなど添加物全体のことであろう。アラブ医学では、鉛白は腫瘍に効く塗り薬に混ぜて用いられたが[27]、『ヒスバ追究』の書にかんする限り、鉛白が登場するのはここだけである。

また後述のように、薬としての砂糖を販売したのは生薬商(アッタール)であるが、『ヒスバ追究』にも、『ヒスバの規則』にも、アッタールによる砂糖販売に触れた記述は見当たらない。イブン・アルハーッジュは、『入門書』のなかで砂糖商人による多様なごまかしの手口を厳しく暴きだしていた。これらの手口はアッタールにも該当したはずであるが、関係の記事がないのは、アッタールの砂糖取引が、他の取引とくらべてそれほど大きな問題とはならなかったからであろうか。詳細はなお不明であるが、「アッタールと砂糖の関係」については、第五章「薬としての砂糖」でもう一度取り上げることにしよう。

第4章　砂糖商人の盛衰

1　ゲニザ文書の世界から
――ユダヤの砂糖商人――

ゲニザ文書の発見

一八八九年、フスタートにある古いユダヤ教会（シナゴーグ）から、紙片に記された大量の古文書が発見された。このシナゴーグは、パレスティナ人のユダヤ教徒が使ってきた教会であったが、古くなったためにこれを取り壊し、この地に再建する計画がたてられた。ところが取り壊しが行われてみると、二階の屋根裏部屋から二〇万点を超える古文書の断片が見つかったのである。この部屋は文書の保管室（ヘブライ語で「ゲニザ geniza」）として使われていたので、発見の文書は「カイロ・ゲニザ文書」と名づけられた。発見後、かなりの量の文書が世界各地の図書館に分散してしまったが、およそ十年後の一八九七年までには、残りの文書の大半はケンブリッジの大学図書館に集められ、「テイラー・シェヒター・コレクション」として今日に伝えられている。(1)

中世のユダヤ教徒には、「神」という言葉が書いてある紙はどんなものでも捨てずに取っておく習慣があり、これらの文書を、後で「埋葬」するまで、無造作に保管しておく倉庫がゲニザだったのである。したがってゲニザ文書はさまざまな地域のユダヤ教徒居住区から発見されているが、量と質の点でカイロのゲニザ文書がもっとも重要なものとされている。カイロ・ゲニザ文書の大半は、ヘブライ文字のアラビア語で記されていた。対象となる時代は十世紀末から十三世紀頃まで、文書の形式や内容は、製造・販売業の契約文書、任官のお祝い、家の系譜、紛争の処理、病人の状態、裁判記録の写し、奴隷の解放、結婚と離婚、各地に派遣された代理人からの現地の物価状況の報告、さらに彼らへの商品の買い入れ・売り払いの指示など、実にさまざまな分野にわたっている。文書には断簡や走り書きも大量に含まれているが、それらを除くと、歴史研究に有用なカイロ・ゲニザ文書の数は約一万点であるとされている(2)。

これらのゲニザ文書は、ユダヤ商人の取引の範囲が、エジプト国内ばかりでなく、インド洋から紅海、シリアの海岸都市、シチリア島、北アフリカ、モロッコ、さらにはアンダルシアにまで及んでいたことを示している。この文書にかんしては、S・D・ゴイテイン(後述)をはじめとするユダヤ系の研究者によって整理・解読の作業が行われてきた。なかでもM・R・コーヘンの『中世エジプトにおけるユダヤの自治政府――一〇六五―一一二六年のユダヤ教徒首長職の起源』(3)は、カイロ・ゲニザ文書を縦横に駆使した貴重な実証研究として高く評価されている。ひるがえってわが国では、中東・イスラーム研究は、ここ数十年来めざましい進歩をとげてはいるものの、このゲニザ文書を解読して研究を進めていこうとする研究者はほとんど皆無であるのが現状である。この文書の全コピーをできるだけ早く日本に将来し、これらを解読・分析して、地中海周辺地域の歴史研究に取り組む若手研究者の登場を期待するのは、おそらく私だけではないであろう。

ゴイテインの『地中海社会』

カイロ・ゲニザ文書の重要性を認識し、早くからその分析と整理に取り組んだのがペンシルベニア大学で教鞭をとるS・D・ゴイテインであった。彼は、一九〇〇年、ユダヤ教徒のラビを父としてドイツ南部バヴァリア(バイエルン)地方の小村に生まれた。中等教育と大学教育はフランクフルトで受けたが、この間にシオニズム思想に深く傾倒し、中東・イスラーム社会におけるユダヤ教徒の歴史的役割に関心をもつようになったという。フランクフルト大学を卒業後、ただちにパレスティナへ移住し、一九二五年にヘブライ大学が創設されるとそのスタッフに加わり、イスラーム史の研究と教育を担当することになった。一九五七年にペンシルベニア大学の招きでフィラデルフィアに移り、さらに一九七一年にプリンストン大学の高等研究所に移籍してから八五年に没するまで、晩年の十五年間は緑豊かなプリンストンでゲニザ文書の研究とその成果の刊行に没頭する日々を過ごした。(4)

主著は、一九六七年から没後の九三年にかけて出版された『地中海社会』*A Mediterranean Society* 六巻である。各巻の内容は、(一)「経済的基礎」、(二)「共同体」、(三)「家族」、(四)「日常生活」、(五)「個人」、(六)「索引」となっている。第一巻の「序言」で、ゴイテインは、それまでもっぱらインド洋交易に関心をもってきたが、ゲニザ文書を読み進めるにつれて、関係の商人たちは地中海世界に基礎をおいて活躍してきたことが明らかになったと述べている。これが著書のタイトルを『地中海社会』とした理由であろう。なおゲニザ文書のなかから、ユダヤ教徒商人の活動を記録する文書を抜き出して編集したのが『中世ユダヤ商人の手紙』*Letters of Medieval Jewish Traders* である。(5)

著者の説明によれば、「九六九年、ファーティマ朝によるエジプトの征服は、ゲニザ文書の古典時代が開始する時期と一致し、その後継者であるアイユーブ朝が滅亡した一二五〇年は、ゲニザ文書の終焉時期にほぼ相当している」という。(6) しかもこの時期は、地中海の制海権が南のムスリム世界から北のキリスト教世界へと転換し、北アフリカでも交易活動の中心はチュニスからエジプトのカイロへと移行しようとしていた。ゲニザ文書を基礎にしてゴイテインが描き出した多様な地中海社会は、バグダードに代わってイスラーム世界の中心に躍り出た新都カイロを扇の要にして動き始めていたのである。

前述のように、ファーティマ朝からアイユーブ朝にかけては、エジプトの砂糖きび栽培が下エジプトから上エジプトへと急速に拡大し、エジプト製糖業はイスラーム世界でもっとも重要な地位を占めるにいたっていた。ゴイテインが紹介するゲニザ文書にも、エジプト製糖業の盛んな様子が見事に反映されている。以下、『地中海社会』と『中世ユダヤ商人の手紙』に依拠して、十一世紀から十三世紀エジプトの製糖業と砂糖売買についての記録を点描してみることにしよう。

ユダヤ教徒の砂糖商人

（一）製糖所（マトバフ・アッスッカル）経営の流行——ゴイテインによれば、十一—十二世紀以降盛んに建設されるようになった製糖所は、何人かの出資者によって共同で経営され、利益と損失は出資額に応じて分配し負担するものとされていた。これを「協業(シルカ)」という。たとえば十三世紀のはじめ頃、ヨセフとアブー・アルアラーという名の親子二人の医者が、一〇〇ディーナールを提供した学者ムファッダルを新しい協業者として認め、共同で製糖所の経営に当たることになったとする文書が残されている。ゴイテインは、これは比較的小規模の事業であったから、二人の医者が直接砂糖の店舗を監督することも不可能ではなかったろうと述べている。

また別の事例をみると、父から遺産を相続した二人の兄弟は、製糖所を購入した後、四〇〇ディーナールと二〇〇ディーナールの出資者を加えて共同経営を行うことにした。他の文書から推測すれば、この事業の出資額は合計でおよそ一二〇〇ディーナールに達したとされている[7]。この金額を当時の物価にもとづいて換算すれば、約五〇〇〇キログラムの砂糖価格に相当する。

イブン・ドクマークの『勝利の書』に記されたフスタートの製糖所については前述したが(第三章)、そこでは商人が所有する十三の製糖所のうち三つはユダヤ教徒の商人によって経営されていた。以上のことから、スルタンやアミール、あるいはムスリム商人ばかりでなく、ユダヤ教徒の商人も砂糖の生産と販売に深くかかわっていたことが分かるであろう。

(二)　砂糖商人(スッカリー)について——スッカリーという語は、何千ディーナールもの資産価値がある製糖所の経営者を意味することもあれば、砂糖の販売にたずさわる小さな商店主を意味することもあった。死の床についたあるスッカリーの証言を記した文書によれば、彼は別のスッカリーから三ディーナールの砂糖を購入したとされている[8]が、これはおよそ十三キログラムの砂糖に相当する。面白いことに、第二章で検討した結果によれば、十三キログラムの砂糖は、一ウブルージュ、つまり円錐形の砂糖一個の重さにほぼ匹敵する。

ゴイテインによれば、スッカリーはゲニザ文書に現れるもっとも一般的な職業であり、家族名であった。たとえば、一〇三〇年にフスタートからチュニジアのカイラワーンに派遣された代理人はイブン・アッスッカリー(スッカリーの息子)と呼ばれていた。また一〇七〇年頃、スペインのデニアからバグダードに赴いた一人の学者はスッカリーの家族名をもっていた。さらにゲニザ文書には、カンディーヤ、つまり「粗糖(カンド)をつくる人々」という表現もしばしば登場するという。[9]
(三) フスタートの商人ヤコブとカイラワーンの商人マッジャーニーとの取引――最後に『中世ユダヤ商人の手紙』から、砂糖の記述を含む文書を一通だけ引用してみよう。ここに登場する二人は、ともに大規模な取引を行う商人であったとされている。
まず彼〔マッジャーニー〕の述べるところによれば、〔彼には〕まだ一四二ディーナールにのぼる勘定残高があるとのことです。それでアラブ年の四二九〔一〇三七〕年、私〔ヤコブ〕は軍船に積んでマッジャーニーあてに砂糖、塩化アンモニウム、ナツメグ、スミレの花、バラのマーマレードなどを送りました。また同年、トリポリ行きのシェイヒ船に積んで二三袋の亜麻布を送りましたが、行き先は〔チュニス南方の〕マフディーヤに変更となりました。[10]
ここでカイラワーン向けに出荷された「砂糖」は、もちろんエジプト産の砂糖であったと考えて間違いないであろう。また「塩化アンモニウム」は医薬用や染色用に用いられ、「スミレの花」はスミレから抽出された油あるいは軟膏を意味していた。なお砂糖その他を「軍船」で運んだのは、この当時ビザンツ海軍による攻撃の恐れがあったからであり、「シェイヒ船」とは、シチリア島北部に位置するパレルモの長老（シェイフ）たちが所有していた商船であったとされている。[11]

2　カーリミー商人と砂糖

カーリミー商人の登場

第三章で述べたように、十世紀末以降、アッバース朝治下のバグダードが政治的混乱に陥ると、東西を結ぶ交易路は、東のペルシア湾ルートから西の紅海ルートへと大きく転換しつつあった。紅海ルートは、イエメンの港町アデンでインド商人から買い付けた香辛料・絹織物・陶磁器などを、紅海西岸のアイザーブから陸路で上エジプトのクースに運び、そこからナイル川を船で下って新都カイロにいたり、さらに地中海岸の終着地アレクサンドリア、あるいはシリアのダマスクスやアレッポまで運ぶルートであった。この紅海ルートで「胡椒と香料の商人」として活躍を始めたのがカーリミーKārimī商人である。

カーリミーの語源については、古くからさまざまに議論されてきたが、いまだに確実なことは明らかにされていない。カーリムが「廻船」を意味するとする説もあれば、スーダン地方の地名カーニムが転訛したとする説もあり、さらには北方からもたらされる琥珀（アラビア語で「カーリム」）に由来すると説く研究者もいる。いっぽう、『ヨーロッパ覇権以前』の著者J・L・アブー＝ルゴドは、「カーリムとは「偉大な」という意味で、大規模な卸売り商人を、その相手である最終販売地点で少量を商う小売人たちから区別する指標として、用いられたのである」と述べる。[12]カーリミー商人が大規模な卸売り商人であったことは確かであるが、残念なことにアラビア語には「偉大な」を意味するカーリムの語形は存在しない。

家島彦一《やじまひこいち》によれば、文献史料のなかにカーリムの名称がはじめて登場するのは、マムルーク朝時代の歴史家ダワーダーリー（十四世紀）の年代記『真珠の宝庫』*Kanz al-Durar* である。(13) そこには、ファーティマ朝時代の一〇六四年に「商人たちの〔カイロへの〕到着が遅れ、カーリムが途絶えた」（VI, p. 380）と記されている。この場合のカーリムとは、おそらく大型の商船をさしているものと思われる。また、イエメンのラスール朝（一二二九―一四五四年）第二代君主ムザッファル（在位一二五〇―九五年）のときに編纂された『イエメンの諸規則・法・慣習にかんする知識の光』*Nūr al-Maʿārif*（以下、『知識の光』と略記）には、次のような記事が残されている。

ラトル・ライティー（ライシー）は、二〇〇カフラ〔約六〇〇グラム〕で、上エジプトの人々が用いる重量単位である。またこの単位は、クース地方では「カーリムの商品」をはかるのに用いられる。
（『知識の光』I, pp. 267–268）

「カーリムの商品」とは、琥珀のことではなく、「〔紅海を渡って〕カーリムという名の船が運んできた商品」の意味であろう。いっぽうマクリーズィーは、「五七七年〔一一八一年八月〕にイエメンからカーリム商人たち tujjār al-Kārim が〔カイロに〕到着し、彼らから四年分の商品税（ザカート）が徴収された」（『諸王朝の知識の旅』I, pp. 72–73）と述べている。これらのことから、十二世紀後半頃までには、カーリムあるいはカーリミーと呼ばれる商人グループが、紅海からナイル川を経由して、カイロやアレクサンドリアにいたる交易活動を開始していたとみてよいであろう。

またマクリーズィーは、同じ年の事件として「フィランジュ（「十字軍」を意味するアラビア語、「フランク」の転訛）が（地中海岸の）ティンニースに来襲し、何隻かの商船を奪った」（『諸王朝の知識の旅』I, p. 72）と記している。十字軍のエルサレム王国（一〇九九―一一八七年）は、建国から半世紀以上をへて、しだいに厳しい状況に追い込まれていた。ヨーロッパ諸国からの移住者は依然として少なく、十字軍の「貧血状態」が解消される見込みはなかった。しかも一一五四年、ザンギー朝のヌール・アッディーン（在位一一四六―七四年）がアレッポとダマスクスを統合したことによって、十字軍に対するムスリム勢の圧力はいちだんと強まりつつあった。一一六三年、エルサレム王国を継承したアモーリーは、十字軍勢力が陥っていた閉塞状態の打開を、南方の強国であるエジプト侵攻に求めた。仮にヌール・アッディーンがシリア内陸部とエジプトを統合することになれば、十字軍に対するイスラーム側の包囲網はほぼ完全なものとなってしまう恐れがあったからである。この遠征は失敗に終わるが、アモーリーはこれ以後も再三にわたってファーティマ朝治下のエジプトに侵攻し、この軍事行動が、結局は、サラーフ・アッディーンによるアイユーブ朝樹立（一一六九年）への道を開くことになった。

図 13　アラブの交易船
ハリーリー『マカーマート』より.

　一一七四年、アイユーブ朝建国後のサラーフ・アッディーンは、兄のトゥーランシャーをイエメンに派遣してアデンを征服したが、これはカーリミー商人の活動を保護し、交易の利益を独占することが主たるねらいであった。トゥーランシャーのイエメン遠征には、他に(一)イエメンの町ザビードに現れた原理主義のハワーリジュ派を討伐するため、(二)シリアの君主ヌール・アッディーンがエジプトに侵攻してきた時の避難場所の確保、あるいは、(三)兄のトゥーランシャーにはふさわしいイクターがなかったので、サラーフ・アッディーンはイエメンをイクターとして授与しようとしたなど、さまざまな理由が指摘されている。しかしカーリミー商人の保護と交易の利益の確保がトゥーランシャーをイエメンに派遣した主たる目的であったことは動かないであろう。

いっぽう死海東方の城塞都市カラクに拠点をおく十字軍もこの交易の利益に目をつけ、一一八三年、城主ルノーは紅海への軍事的進出をはかった。だがこの進出を許せば、メッカ・メディナの両聖都が異教徒の管理下におかれるという異常事態となり、交易の独占体制も崩壊してしまう恐れがあった。サラーフ・アッディーンはただちに艦隊を派遣して迎撃の態勢を整え、アイザーブ港の沖合で首尾よく十字軍艦隊を打ち破ることができた。これを機にユダヤ教徒やキリスト教徒は紅海から締め出され、以後、紅海は文字通り「カーリミー商人の海」となったのである[14]。

カーリミー商人の組織と活動範囲

キリスト教徒やユダヤ教徒の商人もカーリミー商人のグループに加わった事例がいくつか知られているが、現実にはカーリミー商人の大半はムスリムであった。ムハンマド・A・アシュカルの『マム

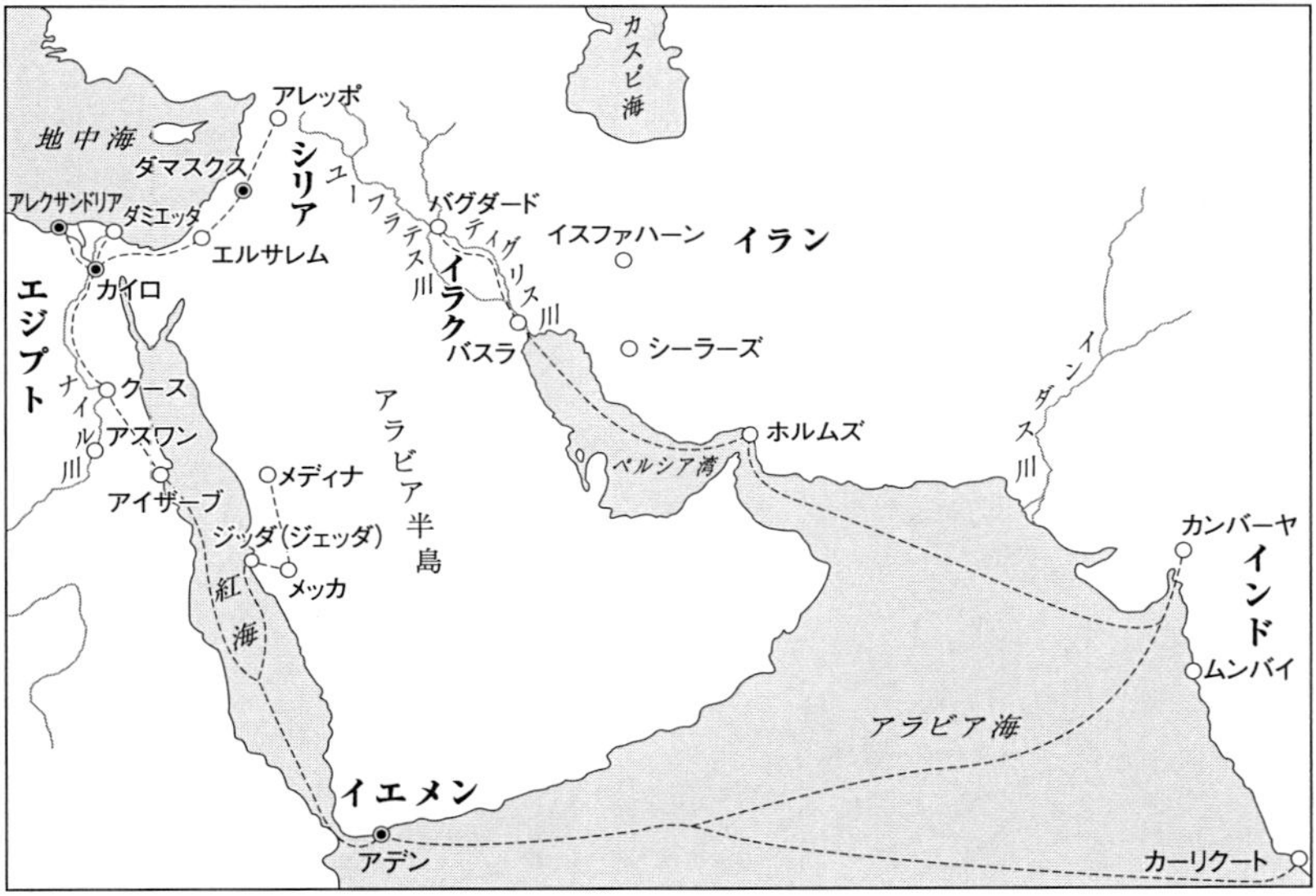

図14　カーリミー商人の交易ルート

ルーク朝時代エジプトの香辛料商人』によれば、カーリミー商人のうち実名や活動の範囲が確定できるのは合計で二〇一人である[15]。彼らはどのような組織をつくって活動していたのだろうか。団結心の強い固い組織であったのか、それともやわらかいルーズな組織であったのか。また商業活動を保護し、統制するマムルーク朝スルタンとは、どのような関係にあったのだろうか。

家島彦一は、「カーリム(輸送船団)に所属して貿易と運輸の采配を振るう大商人の間で協業関係が生まれて、カーリムの新しい組織化が進み、やがて彼らを総称して「カーリム商人たち(tujjār al-Kārim)」と呼ぶようになった」と想定している[16]。一般に、カーリミー商人が利害を同じくする者同士で緩やかな組織を形成し、通商路上に倉庫兼宿泊所(フンドク)を建設して、これらを仲間内で共用したことはよく知られている。書記の手引書として大部な百科全書『黎明』を著したカルカシャンディー(一三五五—一四一八年)は、「香辛料とカーリミー商人の監督局(naẓar al-bahār wal-Kārimī)は、カーリミー商人がイエメンからもたらす香辛料その他の商品を監督する」(『黎明』IV, p.32)と述べている。先のアシュカルによれば、この監督局はカーリミー商人に通行証(ジャワーズ)を発行すると同時に、彼らが扱う商品には二・五パーセントの税を課していたという。[17]

さらにマムルーク朝時代になると、カーリミー商人のなかの有力者が政府によって「商人たちの長(ra'īs al-tujjār あるいは kabīr al-tujjār)」に任命されるようになった。I・M・ラピダスは、カーリミー商人は、政府による統制、外交・通商関係、政府への資金の貸与などをめぐって、彼らと政府との仲介役を果たす「長(ライース)」によって統率されていたと述べている。[18] しかしアシュトールは、アラビア語史料に現れる「商人たちの長」の称号について、この保持者に強力な職権があったわけではなく、「長」の語を文字通りに解釈すべきではないと主張する。[19] たとえば、ハッルービー家のカーリミー商人ザキー・アッディーン=アブー・バクル(一三八五年没)の場合、「彼がスルタンによって「商人たちの長」に任命されると、有力な商人たちも彼〔の意見〕に従うようになった」と伝えられる。[20] これによれば、「商人たちの長」は多分に名誉職的な職であって、この長にはおそらくカーリミー商人全体に対する強い統率力はなかったのであろう。

したがって交易活動の範囲をどこまで広げ、どのような商品を扱うかは、カーリミー商人の個々の財力や才覚にゆだねられていた。カーリミー商人の多くはカイロやフスタート、あるいはアデンに拠点をおき、そこからメッカ、アイザーブ、クース、アレクサンドリア、ダマスクス、アレッポ、バグダード、バスラへと交易の範囲を拡大していった。またアデンを基地にしてインドのカリカット、イラン南部のホルムズ、東南アジアのマラッカ、さらには海路で中国の広州や泉州、あるいは揚州へと赴き、香辛料や絹織物・陶磁器などをもたらす商人もあった。[21] このように十一世紀から十五世紀にかけて、地中海交易圏とインド・東南アジア交易圏および東アジア交易圏をむすぶ中東・イスラーム交易圏で活躍したのがカーリミー商人であったといえよう。

「胡椒と香料の商人」か、それとも「胡椒と砂糖の商人」か

カーリミー商人は、「胡椒と香料の商人」とも呼ばれる。胡椒は、インド・東南アジアに産する香辛料――クローヴ(丁字)、ナツメグ(ニクズク)、ショウガ(ジンジャー)、シナモン(肉桂)、ウコン(ターメリック)、カルダモン、サフラン、辛子――の代表であり、アラビア語では、胡椒はフィルフィル filfil、香辛料はバハール、あるいはタービルと総称された。調味料に使われるこれらの香辛料に対して、香りを楽しむための香料は、龍脳《りゅうのう》、白檀《びゃくだん》、龍涎香《りゅうぜんこう》、麝香《じゃこう》、乳香《にゅうこう》、没薬《もつやく》などからなり、主な産地は東南アジア・インド・南アラビアなどであった。では実際のところ、カーリミー商人は「胡椒と香料」以外にどのような商品を扱っていたのだろうか。

家島彦一は、十三世紀のイエメンで編纂された『知識の光』をもとに、次のように記している。カーリミー商人が扱うインド向けの商品は、金属製品(銅・錫・鉄器類)、研磨用石、マフラブ(芳香植物の種子・表皮)、クミン、没薬、ムスタカー(コショウボク)、ナツメヤシの実とその加工品(酒)、

象牙、絹、金、銀、木綿、鉄製品、亜麻織物、皮革類、クフル（女性の化粧品）、硫黄、茜染料などであった。反対に、インド方面からエジプト向けにもたらされる商品は、胡椒、ラック染料、ウコン、乾燥した芳香性の花（クローヴ、ナツメグ）、ショウガ、甘松香《かんしょうこう》（甘松の根から採取した香油）、ミロバラン染料（タンニン）、藍染料、ブラジル蘇木、白檀、米、胡椒、小麦などであった。[22]

しかし別の史料から、私たちはカーリミー商人がこれ以外の商品も扱っていたことを確かめることができる。主なものをあげれば、木材（ハシャブ）、馬（ハイル）、砂糖、陶磁器（ファッハール）、奴隷（ラキーク）などである。[23] 前述のように、エジプト産の砂糖や穀物は、アレクサンドリアでイタリア商人に売り渡される重要な商品に数えられていた。先に取り上げた『知識の光』も、十三世紀にはエジプトからイエメンへ向けて、精製糖（スッカル・ムカッラル sukkar mukarrar）、エジプト産白砂糖（スッカル・アブヤド・ミスリー sukkar abyaḍ miṣrī）など各種の砂糖製品が運ばれてきたことを記している（『知識の光』I, p. 432; II, p. 105）。アシュトールも、『中世後期のレヴァント貿易』のなかで、「カーリミー商人は商業や産業の分野でさまざまな活躍をした。彼らは小麦、貴金属、織物、奴隷などの売買にたずさわり、さらに砂糖生産にも巨額の資本をつぎ込んだ」と述べている。[24]

後述のように、スルタン・バルスバーイ（在位一四二二―三八年）は、悪化した国庫収入の改善をはかるために、再三にわたって胡椒と砂糖の価格統制と専売政策を実行に移した。この政策によってカーリミー商人は壊滅的な打撃を被ったが、このとき政府が「胡椒と砂糖」の二品目を統制の対象に選んだことは、当時はこの二品目の取扱高が際立って大きかったことを示している。この事実に即して考えれば、カーリミー商人は「胡椒と香料の商人」というよりは、むしろ「胡椒と砂糖の商人」というべきではないかと思われる。

3　ハッルービー家の繁栄と没落

露天商からカーリミー商人へ

マムルーク朝時代になると、エジプトのカーリミー商人のなかには、マハッリー家、ハッルービー家、イブン・クワイク家、イブン・ムサッラム家などの有力家系が登場してきた。ちなみに、イブン・ムサッラム家のナースィル・アッディーン＝ムハンマド（一三七四年没）を例にとれば、彼の財産は最盛期には一〇〇〇万ディーナールにも達し、その富裕の名声はエジプトの外にまで聞こえていたという。ここでは成り上がり商人の典型としてハッルービー Kharrūbī 家を取り上げ、その繁栄と没落の過程をたどってみることにしたい。(25)

ハッルーブとは、イナゴ豆を意味するアラビア語である。当時の人名事典は、「ハッルービー家は、フスタートにあるハッルーブ広場の出身であった」と述べているが、ハッルーブ広場の呼称は、この広場ではいつもイナゴ豆が売られていたことに由来している。おそらく先祖のサラーフ・アッディーン＝アルハッルービーは、この広場でイナゴ豆を売る露天商であったと思われる。ハッルービー家がいつ頃からカーリミー商人としての活動を開始したかは不明であるが、その活動が年代記や人名事典に具体的に記されるようになるのは、二人の兄弟サラーフ・アッディーン＝アフマド（一三六八年没）とバドル・アッディーン＝ムハンマド（一三六一年没）の時代になってからのことである。

兄のサラーフ・アッディーンは、はじめは貧しい商人であったが、やがて商売によって財をなし、カラーファ地区に大きな墓廟を建設した。その息子のイッズ・アッディーン＝ムハンマド（一三七四年没）は大商人へとのし上がり、自宅に隣接して大きな学院（マドラサ）を建設したが、彼はその完成を待たずに病没してしまった。また孫のヌール・アッディーン＝アリー（一四〇一年没）は、祖父の墓廟に付設して立派な沐浴所を増築したと伝えられる。

なお、弟のバドル・アッディーンは早くから商人として成功を収めていたが、彼が貧しい兄に対して資金援助をしてやったことを示す史料は残されていない。たとえハッルービー家の兄弟であっても、それぞれの商売はおそらく独立に行われていたのであろう。ここにも、カーリミー商人の事業が組織としてではなく、個人経営をベースにして行われていたことが示されている。

ただ、政府がハッルービー家の全体に対して砂糖の供出を求めた事例も知られている。ヒジュラ暦七五一年ズー・アルカァダ月（一三五一年一月）になると、国庫は底をつき、「銀貨一枚、穀物一アルダッブもない」状態に陥った。このときの応急処置について、マクリーズィーは次のように述べる。

官房長（ナザル・アルブユート）に就任したファフル・アッディーン＝マージドは、フスタートに住むハッルービー家の商人たちに対して、〔七五二年の〕新月に支払う砂糖の手当（ラーティブ・アッスッカル）を準備するよう命令した。こうして彼はスルタンの邸内で、〔マムルークに対する〕月ぎめの手当（ジャーマキーヤ）を支払うことができたのである。

（『諸王朝の知識の旅』II, pp. 828–829）

この記事は、十四世紀半ばにはすでにハッルービー家が製糖業にも深くかかわっていたこと、それに

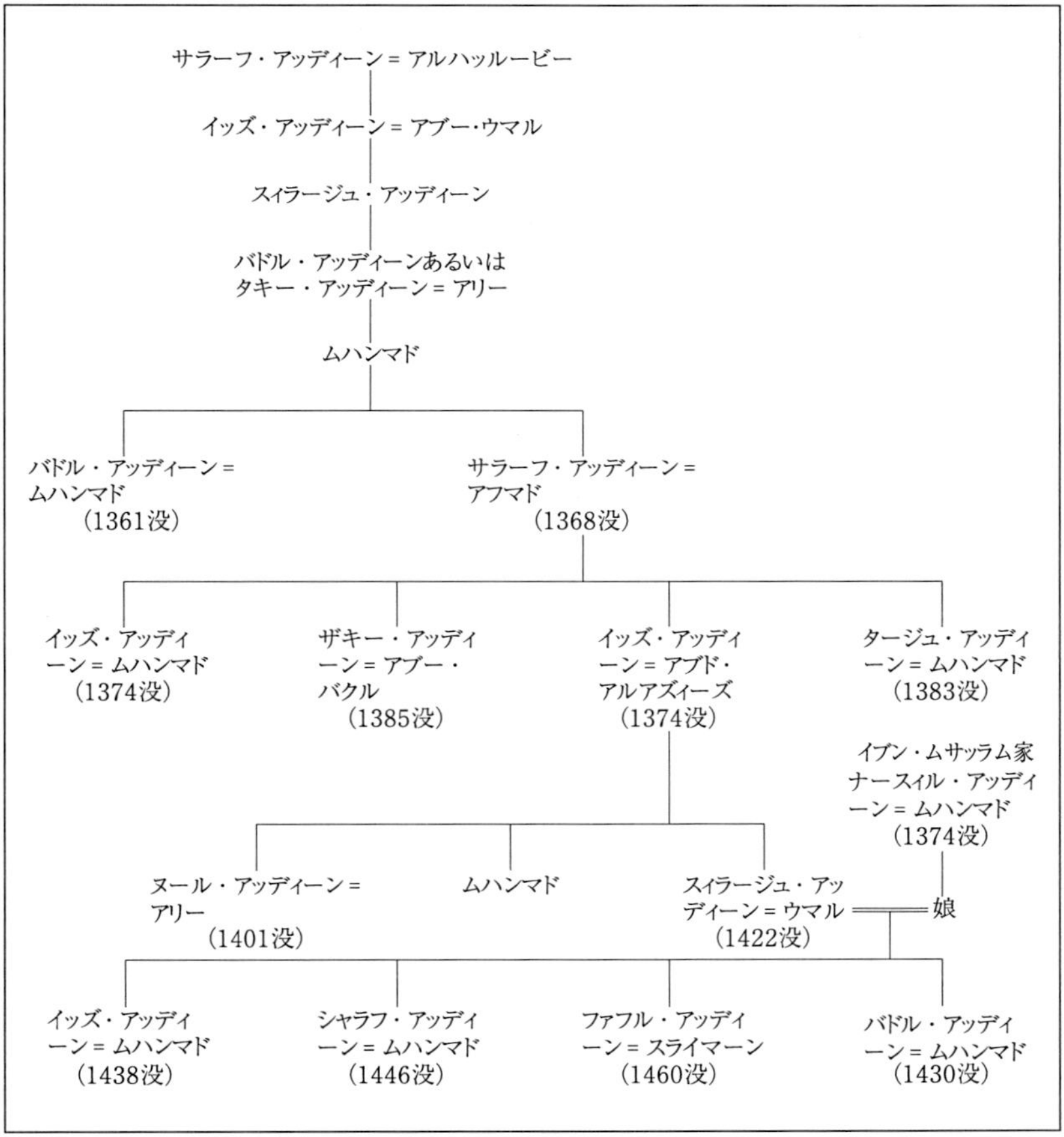
サラーフ・アッディーン = アルハッルービー
イッズ・アッディーン = アブー・ウマル
スィラージュ・アッディーン
バドル・アッディーンあるいは
タキー・アッディーン = アリー
ムハンマド
バドル・アッディーン = ムハンマド（1361没）
サラーフ・アッディーン = アフマド（1368没）
イッズ・アッディーン = ムハンマド（1374没）
ザキー・アッディーン = アブー・バクル（1385没）
イッズ・アッディーン = アブド・アルアズィーズ（1374没）
タージュ・アッディーン = ムハンマド（1383没）
イブン・ムサッラム家
ナースィル・アッディーン = ムハンマド（1374没）
ヌール・アッディーン = アリー（1401没）
ムハンマド
スィラージュ・アッディーン = ウマル（1422没）
娘
イッズ・アッディーン = ムハンマド（1438没）
シャラフ・アッディーン = ムハンマド（1446没）
ファフル・アッディーン = スライマーン（1460没）
バドル・アッディーン = ムハンマド（1430没）

図 15　ハッルービー家系図

ハッルービー家の息子たちが一定のまとまりある係累とみなされていたことを明確に物語っている。

製糖所の商人

前述したサラーフ・アッディーン＝アフマドの弟バドル・アッディーン＝ムハンマドは、「ハッルービー家の大立者」といわれ、フスタートで活躍する「製糖所の商人 tājir fī maṭābikh al-sukkar」(マクリーズィー『エジプト誌』II, p.369)としてよく知られていた。一三五一年に政府がハッルービー家に砂糖の供出を求めたときには、おそらくこのバドル・アッディーンを中心にして政府の要求に対処したのであろう。

ところでこのバドル・アッディーンは、イブン・ムサッラム家のナースィル・アッディーン＝ムハンマドとは富を競い合うライバル関係にあった。あるときナースィル・アッディーンは、バドル・アッディーンに向かって次のように言い放ったという。

おまえの全財産をもって袋を購入し、持ってきてみよ。そうしたら私は私の貨幣でそれらの袋を全部一杯にしてやろう。

(イブン・ハジャル『時代の情報提供』I, pp. 99–100)

しかし、このようなライバル関係にもかかわらず、ナースィル・アッディーンは、娘をバドル・アッディーンの甥の息子スィラージュ・アッディーン＝ウマル(一四二二年没)に嫁がせている。両家はこのような婚姻関係を結ぶことによって、資本の増強と安定した協業関係の維持をはかろうとしていたものと思われる。

ところで、イブン・ドクマークが『勝利の書』のなかで、六五にのぼるフスタートの製糖所を記録していたことは第三章で述べた通りである。これらのうち、ムスリム商人(タージル)が所有する製糖所は十三、そのうち四つはスッカリー(ムスリムあるいはユダヤ教徒の砂糖商人)の所有であり、別の四つはカーリミー商人の所有であることが判明する。カーリミー商人の四つの製糖所のうち、スィラージュ・アッディーン＝ウマルの製糖所とヌール・アッディーン＝アリーの製糖所が、ハッルービー家に属する商人の所有であった[26]。二人は兄弟の関係にあったが、彼らは先のバドル・アッディーンから数えれば二代後の世代に属していた。一般にマムルーク朝時代の大商人は、富を蓄積すると、政府による財産没収(ムサーダラ)の対象とされ、その活動は三代を超えることはないとされている。しかしハッルービー家の商人たちは、三代以上にわたって製糖所を経営し、精製した白砂糖やインド商人から購入した香辛料・各種織物の販売にたずさわることによって、莫大な財産を築き上げることができたのである。

このような活発な交易活動の結果として、スィラージュ・アッディーンとヌール・アッディーンの二人は、マムルーク朝のいわば「御用商人」としての地位を獲得し、スルタンからハワージャー khawāja の称号を与えられた。ハワージャーとは、「先生」を意味するトルコ語ホジャのアラビア語転訛であり、イラクやイランなどマムルーク朝の領域外から来住してスルタンに仕える、富裕な外国商人(たとえばマムルークをもたらす奴隷商人)に与えられる称号であった。しかし、ハッルービー家の商人の例に見られるように、エジプト出身のカーリミー商人のなかにも、スルタンから特別にハワージャーの称号を与えられる有力者もあったのである[27]。

商人たちの長

以上のような商業活動を基礎に、ハッルービー家の商人のなかには、政府からさらに高い地位や称号を取得しようとする者が現れた。一三七九年、カマール・アッディーン（サラーフ・アッディーン＝アフマドの孫）は、一〇万ディーナールの賄賂を使って宰相（ワズィール）の地位を獲得しようとした。ところがアミール時代のバルクーク（スルタン在位一三八二―八九年、一三九〇―九九年）にこれをとがめられ、逮捕・むち打ちの後、上エジプトのクースへ流刑となり、そこで没したとされる（イブン・ハジャル『時代の情報提供』I, pp. 195–196）。

この事件から十五年後の一三九四年、ティムールがシリアへ侵攻しようとしたとき、三人の有力なカーリミー商人、マハッリー家のブルハーン・アッディーン、イブン・ムサッラム家のシハーブ・アッディーン、それにハッルービー家のヌール・アッディーン＝アリーは、スルタンに対し合計一〇〇万ディルハムの戦費を調達した。もちろん流刑中のカマール・アッディーンには、この献金に参加する資格はなかったものと思われる。なお、この出陣に先立って「スルタンのマムルークたち」に支払われた支度金の合計は一〇〇〇万ディルハムであったから、三人の商人は支度金全体の一〇パーセントを用立てたことになる。(28)

ハッルービー家のなかで「商人たちの長」の称号を与えられたのは、前述（一一四頁）のザキー・アッディーン＝アブー・バクルであった。イブン・ハジャルの年代記は、称号獲得の事情を以下のように記している。

七八六（一三八四）年、ハッルービー家のザキー・アッディーンとイエメン出身の有力商人シハーブ・アッディーン＝アルファーリキーとの間に争い事が生じたとき、二人はスルタン・バルクークの御前に呼び出された。シハーブ・アッディーンがザキー・アッディーンをなじると、ザキー・アッディーンは、シハーブ・アッディーンがイエメンの王にあてて書いた手紙を取り出した。そこには次のように記されていた。

「現在、エジプトは腐敗した状態にあります。信頼に値する王は存在しないので、今後、あなたは贈り物を届ける必要などありません。現在のスルタンはマムルークのなかでも最低、最悪の人物なのです」

この手紙を読んだバルクークは激怒し、シハーブ・アッディーンを捕らえて、財産を没収したうえで、彼の舌を引き抜くように命令した。いっぽうザキー・アッディーンに対しては、立派なローブ(ヒルア)を賜り、「商人たちの長(kabīr al-tujjār)」の称号を授与したのであった。

(『時代の情報提供』I, p. 288)

この記事によれば、ザキー・アッディーンがスルタンにとりいって「商人たちの長」の称号を獲得したのは、一三八四年のことであった。またイブン・ハジャルは、人名事典『隠れた真珠』のなかで「ザキー・アッディーンは、国家(ダウラ)に接近し、同僚たちをさしおいて「長(リアーサ ri'āsa)」の地位を獲得した」(『隠れた真珠』I, p. 482)と述べている。この記事は、ザキー・アッディーンが懇願して——おそらく金品を贈って——「長」の称号を手中にしたことを示している。彼がフスタートで没したのは一三八五年であったから、ザキー・アッディーンはおよそ一年あまりにわたってこの称号を保持していたことになる。たとえ名誉職ではあっても、この地位を手中にしてからは、政府内でのザ

キー・アッディーンの立場は向上し、彼はカーリミー商人たちの第一人者と目されるにいたったのである。(29)

宗教・文化活動

同じ大商人でも、マムルーク朝の版図外からやって来た奴隷商人(ジャッラーブ、あるいはナッハース)は、スルタンと親しい関係を取り結び、莫大な富を蓄えたが、公共の福祉活動には必ずしも熱心ではなかったといえよう。これに対してフスタートを拠点にして活動したハッルービー家の商人たちは、獲得した財産を学院(マドラサ)や墓廟の建設、あるいはメッカの聖モスク再建などの福祉事業に振り向けた。カーリミー商人の多くはエジプト、シリア、イエメン出身のアラブ人ムスリムであったが、彼らの間には、社会的な名誉を維持するために、蓄えた富を社会に還元し、公益(マスラハ)の増進に寄与しようとするイスラーム的な伝統が生きていたに違いない。

いくつかの例をあげてみよう。「製糖所の商人」として名をはせたハッルービー家のバドル・アッディーンは、ローダ島に向かい合うナイル東岸にハッルービーヤ学院を建設し、法学の教授と助手を任命した。ただ、その職員にはアラブ人だけを採用するという条件をつけたが、その理由についてくわしいことは不明である。同じハッルービー家のタージュ・アッディーン＝ムハンマド(一三八三年没)は、ナイル河畔に邸宅を建設し、後にこれを学院に転用してワクフ(財産)を寄進するとともに、伝承学の教授を任命した。また敬虔な神秘主義者(スーフィー)でもあった前述のヌール・アッディーン＝アリーは、たびたびメッカに巡礼し、そこの「聖モスク(ハラム・シャリーフ)」を再建するために十万ディルハムを寄贈したといわれる。

「商人たちの長」ザキー・アッディーンは、一三八四年、聖地メッカからカイロに戻ると、ブハーリーの『真正ハディース集』を学ぶ会を催した。イブン・ハジャルの伝記集によれば、ザキー・アッディーンは品位(ヒシュマ)があり、仲間意識(アサビーヤ)と男らしさ(ムルーワ)に富む人物であり、学者や詩人を進んで保護する気質を備えているとされていた。メッカからカイロに戻ったとき、ザキー・アッディーンは、メッカに遊学していた十二歳の少年イブン・ハジャルを一緒に連れ帰った。イブン・ハジャルの父親は、「商人たちの長」ザキー・アッディーンに、幼い息子の面倒をみてくれるように頼んでおいたのである(『隠れた真珠』I, p. 482)(30)。

以上のような伝記集の記述は、ザキー・アッディーンが権力にすり寄って「商人たちの長」の称号を獲得したとする、同じイブン・ハジャルによる年代記の記述とはかなり異なっている。これらの事実からすれば、あるいは伝記集の記述は、おしなべて故人の事績を甘く評価して記述する傾向にあったのかも知れない。改めて検討すべきアラブ史料学の問題点であろう。

没落のはじまり

しかしハッルービー家の商人たちが神秘主義に傾倒し、福祉活動を熱心に行うようになると、商売を怠り、借金を重ねる者が現れるようになった。たとえばフスタートに製糖所を有していた前述のスィラージュ・アッディーン＝ウマルは、一三八三年、叔父のタージュ・アッディーンがメッカで没すると、その遺産を受け継いで商売を拡張したが、クルアーンの読唱に耳を傾けるのを好み、最後は多額の借金（ダイン）を残したまま死没した。また神秘主義に傾倒したヌール・アッディーン＝アリーは、「ハッルービー家最後の商人」（サハーウィー『輝く光』V, p. 240）といわれている。敬虔で穏やかな人物であったが、五八歳で没したときには多額の財産を残すことができた。しかし彼には息子がいなかったので、遺産の相当部分は四人の甥（三人のムハンマドとスライマーン）に渡ったものと思われる。

　この遺産を元手にして、イッズ・アッディーン＝ムハンマド（一四三八年没）、バドル・アッディーン＝ムハンマド（一四三〇年没）、それにファフル・アッディーン＝スライマーン（一四六〇年没）などは、依然として一定規模の商業活動をつづけていた。したがって、ヌール・アッディーンが「ハッルービー家最後の商人」である、という言い方は必ずしも正確ではないといえよう。しかしスライマーンは、結局、ハッルービー家の繁栄とカイロの名士（アーヤーン）としての地位を守ることはできなかった。新しくスルタンとなったバルスバーイは、一四二三年十月、財政収入の不足を補うために、砂糖の精製と販売を政府の統制下におく政策（タルフ ṭarḥ）を断行した。マクリーズィーによれば、「政府は〔フスタートの〕製糖所（マトバフ・アッスッカル）を封印すると、スルタンの砂糖以外はその販売をいっさい禁止し、これを官庁の業務に定めた」（『諸王朝の知識の旅』IV, p. 647）のである。さらに一四二九年には、主力商品の胡椒を政府が定めた価格で販売する強制販売を命じ、ついで胡椒や砂糖の販売そのものを政府の独占（タフキール taḥkīr）事業と定めたことがカーリミー商人には致命的であった。[31] ハッルービー家のスライマーンはこれらの政策のあおりをまともに受け、多額の借金を返済することができないままカイロの牢獄に収監された。

　ハッルービー家の没落は、カーリミー商人の運命を象徴する出来事であった。十二世紀から十五世紀にかけて、エジプトの繁栄を一手にになってきたカーリミー商人は、バルスバーイの砂糖と胡椒の専売・独占政策によって、生業の道をいっきょに断たれてしまったからである。歴史家イブン・タグリービルディー（一四七〇年没）は、その年代記のなかで、「八五九〔一四五五〕年のラマダーン月の末から現在〔八七四〔一四七〇〕〕年にいたるまで、〔カイロやフスタートの市場では〕カーリミー商人の姿はまったく見ることはできない」（『時代の出来事』II, p. 247）と伝えている。(32)

もっとも砂糖や胡椒の専売・独占政策が有効に実施され、しかも一貫した政策として堅持されたかというと、必ずしもそうではなかった。すでにM・ゾベルンハイムが明らかにしているように、(33)砂糖についてみても、以下のような命令が繰り返し発布されている。一四二三年の精製と販売の統制につづいて、二五年七月には、スルタン以外に砂糖売買の権限がないことが公布された（マクリーズィー『諸王朝の知識の旅』IV, p. 691）。さらに二九年三月には、スルタンが砂糖の製造と販売を一手に行うとする「砂糖の独占策（タフキール・サヌフ・アッスッカル）」が公布された（『諸王朝の知識の旅』IV, p. 796）。またJ・L・メロイによれば、スルタン・バルスバーイは、マムルーク朝の覇権をメッカ・メディナの両聖都を含むヒジャーズ地方へと拡大するために、カーリミー商人を犠牲にして胡椒と砂糖の専売・独占政策を実行し、経済の中央集権化をはかったのだという。(34)いずれにせよ、マムルーク朝の末期からオスマン朝時代の初期にかけては、専売政策の犠牲になったカーリミー商人に代わって、新しいタイプのムスリム商人が登場してくるが、これについては後述する。

第5章　薬としての砂糖

　これまで砂糖きびの栽培法、製糖の技術、商品としての砂糖、砂糖を扱う商人の活躍などを論じてきたが、砂糖は甘味料や商品として以外に、薬としても貴重であり、さらに賜り品や祭の品としても利用された。本章では、まず各種の砂糖が薬としてどのように利用されたかを見ていくことにしたい。高名な薬事学者イブン・アルバイタールとスルタン・バイバルスの侍医を務めたイブン・アンナフィースの著作を検討したうえで、薬としての砂糖を扱う生薬商の活動についても触れてみることにしよう。

1　イブン・アルバイタールの『薬種・薬膳集成』から

薬事学者イブン・アルバイタール

　イブン・アルバイタール Ibn al-Bayṭār ʻAbd Allāh al-Mālakī（一二四八年没）は、アラブ世界では薬事学者（アッシャーブ ʻashshāb）の筆頭に数えられている。一二〇〇年代の末期に、アンダルシア南部の港町マラガに生まれ、長じた後、ムワッヒド朝(一一三〇―一二六九年)の統治下に入ったセビーリャに出て、植物学や薬事学などの修得に努めた。鋭い知性の持ち主で、師のアブー・アルアッバース＝アンナバティー、アブド・アッラーフ・ブン・サーリフ、アブー・アルハッジャージュらとともに、セビーリャの周辺で植物採集をつづけ、薬草の名称、形態、効能、採集場所などを克明に記録したと伝えられる。一二二〇年頃、故郷を後にして東方イスラーム世界へと出発し、モロッコ、アルジェリア、チュニジアをへた後、アイユーブ朝の首都カイロに到着した。十二世紀前半のカイロは、混乱のつづくバグダードをしりめに、新しいイスラーム文化・経済の中心地としてしだいに頭角を現しはじめていた。

後に弟子の一人となったイブン・アビー・ウサイビア(一二七〇年没)によれば、カイロへの到着後、イブン・アルバイタールは、スルタン・カーミル(在位一二一八―三八年)によって「薬事学者の筆頭(ライース・アラー・サーイル・アルアッシャービーイーン)」に任じられ、この間にギリシア(アガーリカ)やビザンツ帝国領(ルーム)へ赴き、薬草の調査研究にたずさわった(『医学者列伝』III, p. 221)。カーミルがダマスクスで没した後は、その息子サーリフ(在位一二四〇―四九年)に仕え、スルタンによる手厚い庇護を受けたが、まもなくカイロからシリアの古都ダマスクスへと移住した。ダマスクスでは、イブン・アビー・ウサイビアらとともに郊外に出かけて薬草の採集と研究をつづけるかたわら、ディオスコリデスの『薬物誌』*Materia Medica* 五巻(アラビア語訳)に対する注釈書 *Tafsīr* を著した。男気に富み、気品があって、善良な性格であり、生涯を薬事学に捧げた末の一二四八年冬、アイユーブ朝が崩壊する直前のダマスクスで没した(1)。

イブン・アルバイタールの主要著作には、『薬種に満足する者』*Mughnī fī al-Adwiya al-Mufrada* と『薬種・薬膳集成』*al-Jāmi' li-Mufradāt al-Adwiya wal-Aghdhiya* の二著がある。ここで取り上げるのは、後者の『薬種・薬膳集成』であり、この書物には、薬草、生物、鉱物など、「合成の薬種（アドウィヤ・ムラッカバ）」を除く「単一の薬種（アドウィヤ・ムフラダ）」約一四〇〇が、アラビア語のアルファベット順に配列されている。それぞれの項目は、ローマのディオスコリデスやギリシアのガレノス、あるいはアラブの医学者ラーズィーやイブン・スィーナー（九八〇―一〇三七年）などの著作からの引用に加えて、自らの調査・研究の成果がふんだんに盛り込まれている。ちなみに、ディオスコリデスの『薬物誌』に収録された薬草は約一〇〇〇種であったとされている。欧米の研究者のなかには、『薬種・薬膳集成』を先人が残した研究成果の集成に過ぎないとする批判もあるが、この書が現地調査の結果に裏付けられた実証的な著作である点を評価すべきであろう。イブン・アビー・ウサイビアは、『薬種・薬膳集成』を評して、これまでのところ「これよりすぐれた書物は他に見当たらない」との言葉を残している（『医学者列伝』III, p. 222）。この書物は、すでに十三世紀はじめ頃から、アラブ世界ではきわめて評判の高い薬種・薬膳研究の集大成であった。[2]

『薬種・薬膳集成』のなかの砂糖

イブン・アルバイタールは、『薬種・薬膳集成』中の「スッカル」の項目のなかで、医学者・薬事学者の説を引用しながら、砂糖の薬効をかなりくわしく記している。以下は、その全訳である。

ディオスコリデス（一世紀）はいう。「砂糖は蜂蜜（アサル）の一種で、固く、インドやマグリブなどの肥沃な地方のきびの上に見られる。形状は塩に似ていて、歯で噛めば、崩れる。また水に溶いて飲めば、体がすっきりする。胃（マイダ）にも良く、膀胱（マサーナ）や腎臓（クルヤ）の痛みを和らげ、これを目に塗れば、かすみ目が治る[3]」。

ガレノス〔一二九頃―二一〇年頃〕は、第七講で以下のように述べる。「インドやマグリブ地方からもたらされる砂糖についていえば、それはきびを搾り、固めたものだといわれている。また〔その味は〕蜂蜜に似ているが、甘さは私たちの手元にある蜂蜜より少ない。かすみ目を治し、患部を乾かし、痛みを取るほどの効能がある。しかも蜂蜜より胃に負担はかからず、また蜂蜜ほど喉の渇きをもたらすこともない。この点で、蜂蜜とはまったく異なるものである。以上が砂糖の性質である」。またガレノスは、第八講でさらに「砂糖は滞留したものを取り除き、血液をきれいにする働きがある」と述べている。

イブン・マーサワイフ〔七七五―八五七年〕はいう。「砂糖は第一等、あるいは第二等の熱（ハーッル）で、第一等の中間の湿（ラトブ）である。胃に効き目があり、とくに胆汁（ミッラ・サフラー）が過多な者には効果がある。胆汁が過多な者は、胆汁による刺激があるために危険を抱えているといえよう。氷砂糖（タバルザド）は、スライマーニー白糖やファーニーズ白糖ほど胃にやわらかくはない。なお、やわらかさについていえば、糖蜜（アサル・アルカサブ）はファーニーズ白糖にまさり、タバルザド糖は蜂蜜にまさり、蜂蜜は糖蜜ほどやわらかくはない[4]」。

イーサー〔・ブン・マッーサ〕＝アルバスリー〔十世紀〕の話。「砂糖は、熱にして湿であり、古いものは熱で、しかも乾（ヤービス）である。内臓や胃にしばしば発生するガス（リーフ）にも効き目があり、自然な状態を保たせる。もしアーモンドの粉と一緒に飲めば、疝痛（カウランジュ）を抑える。古い砂糖は、胃のなかの粘液（バルガム）を取り去るが、いっぽうで喉の渇きを促し、濃い血液をつくり出す」。

シャリーフ〔・アルイドリースィー。一一〇〇―六五年〕は述べる。「砂糖にバターを混ぜて飲めば、尿閉（イフティバース・アルバウル）に効き目がある。これがもっともすぐれた薬であることは、経験によって確かめられている。一ウーキーヤ〔三七・四グラム〕の砂糖と二ウーキーヤの新鮮なバターを混ぜて少しずつ啜《すす》れば、胃痛を和らげ、また後産を促す。これも経験によって確かめられている。湯に溶いて飲めば、粘膜の炎症から生じる声のかすれに効き、これをつづけて飲めば、咳（スアール）や呼吸困難（タダーイク）を治めることができる。一日に一ウーキーヤずつ飲めば効き目がある。砂糖の固まりを削ってまぶたに塗り、赤くなるまでこすれば、まぶたの炎症〔ジャラブ・アルアイン〕に効く。これは繰り返す必要がある。また砂糖の蒸気を当てれば、鼻水を切り、声のかれを治す」。

『二つの経験の書』はいう。「〔砂糖は〕喉の洗浄が必要なほどの咳にも効き目がある。また、たとえ刺激の強いクフル〔アイメイク用の化粧料〕であっても、砂糖を混ぜれば、目を痛めることはなく、優しい作用をする」。

ラーズィー〔八五四頃―九二五／九三五年〕は、『薬膳の害を除去する書』のなかで以下のように述べる。「砂糖は調和のとれた熱〔の食物〕であり、洗浄力があり、胸や肺の痛みに効く。膀胱（マサーナ）の不快感を和らげ、熱もちの人にも、寒もちの人にも調和を保つが、〔寒・熱が〕正しい位置にあれば、修正の必要はない。ただ便が軟らかいときや、腸に傷があるときは、多くとらないように注意しなければならない。また結核患者（マスルール）は砂糖をとらないようにすることが肝要である。白砂糖（ファーニーズ）についていえば、シャジャリー糖は胃に優しく、ガスを消し、体を温める。いっぽうハッラーニー糖は胸の痛みを和らげるが、その効能はシャジャリー糖には及ばない。体を温めることについていえば、白砂糖を多くとり過ぎたり、熱のあるときに食べなければ心配はない。また心配があるときは、すっぱい果物をとるのがいい」。「ファーニーズ白糖は、胃に優しく、喉の痰を切り、肝臓を温める」。

シャリーフ〔・アルイドリースィー〕は、また次のようにいう。

他の者はいう。「砂糖は、湿布が必要な胸の痛みにとてもよく効く」。

ラーズィーは述べる。「砂糖入りの植物〔飲料〕（ナバート・アッスッカル）については、〔その効用は〕植物の種類によって異なる。つまりバラ水（マー・アルワルド）に砂糖をいれて煮れば、それは腹部（ブトン）にもっとも寒（バーリド）で、もっとも軽い飲み物となる。またスミレ（バナフサジュ）の菓水に砂糖をいれて煮れば、胃にもっともやわらかく、もっとも優しい飲み物となる」。

（『薬種・薬膳集成』III, pp. 22–23）

最初に登場するディオスコリデスは、一世紀ローマの著名な植物学者である。その著『薬物誌』は、アラビア語にも翻訳され(5)、ヨーロッパでは十六世紀まで薬草・薬事の権威とされてきたが、砂糖の産地をインドに加えてマグリブと記しているのは不可解である。砂糖きび栽培がエジプト以西のマグリブ地方に広まるのは、第一章で述べたように早くても十世紀以降のことだと思われるからである。そこで、『ディオスコリデスの薬物誌』の原文をもう一度見てみると、そこには何と「インドやマグリブの肥沃な地方」ではなく、「インドや幸いの国アラビア〔イエメン〕」と記されている(*The Greek Herbal*, p. 125; 邦訳 p. 156)。このことは、ディオスコリデス以後のアラビア語への翻訳者、あるいはイブン・アルバイタールを含む薬物学者の誰かが、「幸いの国アラビア」から「マグリブ」へと語句を改変した可能性が高いことを示している。

次のガレノスは、ギリシアの医学者・哲学者であり、ペルガモンで生まれ、アレクサンドリアで医学を修めた後、マルクス・アウレリウス帝(在位一六一―一八〇年)に迎えられてローマに定住した。アラブ世界では、薬事学の第一の権威者とみなされてきたが、ここで引用されているのは、その著『薬草の効用』のアラビア語訳であると思われる。(6) 冒頭で「インドやマグリブ地方からもたらされる砂糖」と記しているのは、おそらくディオスコリデスの記述と符合させるための改変であろう。ここでは、同じ甘味料である蜂蜜と対比して、砂糖のさまざまな薬効を記している点に特徴がある。

第三のユハンナー・イブン・マーサワイフは、ハールーン・アッラシードをはじめとするアッバース朝の歴代カリフに仕え、バグダードの「知恵の館(バイト・アルヒクマ)」でギリシアの医学書をアラビア語に翻訳したことで知られる。ここで引用されているのは、薬草の効能を記した『治癒薬の書』*Kitāb al-Adwiya al-Munaqqiya* であろう。(7) イブン・マーサワイフは、砂糖は「第一等、あるいは第二等の熱で、第一等の中間の湿」であると述べている。アラビア医学はギリシア医学を受け継ぎ、人間の体は血液、粘液、黄胆汁、黒胆汁の四要素からなり、このバランスがとれているときは健康であると考える。そしてこのバランスが崩れたときには、熱(ハラーラ)あるいは寒(バルーダ)、乾(ヤブーサ）あるいは湿（ルトゥーバ）の性質をもつ薬種・薬草を投与することによって、バランスの回復をはかるのである。[8] イブン・マーサワイフは、この伝統に則って砂糖の薬効を記していたことになる。

次のイーサー＝アルバスリーについては、十世紀の人ということ以外に、生没年を含め、その経歴はいっさい不明であるが、おそらくイラクのバスラで活躍した医者であろう。イブン・マーサワイフと同様に、砂糖は「熱にして湿」と述べるが、古い砂糖は「熱にして乾」の性質があるとしているところが特徴である。この種の古い砂糖は、胃の粘液を取り去る効能をもつと同時に、喉の渇きを促し、血液を濃くする副作用もあることを指摘している。

つづいて登場するシャリーフは、地理学者として著名なシャリーフ・アルイドリースィーのことである。「シャリーフ（高貴な者）」の呼称は、イドリースィーが預言者ムハンマドの子孫にあたっていたことに由来している。一一五四年に『世界を深く知ることを望む者の慰みの書』を完成し、これをルッジェーロ二世に献呈したが、イドリースィーには、第二の著作として『薬種の書』*Kitāb al-Adwiya al-Mufrada* があり、イブン・アルバイタールはこの書を参考に用いたのであろう。[9] ここでは、砂糖が胃痛や咳あるいは呼吸困難を治めるほかに、まぶたの炎症にも効き目があることを記している。また、各種の効能が経験によって確かめられている、と付記していることも特徴の一つである。

次の『二つの経験の書』の著者が誰であるのかは不明である。つづくラーズィーは、イランのライに生まれ、アシュアリー派の神学者であると同時にクルアーンの注釈者として名を残した。本草学・薬事学にも造詣が深く、イブン・アルバイタールが本文で記しているように、『薬膳の害を除去する書』*Kitāb Daf' Maḍār al-Aghdhiya* の著者としても知られる。[10] ただ、そこで述べられている白砂糖のなかの二種、シャジャリー糖とハッラーニー糖については、他に類似の記述がなくくわしいことは不明である。

以上のように、ギリシア医学を継承したアラビア医学では、砂糖は熱にして湿（古い砂糖は熱にして乾）の性質をもつとされていた。長い経験によって、各種の砂糖は胃病に効果を発揮し、利尿剤ともなり、腎臓や肝臓にやさしく、さらに眼病にも効き、咳や呼吸困難を治めると同時に、胸の痛みを和らげる効能があるものとみなされていたのである。

2　バイバルスの侍医イブン・アンナフィース

第二のイブン・スィーナー

イブン・アンナフィース Ibn al-Nafīs ʻAlī al-Qurashī（一二八八年没）は、ダマスクスの近郊に生まれ、そこで医学・文法学・論理学・法学などを学んだ後、マムルーク朝の首都カイロへ移住した。移住の正確な年代は不明であるが、カイロでは主席医務官に任じられ、スルタン・バイバルス（在位一二六〇―七七年）の侍医に抜擢された。臨床医学にすぐれ、当時から「第二のイブン・スィーナー」との評判であった。治療に限っていえば、イブン・スィーナーよりすぐれていたとも伝えられる。また、カイロのマスルーリーヤ学院では、シャーフィイー派法学（フィクフ）の講義にもたずさわった。このように、イブン・アンナフィースは恵まれた環境のもとで物質的にも豊かな生活を送り、一二八八年十二月に約八〇歳で没すると、膨大な蔵書を含むその財産は、カイロのマンスーリー病院にワクフとして寄進された。

イブン・アンナフィースの著作活動は医学・論理学・法学と多方面に及んだが、主著は八〇巻からなる『医学百科全書』*al-Shāmil fī al-Ṣināʿat al-Ṭibbīya* であり、当初は全三〇〇巻の膨大な著述になる予定であった。この書の第十五巻第九講は、「砂糖の諸規則(アフカーム・アッスッカル)」と題して、砂糖の種類や性質、あるいはその薬効などをさまざまに論じている。この他にも、イブン・スィーナーの『医学典範』に対する注釈書 *Sharḥ Tashrīḥ al-Qānūn* を著し、またガレノスの血液循環論を批判して、新しい循環論を提示したことでも知られる。[11] 執筆に当たっては、書物を典拠とするのではなく、「自らの胸」から出る言葉を綴ったというから、おそらく博覧強記の人だったのであろう。[12]

イブン・アンナフィースの砂糖論

『医学百科全書』の第十五巻第九講「砂糖の諸規則」の第一話「砂糖の本性」は、以下のように記している。

砂糖(スッカル)は、きびから取り出して固めたもので、湿である。その外観は「ペルシアのきび(カサブ・アルファーリスィー)」に似ているが、内側は詰まっていて空洞ではない点で異なっている。内部の色は薄く、その搾り汁は水分があり甘さに満ちているが、火にかければ水分は減少し、乾質が増加して固くなる。

この固まりをとかすには、水を加える方法と、熱い火にかける方法とがある。水を加えれば、やがて凝固して乾(ヤブーサ)となる。火にかければ、なかの水分が流出する。このきびの葉や節は

「ペルシアのきび」と同様である。

砂糖にはさまざまな種類があるが、シリアやエジプトでもっとも一般的に用いられているのは、スッカル・タバルザド sukkar ṭabarzad（氷砂糖）である。これはスッカル・ウブルージュ sukkar ublūj の名で知られ、円錐形（ウブルージュ）につくられる。ムカッラル mukarrar（繰り返し精製した砂糖）は、溶かしてウブルージュで精製し、さらにもう一度精製する。精製を繰り返すごとに、砂糖の白さや純度は増すが、甘さは少し減少し、味気が乏しくなる。これは土性（アルディーヤ）〔後述〕であり、煮沸によって不純物が取り除かれたものである。

また煮沸してできる砂糖には、スッカル・アンナバート sukkar al-nabāt（氷砂糖の別種）と呼ばれる種類のものがある。これはムカッラルと同様に、〔煮沸後〕ウブルージュで結晶化させた後、ふたたび水に溶かすが、これ以後はウブルージュで固めることはせず、〔もう一度煮沸した後〕壺（キドル）に入れて放置しておき、これにナツメヤシの切り枝を入れる。するとその枝に純粋な砂糖がくっつき、角のある小さな結晶（ハジャル・サギール）ができてくる。残りは液体のまま壺に残る。

またスッカル・ハウズィー sukkar ḥawzī と呼ばれる砂糖もあり、これは別名スッカル・スィーナターブ sīnatāb ともいう。さらにファーニーズ fānidh と呼ばれる砂糖があり、これは小さな棒やリング状につくられる。不純物が完全に取り除かれていないので、色は赤みを帯びている。

色がもっとも赤いのはスッカル・アフマル sukkar aḥmar であり、これは砂糖きびから取った液汁を〔一度煮沸して〕固めたものである。このとき、固まらずに液状のまま残ったものは、糖蜜（アサル（ʻasal）あるいは〔煮沸を繰り返して得られた〕上質の糖蜜（クターラ quṭāra）である。

砂糖には、加工して製造されたものではなく、自然にできたものがある。これはきびの表面にできた塩のような白い固まりで、きびの樹脂のようなものである。（『医学百科全書』XV, pp. 115–116）

一般に、「ペルシアのきび」は砂糖きびと同一種とされているが、なぜかイブン・アンナフィースは両者を別種のものとみなしている。いずれにせよ、この一節にはアラビア語文献中、砂糖の種類とその性質がもっともくわしく記されている点で注目に値する。この記事によれば、氷砂糖には二種類があり、一つはウブルージュを用いて精製を繰り返し、形も円錐形につくられた氷砂糖（タバルザド）である。他の一つは、ウブルージュで一度だけ精製した後、壺に糖液を入れて煮沸し、これにナツメヤシの枝を入れて結晶化させた氷砂糖（スッカル・アンナバート）である。第二章第2節で述べたように、ヌワイリーは、「煮沸を繰り返せば、きわめて純度の高い白砂糖となり、糖蜜はスッカル・アンナバートに近づく」と述べていた。イブン・アンナフィースの記事は、スッカル・アンナバートのつくり方をさらに具体的に記している点で、きわめて貴重な記録といえよう。

　煮沸を繰り返して得られた白砂糖がムカッラル、あるいはファーニーズと呼ばれたことは前述した通りである。しかしここに訳出した記事によれば、ファーニーズは不純物がまだ少し残り、やや赤みを帯びていたことが分かる。ところが次に記されているスッカル・スィーナターブは、他の史料には現れない用語であり、どのような砂糖であるのか実体は不明である。[13]

　続く第二話は「砂糖の性質と効用」である。

砂糖の原子（ジャウハル・アッスッカル）は、水性（マーイーヤ）、穏やかな熱の土性（アルディーヤ・ラティーハ・ハーッラ）、風性（ハワーイーヤ）を帯びている。全体では熱がまさっているが、これは水性のためである。ただ水性が多くても、土性と風性の熱は水性の寒を凌駕する。これは、水性が増大しても、きわめて多い場合を除いて、風性がまさるからである。もちろん煮沸によって砂糖が固まれば、水性は減少する。

それゆえ砂糖きびの液汁を、火にかけて煮沸することなく、水に溶かして浄化を繰り返せば、それは凝固した砂糖より熱は少なくなる。これは水性が増大するからである。しかし水性が多いので、腐敗しやすいために、結局、煮沸が必要となる。

砂糖の熱は多くはない。それは熱にもかかわらず、水性が土性にまさるからである。その〔諸原子の〕混合物（砂糖）は湿（ルトゥーバ）であるが、これは水性と風性が含まれるからである。上記の混合物、つまり砂糖は人体に効く薬である。湿はきわめて少ないが、これは湿を促すのが水性だけだからである。風性は、何度も説明したように、湿には入り込まない。したがって薬としての砂糖は、湿がきわめて少なく、水性が弱まるほど、湿も少なくなる。それゆえ古い砂糖は、水性が極端に少ないために、乾である。ただ一回目に〔煮沸した後〕凝固した砂糖は、やや湿である。

（『医学百科全書』XV, pp. 118–120）

この第二話では、ヒポクラテス[14]（前四六〇頃―前三七五年頃）の学説を援用して、砂糖を水性、土性、風性などの原子からなるものとし、その強弱・多寡によって、熱・寒・乾・湿の性質が現れると説明している。この性質を利用して、人体の崩れたバランスを回復するために、各種の砂糖が投与されたのである。

薬としての砂糖

イブン・アンナフィースは、次の第三話から第六話まで、四話にわたって砂糖の薬効をさまざまに説いている。まず第三話は「頭の諸器官への砂糖の効用」である。

砂糖の土性（アルディーヤ）が、熱であり、穏やかであれば、それは脳（ディマーグ）へとたくさん昇っていく準備ができていることになり、これによって〔脳の〕調和が保たれる。もし昇っていかなければ、〔脳は〕悪い状態となり、著しく調和を欠くことになる。それゆえ、もし昇っていかなければ、脳の状態は熱で、よい状態とはいえなくなる。

この土性の原子は穏やかなので、昇っていけば、むろん〔脳の〕穏やかさが増大する。それゆえ脳に達したものは、非常に穏やかである。砂糖を繰り返しとっても、多すぎることはなく、脳に弊害は生じない。ただ砂糖を極端に多くとり過ぎた場合には、頭痛を生じることがある。

砂糖は浄化作用があり、また土性のために乾燥の作用もあるので、目（アイン）に対して有用な薬となる。目を洗浄し、目の潤みをとる。

砂糖からは、まぶたに生じた炎症（ジャラブ）を治すための粉薬がつくられる。クフルに砂糖を混ぜれば、効き目が増し、目の傷を治す。そのため砂糖入りのクフルは目の傷を治す粉薬として用いられる。

砂糖きびの表面からとれる、塩のような樹脂の固まりは、目に著しい効果がある。またこの砂糖を混ぜた吸引薬は、風邪（ズカーム）に対して素早く作用し、しかも著しい効き目がある。

（『医学百科全書』XV, pp. 121–122）

この第三話では、脳と目に対する砂糖の効能を記している。イブン・アルバイタールも、眼病に対する砂糖の薬効は述べていたが、脳の働きにかんする砂糖の効用については言及していない。また、砂糖きびの表面にできる砂糖の結晶が眼病と風邪の特効薬であることも、イブン・アルバイタールの『薬種・薬膳集成』には記されていない項目である。

　第四話は「胸部諸器官への砂糖の効用」について述べる。

> 砂糖は穏やかな原子からなり、浸透性がある。もちろん胸部の各内部にも多く浸透するので、諸器官への作用は強力である。砂糖はやわらかく、浄化作用があるので、胸部とその諸器官に非常によく効くことはもちろんである。
> そのため、砂糖は喉の荒れ（ブッハト・アッサウト）によく効き、湯に混ぜてつづけて飲むといい。とくにルリジサ草（リサーン・アッサウル）[15]の水溶液に混ぜて飲めば、咳（スアール）に効く。これは、大麦の水溶液や湯と一緒に飲むのが効果的である。
> 砂糖は、喀血（ナフス）や呼吸困難（ナファス（タダーイクと同義））を和らげ、呼吸器疾患、喘息（ラブウ）、息苦しさに効果がある。また肋膜炎や肺炎に効き、胸（サドル）から膿を取り出し、胸や肺の炎症を取り除く。また胸や声の荒れに効果を発揮する。
> （『医学百科全書』XV, p. 123）

ここでは、イブン・アルバイタールと同様に、砂糖が喉の荒れや咳に効く薬として、さらには喀血や呼吸困難、あるいは喘息に効く薬として紹介されている。後述するように、砂糖のこのような効能のゆえに、ペストが流行すると、胸や関節の痛みを和らげる薬として、生薬商の店先で砂糖は引っ張りだこの商品となったのである。

つづく第五話は「咀嚼器官への砂糖の効用」について記す。

砂糖は、極端な性質がなく、浄化作用があるので、胃（マイダ）に優しく、その粘液（バルガム）を取り除いてきれいにする。確かに、苦み（胆汁）が生じた胃は、それが増大すると、胃に害を及ぼす。〔砂糖の〕この薬効は、やわらかく、熱をともなう甘さ（ハラーワ）の性質による。砂糖から血液への転移はきわめて少ない。それゆえ諸器官に摂取される量はごくわずかである。しかしその風性は多く、その土性はやわらかいので、体内に精気（ルーフ）を多量に取り入れることになる。したがってそれは「精気の原子」と類似のものとなり、それゆえに体は強化される。思うに——神はもっともよく知り給う——砂糖は肝臓（キブダ）の門を開き、きれいにするが、それを熱くもする。それは前述のように、砂糖が苦みに変わるからである。砂糖の摂取による喉の渇きは、蜂蜜（アサル）より少なく、粘液質の渇きを散じる。しかし古い砂糖は、多くの渇きをもたらす。また、古い砂糖は胃を浄化し、粘液を取り除くが、不純な血液も生じさせる。

（『医学百科全書』XV, pp. 124–125）

砂糖が胃に優しく、その粘液を取り除く作用があるとする点では、イブン・アンナフィースの記述は、イブン・アルバイタールの記述内容と変わらない。また古い砂糖が、喉の渇きをもたらし、不純な血液を生じさせるとする点でも同様である。しかしイブン・アルバイタールが、砂糖は胃に発生するガスにも効果があり、自然な状態を保たせると述べるのに対して、イブン・アンナフィースの場合には、砂糖の摂取はむしろ体内に精気を取り込むことになり、それによって体は強化されると説いている。

最後の第六話は「利尿剤としての砂糖」について語る。

砂糖は浄化作用があり、〔体に〕優しく、大いに効き目があるので、利尿（イドラール）の効果がある。それゆえバターと一緒に飲めば、尿閉の改善に著しい効き目を発揮する。砂糖は体に優しく、浄化作用があるので、胃を爽快にする。とりわけ胃のなかに固まりをつくることはけっしてない。新鮮なバターと一緒に食べたり、飲んだりすれば、胃を著しくさわやかにする。とくにファーニーズ白糖はこの効果が顕著である。

赤砂糖（スッカル・アフマル）は、飲むにせよ、浣腸（イフティカーン）するにせよ、胃にもっとも優しく、効き目がある。これは洗浄の作用が強いためである。氷砂糖（スッカル・アンナバート）も浄化作用が強いために、大いに効き目がある。きびの表面に結晶する砂糖は、浄化作用がもっとも強いために、胃に対しても大いに効き目がある。

砂糖きびを食べ過ぎると、水性が多いために、胃を膨らませる。しかし砂糖そのものは、鼓腸（ナフフ）をおさえ、これを取り除く。〔砂糖と〕アーモンド（ラウズ）の油脂とを一緒に飲めば、鼓腸や疝痛を治める。

（『医学百科全書』XV, p. 126）[16]

以上、イブン・アンナフィースが説く砂糖の薬効をまとめてみれば、次のようになる。（一）頭の諸器官については、砂糖が脳に吸収されれば、脳の状態は良好となるが、とり過ぎると頭痛の原因となる。また砂糖は目を洗浄すると同時に、まぶたの炎症や目の傷を治癒する。（二）胸部の諸器官については、砂糖を湯に溶いて飲めば、喉の荒れに効き、ルリジサ草の水溶液に混ぜて飲めば、咳をおさえる。また砂糖は、喀血・呼吸困難・喘息・肋膜炎・肺炎にも効果を発揮する。（三）砂糖は胃の不快感や粘液を取り除いてすっきりさせ、肝臓をきれいにするが、古い砂糖は不純な血液を生む副作用もある。

イブン・アンナフィースの場合には、砂糖が土性と水性が強いことを根拠にして、薬としてのさまざまな効能を説いていることが特徴である。イブン・アルバイタールの場合とくらべて、やや理屈がまさった記述となっているのは、おそらくそのためであろう。

3 疫病の流行と砂糖
——繁盛する生薬商(アッタール)——

アッタールとは

今でも、バグダードやカイロやダマスクスなど、イスラーム世界の都市を歩けば、旧市街の市場には必ず何軒かの生薬商(アッタール ʿaṭṭār)の店をみつけることができる。そこで売られているのは、胡椒・ナツメグ・バジル・クミン・コリアンダー・クローヴなどの香辛料、乳香・沈香《じんこう》・樟脳《しょうのう》・サフランなどの香料、それにザクロやレモンの皮や根、薬草、乾燥した果実、バラ水、ロウソク、石けん、白砂糖や氷砂糖などと実に幅広い。アッタールがこれらの砂糖を商うのは、前述のように砂糖が多様な効能をもつ薬とみなされてきたからである[17]。しかし歴史のなかのアッタールについては、これまでまとまった研究はほとんどなされてこなかった。スブキー(一三七〇年没)の『恩寵の復活者』*Muʿīd al-Niʿam* には、スルタン、宰相(ワズィール)、アミール、裁判官(カーディー)、公証人(シャーヒド)、物語師(カーッス)、仕立て屋(ハイヤート)、門番(バッワーブ)、死体洗浄人(ガースィル・アルマウティー)、物乞い(シャッハーズ)など一一〇の職種が列挙されているが、残念ながらこのリストにアッタールは含まれていない。そこで以下、他のアラビア語史料に拠りながら、アッタールの活動を少しまとめて記してみることにしよう。

まず十一世紀の知識人ディマシュキーは、『商業指南の書』のなかで、アッタールについて次のように述べている。

アッタールは、薬草(アッカール)、薬種(ダワー)、飲み薬(シャラーブ)、香料(ティーブ)についての知識がなければならない。またこれらのものの善し悪し、何が偽物なのか〔あるいは本物なのか〕、早く腐敗するもの・しないもの、さらには安心して保存できるものを識別できることが必要である。そのうえ練り薬・飲み薬・粉薬などの調合ができなければならない。(『商業指南の書』p.40)

著者のディマシュキーについて詳細は不明であるが、この記事によれば、アッタールは薬草・薬事・飲み薬・香料などについての知識の他に、練り薬・飲み薬・粉薬などの調合ができなければならなかった。ちょうど現代の薬屋さんといったところであろうか。第三章でも引用した十四世紀初頭のマー

図16　カイロの生薬商(アッタール)

リク派の法学者イブン・アルハーッジュは、アッタールについて『入門書』のなかで以下のように記している。

穀物商人（タージル・アルバッズ）については前述したが、アッタールの場合にも、店の商品を売るときに、たとえそれが悪くなっていても、そのことを顧客にはっきりと示さない者がいる。ところでアッタールは、次のうちの一つを選択せざるを得ない状況にあるといえよう。つまり〔卸売りの〕カーリミー商人から商品を仕入れるか、あるいは〔大手の〕アッタールから仕入れるかのどちらかである。第一の場合には、彼は売買に当たって、それは神の望みにしたがった自らの意思であるとの表明（ニーヤ）が必要である。しかし現実には、彼のムスリムの同胞たちは、ほとんどの場合、その意図することを実現することができない。なぜなら彼以外の「弱小のアッタール（アッタール・ダイーフ ʿaṭṭār ḍaʿīf）」は、たとえばジャコウネコの麝香を約一ウキーヤ〔三七・四グラム〕、あるいはジャコウジカの麝香を同量〔つまりごくわずかな量〕手に入れようとしても、ほとんどの場合、それをカーリミー商人から仕入れることはとてもできないからである。

第二の場合は、前述した〔大手の〕アッタールから仕入れを行う〔弱小の〕アッタールである。彼の場合にも、まず自らの主のために行うとの意図の表明（ニーヤ）が求められる。すでに述べたように、彼はムスリムの同胞が必要とする商品の入手に便宜を提供する。つまり同胞たちが、遠くに店をもつ「大手のアッタール（アッタール・カビール ʿaṭṭār kabīr）」のところまで行くことが困難な場合に、近い場所にいて購入に便宜を提供する。また一般の人々が一ウキーヤ、半ウキーヤ、四分の一ウキーヤ、八分の一ウキーヤを求めたとしても、前述の大手のアッタールはこれに見向きもしないから、そのような場合には、弱小のアッタールが、ムスリムの同胞に必要なものの購入について便宜を提供することができる。また彼の店が大手のアッタールの店から遠く離れている場合にも、弱小のアッタールの利便は少なくない。なぜなら、女性など生薬が必要な人たちが近くで購入することができれば、わざわざ遠くの店に出かけて行く苦労がなくなるからである。

（『入門書』IV, pp. 71, 74–75）

この記事は、まずアッタールには、神の意思に従って売買を行うのだという自らの意図の表明（ニーヤ）が必要であることを述べる。ニーヤとは、たとえば一日五回の礼拝のときにも、それを実践するに当たって、「私は神への礼拝を行います」と表明する明確な意思表示のことである。イスラームでは、正しい信仰生活を送るためには、それぞれの行為に明確な意図が込められていなければならないとされている。(18) それを前提にしたうえで、イブン・アルハーッジュは、現実のエジプト社会では、カーリミー商人から仕入れを行う「大手のアッタール」と大手のアッタールから仕入れを行う「弱小のアッタール」が存在したことを明らかにしている。カーリミー商人が、十二世紀から十五世紀にかけて、インド洋と紅海・地中海を結ぶ東西交易に活躍したムスリムの商人グループであったことはすでに述べた通りである。彼らは、香辛料や香料、あるいは砂糖を含む各種の生薬を大量に扱い、これをアッタールに卸売りしていたが、弱小のアッタールがカーリミー商人からわずかな商品を買い付けることは、現実にはやはり難しかったのであろう。しかしイブン・アルハーッジュは、むしろこのような弱小のアッタールに少なからぬ期待を寄せ、庶民の日常生活の需要に応えることができたのは、大手のアッタールではなく、近隣の便利な場所に店をかまえる弱小のアッタールであったとしている。

マクリーズィーの『エジプト社会救済の書』

歴史と地理を総合した『エジプト誌』の著述や大部な年代記『諸王朝の知識の旅』の編纂で知られるマクリーズィーは、十四世紀末から十五世紀のはじめにかけてエジプト社会が直面した危機の状況を、『悲しみを除去することによる共同体救済の書』*Kitāb Ighāthat al-Umma bi-Kashf al-Ghumma*（以下、『エジプト社会救済の書』と略記）を執筆することによって解決しようと試みた。書名中のウンマとはもちろんイスラーム共同体のことであるが、この書の場合には、「エジプト社会」とほぼ同義語に用いられている。ここには、ペストの流行を機に大もうけをしたアッタールについての言及もあるので、まず本書の概要をまとめておくことにしよう。[19]

一三六四年頃、カイロ旧市街のバルジャワーン街区に生まれたマクリーズィーは、ペスト（ターウーン ṭā'ūn）大流行（一三四七—四八年）後のカイロの変容をつぶさに観察することができた。一三七四／七五年、マクリーズィー十歳の頃にエジプトで飢饉が蔓延すると、カイロやフスタートの貧乏人・乞食などに餓死者が増大し、ある貧乏人は「耳たぶほどでもいいからパンをくだされ。匂いだけでもかがせて欲しい」と叫んでいたと自身の年代記に記している（『諸王朝の知識の旅』III, pp. 233-234）。また一四〇三年になると、ふたたびエジプトでペストと飢饉が蔓延し、このために「人々は散り散りとなり、数えきれないほどの子供が売られた」といわれる。さらにこのペストで、マクリーズィー自身が一人娘を失ったことも、本書執筆の動機になっていたものと思われる。[20]『エジプト社会救済の書』が書かれたのは、それから二年後の一四〇五年、マクリーズィー四〇歳前後の頃のことであった。

『エジプト社会救済の書』は、「序言」とそれにつづく七章から構成されている。まず「序言」では、以下のような、災禍に向き合う著者の姿勢が明らかにされる。「神の試みが長くつづき、さまざまな苦難が襲ってくる」と、人々は「これは前例のない災禍(ミフナ miḥna)である」と思い込んでしまう。しかし、これは出来事の原因を深く考えず、何事も簡単に放棄してしまう人々の習性によるものである。マクリーズィーはクルアーンを引用してこう結論づける。「神は真理を説き、正しい道に導き給う」(『クルアーン』三三章四節)。

つづく第一章は「一般法則を含む理論的前提」である。過去の出来事は、それを体験した者にとっては忌まわしく、それを人づてに聞いた者にはより軽いものである。つまり過去の物価高や凶作のなかには、現在の状態よりもっと厳しいものもあったといわなければならない。「神は御心の向いた者に知恵を授け給う」(『クルアーン』二章二七二節)。

第二章は「エジプトに起こった物価高にかんする記述、および過去の諸事件についての簡単な報告」である。この章では、筆者の時代にだけ災禍が発生したのではないことを示すために、ファラオ時代から一三七四年にいたるまでの疫病(ワバー)の流行、物価高(ガラー)の発生、飢饉(ジュー)の蔓延などを時代順に記している。[21] 本書全体の約四割を占める分量であり、その記述はきわめて具体的である。「神は人々が絶望した後に雨を降らせ、慈悲を垂れ給うお方である」(『クルアーン』四二章二八節)。

第三章は「われわれの被っている災禍が発生し、それが長くつづくことの究明」であり、本書の核心部分をなす。災禍の原因のうち、ナイルの増水不足、降雨の欠如、熱風やイナゴの害などはいわば天災(アーファート・サマーイーヤ)である。しかし一四〇三年以来の飢饉と物価高には、次のような三つの原因が考えられる。第一はマムルーク政権の腐敗であり、宰相や裁判官、あるいは地方総督の職は賄賂(リシュワ rishwa)を用いなければ手に入らなくなった。[22] これが災禍の根本原因である。第二は、イクター(スルタンから騎士に与えられた分与地)の管理人による地租(ウジュラ、つまりハラージュ)のつり上げであり、これは小麦価格の上昇と耕起・播種・収穫にかかる諸経費の値上がりをもたらした。第三は銅貨(ファラス falas)の流通であり、その切り下げ策によって、民衆の生活は著しく圧迫された。それでも「慣習の息子たち」である庶民は、やがて時とともにこの変化に適応していったのである。「ひとたび神がある民族を懲らしめようとなされば、もう何者の力によっても抑えることはできない」(『クルアーン』十三章十一節)。

第四章は「人々の分類とその種類、および彼らの現状の分析」である。マクリーズィーによれば、当時のエジプト社会は次の七つの階層に分けられる。(一)地租収入に依存する「王朝の人々(アフル・アッダウラ)」であり、物価高の影響で彼らはすでに破産している。(二)富裕な商人(ムースィル・アッタージル)であるが、貨幣価値が下落したために、彼らは以前のようなもうけを得ることができない。(三)日用品を扱う市場の商人(スーカ sūqa あるいはバーア bāʻa)であり、彼らは災禍のときにも、自らの収益によって生活を営み、稼いだ金額を好きな物に消費することができる。(四)農耕と犂の民としての農民(ファッラーフ)である。災害時に死亡した農民も少なくないが、生き残った者は農耕によって大きな利益を上げている。(五)法学者や神学者、およびハルカ騎士[23]たちであり、彼らは災難を被ってすでに死んでいるか、あるいは死を望む者たちである。(六)荷担ぎ人、召使い、馬丁、職工、大工、賃金労働者などである。最近、彼らの賃金は何倍にも跳ね上がったが、しかし多くの者は死亡しており、探すのが難しい状況である。(七)困窮者・貧乏人(アフル・アルハサーサ・ワルマスカナ)であり、彼らの大部分は飢えと寒さのために死んでしまった。「神は何をなされようと誰にもとがめられることはない。しかし彼らの方はとがめられる」(『クルアーン』二一章二三節)。

第五章「現代の物価と災禍の情報にかんする断章」は、第二章のいわば補遺であり、著者と同時代に起きた出来事を要約して伝えている。「神は欲する通りのことをなし給う」(『クルアーン』二二章十八節)。

第六章「病根が信者から離れ、時代の病気に回復が訪れることについて」は、どうしたら災禍を取り除き、以前の状態に戻すことができるかを検討する。マクリーズィーが提唱するのは、粗悪な銅貨を廃止し、イスラーム法に照らして正統な金貨(ディーナール)と銀貨(ディルハム)を流通させることである。こうすれば、物価は下落して人々の生活は安定するであろうと述べている。「神はすべてを知り給うが、おまえたちは何も知りはしない」(『クルアーン』二章二一六節)。

最後の第七章「この施策によって民衆に利益がもたらされることの証明」では、行政の力によって金貨あるいは銀貨で取引が行われるようになれば、エジプト社会には救いが訪れ、破滅に導くような災禍を終わりにすることができるであろう、と述べている。「過去にあっても、未来にあっても、すべてのことは神のものである」(『クルアーン』三〇章四節)。

以上が、『エジプト社会救済の書』の概要である。この書は、同時代の他の著作とくらべてみると、全体の章立てがきわめて論理的に構成されていることに気づく。『歴史序説』の著者イブン・ハルドゥーンは、一三八二年、マクリーズィーが二〇歳の頃にマグレブ地方からエジプトのカイロへやって来た[24]。アズハル・モスクで行われたイブン・ハルドゥーンの講義には、貴顕の人々に交じって青年マクリーズィーも出席し、大きな感銘を受けたというから、本書の論理的な構成にはイブン・ハルドゥーンの影響がかなりあったに違いないと思う。

前述したように、マクリーズィーは前後三回にわたってカイロの市場監督官（ムフタスィブ）に就任した。このときの経験から、十四世紀末から十五世紀はじめにかけてのカイロの市場商人について、マクリーズィーはかなり正確な情報を把握していたものと思われる。『エジプト社会救済の書』の第四章で、第三の階層に属する市場商人の力をかなり高く評価していたが、この市場商人のなかには前述のアッタールも含まれる。以下、ペストや疫病の流行を機に、砂糖の販売によって、アッタールが「どれだけもうけたのか」を検討してみることにしたい。

繁盛するアッタール

マクリーズィーは、前述の『エジプト社会救済の書』のなかで、アッタールの活動を記すに先立って、まず一二九六年にエジプトで蔓延した飢饉と疫病について以下のように述べている。

〔スルタン・キトブガー治下の〕ヒジュラ暦六九五年（一二九六年冬）、物価が高騰し、地方からの物資が減少したので、人々はただ新しい穀物の到着を待つのみであった。しかし〔五月の〕収穫期になると、〔リビアの〕バルカ地方から黒い風が吹き付け、作物に黄色い砂を運んできた。これによって、稲（アルッズ）、胡麻（スィムスィム）、タロイモ（クルカース）、砂糖きび（カサブ・アッスッカル）など、揚水車によって耕すすべての夏作物が被害を受けた。しかもこの風は、人々の間に病気と熱病を蔓延させることになった。そのため砂糖や糖蜜、あるいは病人が必要とするものの値段が上昇し、果物は底をついた。飢饉が深刻になると、スルタンは貧乏人(ファキール)や困窮者(ズゥ・アルハージャート)を集め、彼らをアミールたちに割り振った。百人長には一〇〇人の貧乏人を、五十人長には五〇人を、そして十人長には十人をという具合にあてがったのである。

(『エジプト社会救済の書』pp. 33–35)

スルタン・キトブガー＝アルアーディル(在位一二九四―九六年)は、一二九四年、幼少のスルタン・ナースィルが退位すると、自らスルタンを宣してアーディル王と称した。しかしエジプトに飢饉が蔓延しはじめた年に即位したために、人々の間では「不吉なスルタン」と噂された[25]。この飢饉は、前年の秋にナイルが増水の後にすぐ減水しはじめたために、翌年の不作を見越した穀物商人による退蔵が行われ、これが穀物価格の上昇を招いたことが発端であった。アミールたちは、預かった貧乏人にパン(ラギーフ)や菓子(カァク)などを与えて救済に当たったが、疫病はさらに猛威をふるった。マクリーズィーはつづいて以下のように述べる。

カイロやフスタートでは病気が蔓延し、死者の数が増大した。病人には薬(ダワー)が必要であったから、カイロのダイラム人街区のアッタールは、一カ月で三万二〇〇〇ディルハムの売り上げを記録した。またスーフィユーン市場にあるシャリーフ・アトゥーフ店も、これと同じ額の売り上げに達した。ワズィーリーヤ地区やズワイラ門外の店(ハーン)も、これとほぼ同じ額を売り上げた。医者の需要も上昇し、人々は金を積んで頼んだので、医者のなかには一日で一〇〇ディルハムを稼ぐものが現れた。いっぽう人々は死者が増えたことに疲れきってしまった。役所(デイーワーン・スルターニー）の台帳から抹消される死者の数は一日だけで三〇〇〇人を超えたのである。

（『エジプト社会救済の書』pp. 35–36）

アッタールが薬として販売したのは、タマリンド、ココヤシ、藍、樟脳、アラビアゴムなどさまざまであったが、[26]砂糖も関節や喉の痛みに効く重要な薬種に数えられていたことはすでに述べたとおりである。ところで、ここに記されている三万二〇〇〇ディルハムは、どれくらいの価値があったのだろうか。マムルーク朝前期のディーナール金貨とディルハム銀貨の換算率は約一対二〇であったから、[27]三万二〇〇〇ディルハムは約一六〇〇ディーナールに相当する。フサーム検地（一二九八年）後のハルカ騎士のイクター収入は、年額二五〇―一〇〇〇ディーナールであった。[28]したがってアッタールは、わずか一カ月でハルカ騎士の年収をはるかに上回る額を稼いでいたことになる。また食料の基本となる小麦（カムフ）についてみれば、当時は一アルダッブ（約九〇リットル）が一ディーナール（二〇ディルハム）前後であったから、[29]三万二〇〇〇ディルハムでは約一六〇〇アルダッブの小麦を購入できたことになる。これは、一〇〇〇人以上の大人を優に一年間養うことができる量であったといえよう。

一三〇九年にも、カイロを中心に疫病が流行した。このときの様子を、同じくマクリーズィーは次のように記している。

この年、人々の間にひどい病気が蔓延し、疫病（ワバー）も広まった。薬や医者の需要が高まり、病人が必要とする物の値段が上昇した。その結果、一ラトル（九六七グラム）の砂糖（スッカル）や若鶏（ファッルージュ）は五ディルハム、メロン（バッティーフ）は一ディルハムで売られた。アッタールのなかには、一人で一日に二〇〇―三〇〇ディルハムを売り上げる者があった。

（『諸王朝の知識の旅』II, p.55）

十四世紀はじめのウマリーによれば、エジプトの砂糖は、並の砂糖が一ラトル当たり一・五ディルハム、繰り返し精製した白砂糖（ムカッラル）は二・五ディルハムであった（『道程の書』p.84）。これを基準に考えれば、この年は、並の砂糖では三・三倍、精製糖でも二倍に跳ね上がったことになる。また一日に二〇〇―三〇〇ディルハムの売り上げは、一カ月に換算すれば、六〇〇〇―九〇〇〇ディルハムとなり、先の三万二〇〇〇ディルハムには及ばないものの、アッタールのもうけはかなりの額に達していたことが分かる。

さらに一三四七年秋になると、ペスト（ターウーン）の流行がシリアからエジプトへと拡大し、翌年には下エジプトから上エジプトへと広まっていった。周知のように、アレクサンドリアに停泊していたイタリアのガレー船にクマネズミが乗り込み、腺ペスト菌をヨーロッパに運んで大流行したのが「黒死病 Black Death」（一三四七―五〇年）である[30]。一三四八年には、カイロでの一日の死者は三〇〇人から二〇〇〇〇人へと急激に増大し、マクリーズィーが生まれたバルジャワーン街区も荒廃して、四二軒の空き家を残すのみとなった（『諸王朝の知識の旅』II, p.782）。このときにも病人が必要とする砂糖の価格が上昇し、一キンタール（九六・七キログラム）当たりの値段は二三―二七ディーナールとなった。これをラトル単位に換算すれば、四・六―五・四ディルハムとなる。この物価高騰の事態は、ふたたびアッタールにひともうけのチャンスを与えたと思われるが、マクリーズィーによれば、「このときには、死の訪れがあまりに早いので、飲み物も薬も医者も必要とされないほど」の惨状であった（『諸王朝の知識の旅』II, p.781）。

ヒジュラ暦八〇六（一四〇三）年は、「エジプトを破滅に陥れた災禍の一年目」に当たっていた。マクリーズィーが『エジプト社会救済の書』を執筆するきっかけとなった、飢饉の蔓延と疫病の大規模な流行である。ふたたびマクリーズィーの述べるところを見てみよう。

> 病気が猛威をふるい、薬の需要が増大した結果、価格は矩《のり》を踰《こ》えて上昇した。一キドフ（約〇・一リットル）のひょうたん（カルゥ）の実が一〇〇ディルハム、一ワイバ（十五リットル）のスベリヒユ（リジュラ）の種子が二ディルハムから七〇ディルハムへ、一ラトル（四五〇グラム）のマナ（シール・フシュク）が一三〇ディルハム、一ウーキーヤ（三七・四グラム）の氷砂糖（スッカル・アンナバート）が八ディルハム、白砂糖（スッカル・バヤード）が四ディルハム、ついで白砂糖は一ラトルが八〇ディルハムにまで達した。また一ラトルのメロンは八ディルハム、シリアの梨（クンマスラー・シャーミー）は五五ディルハムへと上昇した。
>
> （『諸王朝の知識の旅』III, p. 1125）

R・ドズィによれば、シール・フシュクはマナ manna の一種である[31]。マナといえば、モーセに率いられてエジプトを脱出したイスラエル人が、荒野をさまよっていたときに、神から与えられたとされる薄いパン状の食べ物を思い浮かべる（旧約聖書「出エジプト記」十六章）。しかし、ここではマナの木（英語名は manna ash）から採取した甘い粘性の樹液のことをさし、民間ではもっぱら緩下剤として用いられた[32]。ここに訳出したマクリーズィーの記事は、疫病の流行による物価の上昇を示すと同時に、当時のアッタールがひょうたんの実、スベリヒユの種子、マナ、氷砂糖、白砂糖などを、病人が求める生薬として販売していたことを物語っている。ここからも、アッタールの商売が各種の砂糖の販売と密接な関係にあったことを読み取ることができるであろう。

以上、薬としての砂糖についてみてきたが、砂糖が「悪玉」とされがちな現代社会とは対照的に、前近代のイスラーム社会では、砂糖はさまざまな効能をもつすぐれた薬と考えられていたことが分かる。疫病がはやったときに、アッタールが大もうけをすることができたのも、砂糖が喉や胸の痛みを和らげる特効薬とみなされていたからである。

第6章　砂糖と権力
——賜り品と祭の品——

貴重で、しかも高価な砂糖は、薬としてばかりでなく、カリフやスルタンからの賜り品や祭の品としても用いられた。つまりカリフやスルタンは、自らの権威を示すための政治的パフォーマンスに砂糖や砂糖菓子を利用したのである。ここでは、世界的にみても研究が進んでいないフスタートの「粗糖の館」を最初に取り上げ、政府による粗糖管理のあり方を検討した後で、ラマダーン月の砂糖やメッカ巡礼の砂糖菓子と政治的権威との関係を考えてみることにしたい。

1　粗糖の館(ダール・アルカンド)

サラーフ・アッディーンによる雑税の廃止

アイユーブ朝時代からマムルーク朝時代へかけてのフスタートには、粗糖を精製するための製糖所(マトバフ・アッスッカル)が数多く設置されていたことは第三章ですでに述べた。エジプトに覇権を確立したサラーフ・アッディーンは、一一七一年頃から全国的な税務調査を実施して騎士たちのイクター収入を確定し、ついでカイロやフスタートで徴収されていた不正規な雑税（マクス maks）の廃止に踏み切った。これら一連の施策が「サラーフ検地（ラウク・サラーヒー）」と呼ばれているものである。(1) 検地の最後の段階で廃止された雑税の総額は、年額十万ディーナールにも上ったが、その主要税目の内訳は以下の通りである。

香辛料税（マクス・アルバハール）……三万三三六四ディーナール
商品と隊商の税（マクス・バダーイゥ・ワルカワーフィル）……九三五〇ディーナール
粗糖の館税（ルスーム・ダール・アルカンド）……三一〇八ディーナール
木綿の倉庫税（フンドゥク・アルクトン）……二〇〇〇ディーナール
亜麻の倉庫税（ルスーム・ダール・アルカッターン）……六〇〇ディーナール
浴場税（ルスーム・アルハンマーム）……五三四ディーナール
砂糖商人の市場税（スーク・アッスッカリーイーン）……五〇ディーナール
製糖所の二分の一ラトル税（ニスフ・アッラトル・ミン・マタービフ・アッスッカル）……一三五ディーナール

（マクリーズィー『エジプト誌』I, pp. 104–105）

最初の二つの税目、「香辛料税」と「商品と隊商の税」は、通常の商取引に課せられる商業税（ウシュル）とは別個の雑税であった。これらの廃止税目のうち、砂糖の関連では三つの税目があげられている。最初の「粗糖の館税」はフスタートにある粗糖（カンド）の倉庫に対して課せられた雑税である。

倉庫に保管された粗糖の多くは周辺の製糖所でさらに精製され、販売されたはずであるが、この倉庫の建設の事情や管理者の性格について、他に史料がないために詳細は不明である。ただ、この雑税廃止がアイユーブ朝の初期であることを考えると、この倉庫の建設は砂糖生産が伸びはじめるファーティマ朝時代までさかのぼることは確実であろう。

次の「砂糖商人（スッカリーユーン）の市場税」について、イブン・ドクマークは、「スッカリーユーンにはムアッラク・モスクがあり、そこのイマームはイブン・アルムフタスィブ＝アッスッカリーの名で知られている」と述べている（『勝利の書』I, p.85）。ただフスタートには、ムアッラクの名を冠したモスクがいくつもあるので、[2] スッカリーユーン市場の正確な場所を突き止めることは意外に難しい。いずれにせよ、「製糖所とスッカリーユーン市場」は併記されることが多いので（たとえば『勝利の書』I, p.26）、両者が近い位置関係にあったことは確かであろう。

最後の「製糖所の二分の一ラトル税」は、何を意味するのだろうか。一ラトルとは一〇〇分の一キンタール・ジャルウィーに相当し、当時のエジプトでは約九六七グラムであった。したがって二分の一ラトルは、およそ四八四グラムの重量となる。この記事によれば、ファーティマ朝時代には、フスタートにある数多くの製糖所で生産された砂糖に対して、一キンタール・ジャルウィーにつき二分の一ラトル、つまり生産高の二〇〇分の一が雑税として徴収されていたことになる。[3] サラーフ・アッディーンによって廃止されたこの税高は、合計で一三五ディーナールであったから、精製糖の総額はこの二〇〇倍、つまり金貨で二万七〇〇〇ディーナール、銀貨では約五四万ディルハムであったことになる。前述のように、上質の砂糖価格を一ラトル当たり二・五ディルハムであると仮定すれば、二万七〇〇〇ディーナールは、およそ二一万六〇〇〇キログラムの砂糖に相当する。以上のことから、アイユーブ朝初期にフスタートの製糖所で精製されていた上質の砂糖は、年間約二〇万キログラムあまりであったと推定することができるであろう。

高官ナシュウによる粗糖の差し押さえ

マムルーク朝最盛期のスルタン・ナースィル（在位一二九三—九四、一二九九—一三〇九、一三一〇—四一年）に仕えたナシュウ ʿAbd al-Wahhāb b. Tāj Faḍl Allāh al-Nashw（一三三九年没）は、コプト教徒官僚の家に生まれ、後にムスリムに改宗して出世した、「コプト・ムスリム官僚（ムスリマーニー・アルキブト Musulimānī al-Qibṭ）」の典型的な人物のひとりである。第三章でサラーフ・アッディーン時代のイブン・マンマーティーについて述べたように、コプト教徒の官僚は「家学」としてエジプトにおける税務行政の精緻な知識を何代にもわたって継承していたから、ムスリム政権にとって、彼らは国家を正常に運営するうえで不可欠な存在であったといえよう。それだけにコプト官僚、とくにコプト・ムスリム官僚と権力者との間には独特な癒着が生じやすかった。この癒着を利用してコプト官僚が大きな富を蓄積すると、これに対するムスリム民衆の怨嗟の声が高まり、やがて宗教的な対立・抗争にまで発展することも少なくなかったのである。[4]

サファディー（一三六三年没）の大人名事典『死亡録補遺』によれば、ナシュウは、若い頃はアミールに仕える書記であったが、あるときスルタンに見出され、ナイル西岸に位置するジーザ（ギザ）地区の財務官（ムスタウフィー）に抜擢された。この頃のナシュウは性格もよく、顔は輝いていた。人々の要求にすばやく応えるべく努力したので、ムスリム民衆もナシュウを好ましく思っていた。ところが、スルタンの財庫を預かる財務官（ナーズィル・アルハーッス nāẓir al-khāṣṣ）に就任すると、スルタン・ナースィルはナシュウに特別の愛顧を与え、その見返りにさまざまな命令や要求を繰り返した。ナシュウはスルタンの私欲を満たすために「財産没収（ムサーダラ）の門」を開き、人々はこの悪政への転換をナシュウの性格が歪んでしまった結果だとして、彼を嫌いはじめたのである（『死亡録補遺』XIX, pp. 324-325）。

砂糖に関連するナシュウの政策を取り上げてみよう。ナシュウが財産没収を開始したのは一三三三年であったが、一三三七／三八年になると、ナシュウは上エジプトのマッラウィーを対象にして、以下のような粗糖の差し押さえを断行した。

マッラウィーの町はナイルの西岸にあり、この地方は砂糖きび栽培でよく知られていた。そこには圧搾用の石臼（ハジャル）が数多くあり、フダイル家の子孫が住み着いていた。スルタン・ナースィルの時代になると、彼らによる砂糖きびの栽培面積は、毎年一五〇〇ファッダーン〔約九五五ヘクタール〕に達した。これを見た財務官のナシュウは、七三八〔一三三七／三八〕年、フダイル家が生産したすべての砂糖の差し押さえ（ハウタ ḥawṭa）に乗り出した。総量は粗糖（カンド）が一万四〇〇〇キンタール〔一三五万三八〇〇キログラム〕であり、糖蜜（アサル）以外の粗糖は、すべてフスタートにある「粗糖の館」に運び込まれた。これ以後も、ナシュウはフダイル家の人々に対して、毎年八〇〇〇キンタール〔七七万三六〇〇キログラム〕の粗糖を「粗糖の館」に納めることを義務づけたのである。

（マクリーズィー『エジプト誌』I, p. 204）

前述のように、マッラウィーについては、十四世紀はじめにこの地方を訪れたイブン・バットゥータも、そこでの砂糖生産の盛んな様子を生き生きと記していた。ハウタとは、政府が商人や官僚の財産を封印して差し押さえることを意味し、それにもとづく財産没収をムサーダラという。(5) このとき没収されたフダイル家の粗糖がフスタートの「粗糖の館」に運ばれたことは、スルタンあるいはナシュウがこの館の管理と運営に深くかかわっていたことを示している。いずれにせよ、スルタンの後ろ盾をえたナシュウの権勢には限りがないように見えたが、二年後の一三三九年、ナシュウの暴政に対するアミールたちの厳しい批判に屈して、スルタン・ナースィルはようやくナシュウの逮捕と財産没収に踏み切った。マクリーズィーは、その様子を次のように伝えている。

アミールたちが逮捕者の屋敷の差し押さえにかかったとき、ナシュウの家族は〔ナイルの川中に浮かぶ〕フィール島の果樹園にいるとの情報が入ったので、彼らはそこに急行した。彼らが発見したのは、六〇人の女奴隷、ナシュウの母親、妻、姉妹、子供たちであった。彼らのもとには、二〇〇袋のブドウ、大量の粗糖、ブドウのジュースなどがあった。アミールたちは屋敷と品物を封印し、一つたりとも移動することができないように差し押さえた。

（『諸王朝の知識の旅』II, pp. 478–479）

粗糖の量が具体的に記されていないのは残念であるが、ナシュウの財産にかんする調査は引きつづき徹底して行われた。その結果、現金一万五〇〇〇ディーナールの他に、大量の真珠、エメラルド、水晶、金の十字架、各種の高価な衣服、豚肉、ワインなどが押収され、追いつめられたナシュウは結局その命を絶たれた。いっぽうカイロ市民は、権勢を誇り、私腹を肥やしたコプト・ムスリム高官の逮捕を殊のほかに喜び、笛や太鼓の鳴りもの入りで市中を練り歩いたと伝えられる（マクリーズィー『諸王朝の知識の旅』II, pp. 480–481, 505–506）。(6)

以上は、フスタートに設置された「粗糖の館」をめぐる政治状況であるが、そこから見えてくるのは、この館を管理・運営することによって、権力者が直接に利益を吸い上げようとする姿勢の強さである。そこで次に、ラマダーン月の砂糖やメッカ巡礼での甘菓子の授与など、社会慣行を利用した間接的な権威の誇示について述べてみることにしたい。

2　ラマダーン月の砂糖

断食と甘菓子

預言者ムハンマドは、メディナへのヒジュラ直後、ユダヤ教徒の習慣にならってムハッラム月（第一月）の十日目を断食の日と定めたが、バドルの戦い（六二四年）でメッカ軍に勝利をおさめると、ラマダーン月（第九月）の三〇日間を断食の月とした。クルアーンには次のように記されている。

ラマダーン Ramaḍān 月は、人類の導きとして、また導きの徴《しるし》および善悪を識別するものとして、クルアーンが下された月である。したがって、そなたたちのうち家にいる者は、この月の間、断食（サウム ṣawm）しなければならない。ただし、そのときに病気であったり、旅の途次にあった場合には、別の機会に同じ日数だけ〔断食すればよい〕。……断食の夜、そなたたちは妻と交わることが許される。……また、黎明の光がさしそめ、白糸と黒糸の区別がはっきりするまでは、食べてもいいし、飲んでもいい。ただし、その後は日暮れまで断食を全うしなさい。

(『クルアーン』二章一八五―一八七節)

ここでは「ラマダーン月は、クルアーンが下された月である」とされているが、ハディース(ムハンマドの言行を伝える伝承)によれば、最初の啓示がムハンマドに下った「定めの夜(ライラト・アルカドル)」は、月末の十日間のうちの奇数日とされている。これらのうち、もっとも可能性が高いと信じられてきたのが、ラマダーン月の二七日の夜であった。このような聖なる伝承にもとづいて、やがてラマダーン月の断食は、五行(①信仰告白、②礼拝、③喜捨、④断食、⑤巡礼)のひとつに数えられるようになった。子供、病人、身体虚弱者、妊婦、授乳中の婦人、旅人、戦場にいる兵士などは除外されるが、それ以外の者は、日の出から日没まで、いっさいの飲食を禁じられ、喫煙や性交、さらにはつばを飲み込むことも許されない。三〇日の間、日中の十二時間前後にわたって飲食を断つことは、相当に体力を消耗させる。とくにラマダーン月が夏に巡ってきたときには、断食は苦行となり、体力の消耗も著しいものとなる。そのためイスラーム世界では、断食によって消耗した体力をすばやく回復させるために、日没後に砂糖の甘味料をとることが古くから習慣となってきたのである(7)。

「プロローグ」で紹介したように、『千夜一夜物語』には、アッバース朝時代の詩人イブラーヒーム・アンナッザームが賢い女奴隷タワッドゥドと交わした問答のなかで、「ラマダーン月のうち、日が暮れて食む甘蔗(砂糖きび)」の話が登場する。アッバース朝時代のイラクではすでに砂糖生産は始まっていたが、庶民の間ではまだ砂糖きびをかじることが一般的だったのであろう。いずれにしても、これはラマダーン月と甘味料との関係を示すもっとも古い物語のひとつであろうと思われる。また、イブン・アルジャザリー（一三三八年没）の年代記には、

> 六九三（一二九四）年、ダマスクスでは、ラマダーン月になると、ヒスバ長官に就任したイブン・アッサルウースが夜間に騎馬で市中を巡回した。それはこの月にクナーファ（糸状練り菓子）、カターイフ（砂糖と蜂蜜をからめたドーナツ）、ハラーワ（甘菓子）などをつくる者がいたからである。彼は市場の商人たち（バーア bāʻa）を監督し、生活の苦しい庶民（ムタアイイシューン mutaʻayyishūn）を保護して、人々の秤を正した。
> （『時代の出来事の歴史』I, p. 212）

と記されている。この記事は、マムルーク朝治下のダマスクスでも、ラマダーン月になるとクナーファやカターイフなどの甘菓子をつくる習慣があったことを示している。

現代のマグリブ地方では、夕方、日が沈むと、合図を待って皆いっせいにイフタール ifṭār と呼ばれる食事をとる。最初に、スープ（ショルバ）、ナツメヤシの実（タムル）、ミルクなどで腹をならしてから少しずつメインの食事をする。夜十時頃、各種の甘菓子を食べ、紅茶やコーヒーを飲んだ後、夜明け前にはサフール saḥūr と呼ばれる食事、つまりクスクスやヨーグルト・パン・ゆで卵・干し肉料理などをとって日の出に備えることになる。(8) エジプトでも、預言者の慣行（スンナ）にしたがって、まず甘いナツメヤシの実を口にし、ジュースを飲み、それからごちそうに手をのばすのがイフタールの習わしであるとされている。(9)

同じく現代のエジプトでは、「ラマダーン月の甘菓子（ハルワヤート）」として、細い麵状の生地を重ね、砂糖・バター・蜂蜜をまぶして焼いたクナーファ、砂糖と蜂蜜をからめて揚げた三角形のカタ

ーイフ、ドーナツ状の生地を揚げ、砂糖あるいは蜂蜜をまぶしたルクマ・アルカーディーなどがよく知られている。またチュニジアでは、リング状にまるめた生地を揚げ、蜂蜜と砂糖をまぶしたデブラ、ナツメヤシの実の包み揚げを砂糖のシロップにつけたマクルード、アーモンドとピスタチオの粉に砂糖を加え、三角形に包んで揚げたサムサなどが、ラマダーン月に固有な甘菓子としてとくに名高い。一九九〇年三月、私が上海のモスクを訪れたときに頂いたラマダーン月のお菓子（油香）は、小さなあんぱんを揚げたような円形状の甘味であった。このようにラマダーン月には、地方の歴史と伝統を生かしてさまざまな種類の甘菓子がつくられ、その慣行は現代にまで及んでいるのである。

砂糖賜与の慣行

さて、ファーティマ朝時代のエジプトに話を戻すと、カリフ・ザーヒル（在位一〇二一―三六年）治下の一〇二四年、ラマダーン月末の金曜日に、砂糖でつくった一五二の人形と七つの大きな砂糖宮殿で飾り付けた宴席（スィマート）の模型が、カイロ市中をにぎやかに巡回したことは第三章ですでに述べた。さらに、一〇四七年にカイロを訪れたイランの詩人ナースィル・ホスロー（一〇〇三―六一年）は、ペルシア語の『旅行記』*Safar Nāma* のなかで次のように記している。

ラマダーン月にスルタン（ファーティマ朝カリフ）が臣下に下賜する砂糖（シャカル）は、五万マン（約四万一六五〇キログラム）に達したといわれる。実際、私は一〇〇〇もの枝や葉や果物がすべて砂糖でできているシトロンの木（トゥランジュ）を見たことがある。

（『旅行記』p. 79）

ナースィル・ホスローがカイロを訪れた一〇四七年は、やがて「七年の大飢饉」（一〇六五―七一年）に見舞われることになるカリフ・ムスタンスィル(在位一〇三六―九四年)の治世はじめの時期に当たっていた。ムスタンスィルは、前代のザーヒルと同様に、カリフの権力を誇示するためにラマダーン月になると臣下に砂糖を賜り、大量の砂糖を使ってシトロンの木をつくらせたのであろう。

ラマダーン月に砂糖を賜る慣行は、ファーティマ朝から次のアイユーブ朝・マムルーク朝へと受け継がれていった。この慣行について、マクリーズィーは次のように伝えている。

〔スルタン〕ナースィル・ムハンマド・ブン・カラーウーンの時代〔十四世紀前半〕には、毎年ラマダーン月にスルタンが〔アミールやスルタン子飼いのマムルーク、あるいは政府高官に対して〕賜与する砂糖の手当(ラーティブ・アッスッカル)は一〇〇〇キンタール〔・ジャルウィー。約九万六七〇〇キログラム〕に達した。次に〔スルタン・サーリフ・イスマーイール(在位一三四二―四五年)〕治下の七四五〔一三四四/四五〕年になると、三〇〇〇キンタール〔・ジャルウィー。約二九万キログラム〕へと増大した。これは銀貨で六〇万ディルハム、エジプト金貨では三万ディーナールに相当する。

(『エジプト誌』II, p.231)

ラマダーン月に賜与される砂糖は「ラーティブ・アッスッカル」と表現されているが、ラーティブとはスルタンから騎士や官僚に与えられる「現物の手当」を意味していた。マムルーク騎士の主要な財源はイクター収入であったが、さまざまな機会にイクター収入を補うための現金や現物がスルタンから与えられた。D・アヤロンによれば、スルタンに直属するマムルーク騎士には、月給(ジャーマキーヤ)、遠征の開始やスルタン即位時の臨時手当(ナファカ)、半年あるいは一年毎の衣服(キスワ)、毎日の肉(ラフム)などが与えられた(10)。ラマダーン月の砂糖も、このような手当のひとつに組み込まれるようになっていたのである。しかし十四世紀半ばのスルタン・サーリフ・イスマーイールの時代になると、政府の経済状態は完全に行き詰まってしまった。同じマクリーズィーは、年代記のなかで以下のように記している。

〔七四五(一三四四/四五)年〕ラマダーン月になると、すべての面で国家(ダウラ)の機能は停滞した。宰相(ワズィール)は、政府関係の働き手(ムアーミル)に対する肉の支給、マムルークたちへの月給の支払い、またラマダーン月の慣行となっている砂糖の賜与を行うことができなくなった。ナースィル・ムハンマド時代に賜与された砂糖は一〇〇〇キンタールであったが、この年のラマダーン月には三〇〇〇キンタール以上に達した。しかし諸手当の増大によって、国庫(バイト・アルマール)は底をつき、また前年に起きた砂糖きびの被害によって、砂糖を手に入れることは不可能になった。そこでアミール、マムルーク、官僚の俸給削減が命じられ、砂糖はスルタンの後宮にいる女性だけに与えられた。(『諸王朝の知識の旅』II, p. 671)

マムルークを大量に購入することや諸手当の増大によって、すでにスルタン・ナースィルの時代から国家財政は破綻の様相を見せはじめていた。A・レバノーニーは、マクリーズィーらマムルーク朝後期の歴史家は「ナースィルの治世」を理想化するあまり、ナースィル時代の厳しい現実を見極めることができなかったのだと指摘している[11]。前述のように、それから二年後の一三四七年には、シリア・エジプト社会にペスト(ターウーン)が蔓延し、多くの職工や労働者が死亡したことによって、製糖業や織物業はさらに大きな打撃を被ったのである[12]。

3　宴席と慈善の品

宴席（スィマート）の砂糖菓子

一三三二年、マムルーク朝の首都カイロでは、スルタン・ナースィルの息子ムハンマドとアミール・バクタムルの娘との「愚かな結婚披露宴（ウルス・アヌワク）」が行われた。イブン・アルジャザリーの年代記によれば、この披露宴のために二万頭以上の馬、ラクダ、牛、羊、ガチョウ、鶏が屠られ、三〇三〇本のロウソクが灯され、一万八〇〇〇キンタール（約一七四万キログラム）もの砂糖菓子（ハラーワ halāwa）がつくられた（『時代の出来事の歴史』II, pp. 524–525）。「愚かな結婚披露宴」とは、このような矩を踰《こ》えた豪勢なもてなしに対する知識人（ウラマー）の厳しい批判とみることができよう。

いっぽう、一四八六年のダマスクスでは、シャーフィイー派の著名な法学者サイイディー・シャイフ（イブン・カーディー・アジュルーン）の息子ムハンマドと裁判官ザイン・アッディーン＝アブド・アッラフマーンの娘ファーティマとの結婚式が行われた。このときには八頭の羊の丸焼き、砂糖をまぶしたマームーニーヤ māmūniya sukkarīya 菓子、ヨーグルト、パン、飲み物などがお披露目のごちそうであった（イブン・タウク『ダマスクス日記』II, p. 581）。これが贅沢な宴席であったのかどうか、当時の人々のコメントは記されていないが、砂糖生産が下火になった十五世紀末でも、有力なウラマーの結婚披露宴には、依然として名高い砂糖菓子が並べられたことに新鮮な驚きを感じる。

またハディース学者のシャラフ・アッディーン＝ウマルは、七〇二（一三〇三）年に九〇を超える高齢で没したが、その死に先だって、遺族に対し五〇〇ディルハムで砂糖入りのサーブーニーヤ菓子を買い、これを葬儀の参列者に振る舞うよう遺言したと伝えられる。五〇〇ディルハムを並の砂糖で換算すれば、三二〇キログラムあまりとなる。参列者はこれをごちそうになり、故人に弔意を捧げたのだという(アイニー『真珠の首飾り』IV, pp. 289–290)。さらに七二六(一三二六)年のラマダーン月、モスル北方にあるカイファー城の領主サーリフ＝サラーフ・アッディーンがカイロにやってくると、スルタン・ナースィルはサーリフを手厚くもてなし、その地位にふさわしい肉、鶏、砂糖、甘菓子を与えたとされている(マクリーズィー『諸王朝の知識の旅』II, p. 276)。

いっぽう、スルタン・ナースィルは、トルコ人やスラヴ人、あるいはチェルケス人などマムルークの購入に加えて、[13] 軍用となる馬(ハイル)の購入にもきわめて熱心であった。マクリーズィーは次のように伝えている。

> ナースィルの馬に対する強い願望がアラブ遊牧民の間に広まると、彼らはそれぞれの地方からナースィルのもとに馬をもたらすようになった。彼は馬が到着する毎にそれを検分し、一頭につき一万ディルハム、二万ディルハム、三万ディルハムと支払い、さらに持ち主には各種の賜り品を与えた。馬の所有者はスルタンの要求が強まれば、彼が満足するまで馬の供給を増大した。遊牧民が馬の値段を受け取り国へ帰るときには、スルタンは彼とその家族に砂糖(スッカル)に加えてさまざまな衣服を賜ったのである。
>
> (『諸王朝の知識の旅』II, p. 526)

ナースィルは馬とその系譜についての造詣も深かったから、スルタン・カラーウーン(在位一二七九—九〇年)の子息という王家の血統ではあっても、なお「武人のスルタン」としての面影を残していたのであろう。しかしマムルーク購入の場合と同じく、馬の購入に当たっても、金に糸目をつけない買い方をし、さらに砂糖や衣服の賜与にまで及んだことは、マムルーク朝財政の悪化をもたらす有力な原因であったと思われる。

マムルーク騎士は、ポロ（クラ）の競技を通じてアラブ騎士道（フルースィーヤ）を鍛錬することに努めたが、この競技の後にも、しばしば華やかな宴席が設けられた。奴隷商人によってカイロにもたらされた少年のマムルークは、城塞内にある軍事学校に入学し、そこでムスリムとしての教養（アダブ）とアラブ古来の騎士道とを習得することが求められた。二つの課程を整理すれば、以下のようになる。

（一）マムルークたちは、まずクルアーン、アラビア語、イスラーム法（シャリーア）、礼拝や祈禱の方法を教授されたが、これはムスリムとして生きていくうえで欠かすことのできないアダブを身につけるためであった。学校を卒業したマムルークは、やがて公職（ワズィーファ）に就くことになるが、アダブを身につけていなければ、ムスリムたちを差配できないとされていたのである。

（二）教養課程を終えたマムルークは、弓術、槍術、馬術など、イスラーム以前からアラブ社会に受け継がれてきた騎士道を身につけるための基礎訓練を受けた。また一人前の騎士となってからも、ポロの競技を通じてフルースィーヤの修練に努めた。マムルーク朝時代のスルタンは、カイロの城塞下の広場やダマスクスの郊外などにポロの競技場（マイダーン）を建設し、組織的な訓練を行ったと伝えられる(14)。

マクリーズィーと同時代の歴史家イブン・ハジャル＝アルアスカラーニー（一三七二―一四四九年）は、八〇〇（一三九八）年に行われたスルタン・バルクークとアミール・アイタミシュとのポロの試合とその後の宴席の様子を以下のように伝えている。

〔八〇〇年〕ズー・アルヒッジャ（第十二）月十二日〔一三九八年八月二六日〕は、スルタンの厩《うまや》にとって記念すべき重要な日であった。というのは、この日スルタンは軍司令官（アターベク）のアミール・アイタミシュとポロ（クラ）の競技をし、彼を打ち負かしたからである。スルタンは宴席（スィマート simāṭ）を催すために、二万ディルハムの銀貨を取り出し、これをアイタミシュに授与した。宰相のタウヒーと官房長官のヤルブガーに準備が命じられ、彼らは競技場にテントを張りめぐらした。このとき準備されたのは、二万ラトル〔九〇〇〇キログラム〕の肉、二〇〇つがいのガチョウ、一〇〇〇羽の鳥と鶏、二〇頭の馬——三〇頭ともいわれる——それに五〇キンタール〔四八〇〇キログラムあまり〕の砂糖と七〇アルダッブ〔六三〇〇リットル〕の小麦粉を使って甘菓子ブーザ būza がつくられ、〔中略〕また干しブドウからワイン（ナビーズ）もつくられた。スルタンが席につくと、テーブルクロス（スィマート）[15]が地面に敷き延べられ、一般の人々（アーンマ）も料理に手を伸ばした。しかし城塞の下にいたひとりの修行者（ファキール）は、これ〔ワイン付きの料理〕を拒否して非難の叫び声をあげたという。

（『時代の情報提供』II, p. 15）

ポロの競技に勝ったバルクークは、二万ディルハムという大金を下賜して城塞下の競技場に豪華な宴席を準備した。しかし清貧を旨とする神秘主義の修行者は、ワイン付きの豪華な料理に思わず非難の声をあげたものと思われる。この記事でとくに注目されるのは、スルタンが催す宴席に、カイロ市民（アーンマ）も当然のことのように同席していたことである。スルタンの宴席には、アミールたちも出席する義務を負っていたが、これとは別に一般の人々もこの宴席に招いたことは、スルタンの「気前のよさ」を公に示すまたとない機会とみなされたからであろう。

慈善の賜り品

また砂糖や甘菓子は、モスクや神秘主義の修道場、あるいはそこで働く宗教関係者にも慈善の品として与えられた。先にも引用したイブン・アルマームーンの『エジプト史』によれば、ファーティマ朝治下の五一六（一一二二）年、カリフ・アーミルの誕生日が来ると、砂糖・蜂蜜・アーモンド・小麦粉・胡麻油でつくった五〇〇ラトル（およそ四八四キログラム）の甘菓子が、モスクの指導者（ムタサッディル）、クルアーン読み（カーリゥ）、あるいは神秘主義の修行者（ファキール）たちに配られた（『エジプト史』pp. 35–36）。翌年にも、ラジャブ月（第七月）はじめからラマダーン月（第九月）末にかけて、毎回、一キンタール（九六・七キログラム）の砂糖、二ミスカール（九・四グラム）の麝香、二ディーナール（約八グラム）の（バターとオリーヴ油を混ぜた）ムゥナを用いた二種の甘菓子、つまりフシュカナーニジュとバサンドゥードがつくられ、かがり火をたく夜（各モスク計四回）に、カイロのアズハル・モスク、アクマル・モスク、アヌワル・モスク、フスタートにあるイブン・トゥールーン・モスクとアムル・モスク、それにカラーファ・モスクに対して下賜された（『エジプト史』p. 63）。カイロ造営のときに建設されたアズハル・モスク（九七〇年完成）やエジプト最古のアムル・モスク（六四一年完成）など、これら六つのモスクは、カイロとフスタートではいずれも由緒あるモスクとして知られていた。

サラーフ・アッディーンの甥にあたるアイユーブ朝のスルタン・カーミル（在位一二一八―三八年）は、

一二二九年二月、神聖ローマ皇帝でありシチリア王を兼務するフリードリヒ二世と協定を取り交わし、サラーフ・アッディーンが苦労して奪回した聖地エルサレムをいとも簡単に十字軍側へ譲り渡した。これは、イスラーム世界を驚愕させるに十分な事件であったが、十年後の一二三九年には、カラクの城主ダーウードの反撃によって聖地はふたたびムスリム側に取り戻された。(16) このカーミルが、フリードリヒと協定を結ぶ二年前の一二二七年、「全国のすべての学院(マドラサ)、神秘主義の修道場(リバート、ハーンカー)を対象にして、宴席を設け、各法学者(ファキーフ)にパン、肉、甘菓子、砂糖をふるまった」と伝えられる(イブン・アイバク『あこがれの真珠』p. 283)。一二二七年は、カーミルの最大のライバルであったシリアの君主、ムアッザム・イーサーが没した年であるが、この事件が宗教関係者に対する甘菓子や砂糖の下賜と直接に関係していたとは思われない。サラーフ・アッディーンの主、ヌール・アッディーンがダマスクスに壮麗な修道場を営み、神秘主義者を厚く保護したように(イブン・ジュバイル『旅行記』pp. 279–281)、この時代には、敬虔な君主にとって学者や神秘主義者を保護することは、いわば当然の行為となっていたのであろう。

マムルーク朝時代の例をあげれば、一四〇八年に、スルタンの官房長(ウスターダール)を務めていたジャマール・アッディーン＝ユースフが、カイロ旧市街に自らの学院(マドラサ)を完成した。イブン・ハジャルは、この学院が開講した当時の様子を以下のように伝えている。

この年(八一一年)のラジャブ月三日(一四〇八年十一月二二日)、〔アミール〕ジャマール・アッディーン＝ユースフ＝アルビーリーがカイロのイード門広場に自らの学院(マドラサ)を完成した。彼は四人の法学派教授(ムダッリス)、およびクルアーンの解釈学(タフスィール)と伝承学(ハディース）の教授を任命した。そして授業の最初の日になると、ジャマール・アッディーンは「途方もない宴席（スィマート・ハーイル）」を設け、大鉢を精製糖（スッカル・ムカッラル）で満たした。その後、各教授の講義は、毎日一人ずつ行われ、講義が終わると講師には名誉のローブ（ヒルア）が授けられた。

（『時代の情報提供』II, p.399）

「四人の法学派教授」とは、もちろん四正統法学派（シャーフィイー派、ハナフィー派、ハンバル派、マーリク派）に属する教授たちを意味している。またヒルアとは、カリフやスルタン、あるいはアミールから下位の者に対して与えられるローブのことである。とくにカイロのアッバース朝カリフが下賜するヒルアは、「アッバース朝王家の色」を表す黒色で、しかも絹製のものと定められていた。[17] これより先の一三五六年には、アミール・サルギトミシュ（一三五八年没）もイブン・トゥールーン・モスクに隣接してサルギトミシュ学院を開設した。[18] 完成後、このマドラサを訪れたサルギトミシュは、そこで「豪勢な宴席（スィマート・ジャリール）」を設けたとされるが（マクリーズィー『諸王朝の知識の旅』III, p.28）、この宴席には、ジャマール・アッディーン学院の場合と同様に、おそらく大量の砂糖、あるいは砂糖菓子が準備されたのであろう。

4　スルタンのメッカ巡礼と砂糖

メッカ巡礼の保護――アミール・アルハーッジュ

本書にしばしば登場する歴史家マクリーズィーは、八三四年ジュマーダー一月（一四三一年一月）、六八歳の頃に、メッカ巡礼を志してカイロを出発した。自らの記すところによれば、家族を含む一行はラクダ約一五〇〇頭で編成されたキャラバン(ラクブ)に加わり、ジェッダ(メッカ西方の港町)総督のサドル・アッディーン゠イブラーヒームがこれを統率した。カイロ北東の集結地ビルカト・アルハーッジュ(「巡礼の泉」の意味)を出ると、途中で水不足のために、早くも一〇〇〇人ほどの男女が倒れているのを発見した。出発してから四〇日あまり、一〇〇ディーナールで和約(スルフ)が結ばれていたにもかかわらず、アラブ遊牧民のズバイド族による襲撃があり、およそ一〇〇騎の護衛隊と遊牧民との戦闘によって、巡礼者側に二人、ズバイド族側に約十人の死者が出た。改めて一〇〇〇ディーナールを超える金額で和約が結ばれたが、マクリーズィーたちは、また遊牧民の襲撃があるのではないかと恐れながら夜を明かしたという。なお、遊牧民に支払う余分の金額は、巡礼者たちから持参金の額に応じて徴収された。こうしてカイロを出発してから四六日後のジュマーダー二月二八日(三月十三日)に聖地メッカに到着した。巡礼の行事を済ませ、帰路は「巡礼のアミール(アミール・アルハーッジュ amīr al-ḥājj)」に任じられたカラースンクルに守られて無事カイロにたどり着いた。しかしマクリーズィーは、このアミールについて、喉の渇きに苦しむ巡礼者に対してむごい扱いをしたと非難する言葉を残している。カイロ帰還は、翌八三五年のムハッラム月二三日(十月一日)、二〇〇日あまりに及ぶ長い巡礼の旅であった(『諸王朝の知識の旅』IV, pp. 854–855, 858, 863)[19]。

このように当時のメッカ巡礼は命がけの行事であったが、それだけにカリフやスルタンには、メッカ巡礼の行事を安全に行うことができるような環境を整えることが義務づけられた。マクリーズィーが記している「巡礼のアミール」の任命もそのひとつである。巡礼者たちは、遊牧民の襲撃から身を守るために大規模なキャラバンを編成したが、それを護衛する軍団を指揮したのが「巡礼のアミール」であった。中央アジアやイラン・イラクからの巡礼者は、イラク中部の町クーファに集結し、ここからアラビア半島を渡ってメッカ・メディナをめざした。またアナトリア半島やシリアからの巡礼者は古都ダマスクスに集結し、そこから一路南下してメッカに向かった。いっぽう、マグリブ・アンダルシアやアフリカ大陸内部からの巡礼者は、いったんカイロに集結して旅装を調え、それからシナイ半島を渡ってヒジャーズ地方を南下するルートをとった。[20]

以上の主要な三ルートについて、いつから「巡礼のアミール」が任命されるようになったのか、正確なことはまだ明らかにされていない。手元の史料によれば、もっとも早い事例はカイロ・ルートの九七八年であり、ファーティマ朝のカリフ、アズィーズ(在位九七五―九九六年)によって、アミール・バーディースが「巡礼のアミール」に任じられた(スユーティー『講義の魅力』II, pp. 280–281)。シリア・ルートでは、一一八七年、サラーフ・アッディーンがエルサレムを奪回した年に、アミール・タシュティキーンがはじめて「巡礼のアミール」に抜擢された(イスファハーニー『確固たる勝利』pp. 188–189)。東方のクーファ・ルートについては、セルジューク朝治下の一一五七年に、トルコ人アミールのカイマーズが巡礼のアミールに任じられたが、おそらくこれが最初の事例であったと思われる(イブン・アルジャウズィー『歴史の秩序』X, p. 170)。

一般に軍司令官としてのアミールの位は複数年からさらに終身にわたって継続されたが、巡礼のアミールの場合には、名誉職として一年毎に新しく任命されたことが特徴である。[21]しかもマムルーク朝時代になると、百人長など最高位のアミールがこの職に任ぜられることもしばしばであった。巡礼のアミールは、巡礼者のための物資の調達、キャラバンの編成、同行する商人の保護、飲料水の分配、病人や貧者への対処、あるいは窃盗者や傷害事件の加害者の処罰など、巡礼行事の実行に当たっては、スルタンから問題処理の全権を委任されていた。(22) しかし、それにもかかわらず、現実にはマクリーズィーも指摘していたように、巡礼のアミールが巡礼者たちに対して公正に対処することができず、さまざまな不満が生じることも少なからずあったのである。

マフミルとキスワ

バスラの人ハリーリー(一〇五四―一一二二年)が著した説話集『マカーマート』を見ると、その挿絵のひとつに彩色でメッカ巡礼団が描かれている。馬上の「巡礼のアミール」に先導されたラクダ隊には、太鼓をたたく者、ラッパを吹く者、旗を持つ者たちが乗り、その後をきらびやかな輿(マフミル)をのせたラクダが続いた。これが、アミールに率いられた「巡礼の輿(マフミル・アルハーッジュ mahmil al-hajj)」の一行であるが、この挿絵は、一二三七年、モンゴル軍がバグダードを征服する少し前に描かれたものと推定されている。マムルーク朝時代やオスマン朝時代のマフミルには、クルアーンやカァバ神殿にかける布(キスワ kiswa)が納められていたとする説もある。しかし通常は、マフミルの表面にバスマラ(「慈悲深く、慈愛あまねき神の御名において」を表すアラビア語)と奉納者であるスルタンの名前だけが記され、そのなかには何も納められていなかったと考えるのが正しいようである。(23)

マムルーク朝時代の百科全書家カルカシャンディー(一三五五―一四一八年)によれば、メッカへの出発に先立ってカイロでは二回の「マフミルの巡回(dawarān al-maḥmil)」が行われた。一回目はラジャブ月の半ばすぎに実施され、四人の裁判官(カーディー)、市場監督官(ムフタスィブ)、キスワの管理者などを先頭に、北のナスル門からズワイラ門を抜け、山の城塞まで行進した後、さらにフスタートへ行列を進めてから戻ってきた。この巡回の後で、「巡礼のアミール」と巡礼団に同行する裁判官(カーディー・アルラクブ)の人事が発表され、それぞれの任命式が行われた。二回目の巡回は、巡礼に出発する直前のシャッワール月に実施され、一回目と同じように編成された行列は城塞まで行ってから、すぐナスル門へと引き返し、そのままカイロ北郊のライダーニーヤへ向けて出発したとされている(『黎明』IV, pp. 57–58)。マフミルの巡回はカイロ市民にとっては殊のほか楽しみな行事であり、この日が近づくと、女性たちも、前日から道筋の店先に陣取り、男たちに交じって夜を明かしたという。[24]

マムルーク朝のスルタンが派遣する巡礼団は、マフミルの他にカァバ神殿にかける絹製の布(キスワ)も運んだが、キスワの奉納もエジプトのスルタンが保持する特権であった。キスワには、信仰告白(シャハーダ)の文句がアラビア語で刺繍され、毎年、新しいものと交換する習慣となっていた。古いキスワは小さく切り刻んで、その年の巡礼者にカァバ参詣の記念として売り渡されたとされている。[25]キスワの奉納は、マムルーク朝の初代女性スルタン、シャジャル・アッドゥッル(在位一二五〇年五―七月)以来の伝統であるとされてきたが、エジプトのスルタンにもやがて対抗者が現れた。ティムールの息子シャー・ルフ(在位一四〇九―四七年)は、再三にわたってカイロに使節を送り、サマルカンドからのキスワの奉納を認めるように求めてきたのである。しかし一四三四年、スルタン・バルスバーイ(在位一四二二―三八年)は、四法学派の主席カーディーの意見を聞いたうえで、シャー・ルフの使節タージュ・アッディーン＝アリーに対して次のように回答した。

慣行（アーダ）によって、エジプトの王以外はキスワを贈ることができないことになっております。しかもこの慣行は、どこの国においてもすでに法（シャルゥ）として認められているのです。

（マクリーズィー『諸王朝の知識の旅』IV, p. 932）

この回答を受け取ったシャー・ルフは、これ以後もキスワ奉納の権利を要求しつづけたが、結局、最後までこの慣行を崩すことはできなかった。そしてマムルーク朝の崩壊後は、このキスワ奉納の権利は、新しくイスラーム世界の覇者となったオスマン帝国のスルタンへと受け継がれていくことになる。いずれにせよイスラーム世界をとりまく国際関係のなかで、どの君主がキスワを奉納することができるかは、政権の正統性にかかわる重要な問題でありつづけたといえよう(26)。

スルタンのメッカ巡礼

歴代のカリフやスルタンの多くは、一信仰者としてメッカ巡礼を果たしたが、巡礼の実行が政治的な意味を帯びることも少なくなかった。たとえばカリフ、ハールーン・アッラシードは、八〇三年、メッカ巡礼から戻ると、バルマク家の宰相（ワズィール）のヤフヤーを投獄し、その息子ジャーファルを殺害して、その首をティグリス川にかかる舟橋のたもとにさらす処置をとった（タバリー『使徒たちと諸王の歴史』II, p. 667f.）。これはカリフの気まぐれな処刑ではなく、メッカ巡礼を機に、バルマク家の権勢を排除し、自らの意思にもとづく「親政」を開始しようとする決意の表明であったと思われる。マムルーク朝のスルタン・バイバルスも、一二六九年、メッカに巡礼して、自らの手でカァバ神殿をバラ水で洗い清め、神殿にキスワを掛けたという（マクリーズィー『諸王朝の知識の旅』I, pp. 580–581）。バイバルスは、一二六一年にアッバース家のカリフをカイロに擁立し、イスラームの擁護者たることを内外に宣言したが、さらにメッカ巡礼の実行によって、両聖都（メッカ・メディナ）に対するマムルーク朝スルタンの宗教的な覇権を確立することができた[27]。

同じくマムルーク朝のスルタン・ナースィルは、一三一三年、一三二〇年、一三三二年の三回にわたってメッカ巡礼を行ったが、くわしい準備の様子が分かるのは二回目の七一九（一三二〇）年のハッジュである。このときおよそ三五歳のナースィルは、巡礼を決意すると、アレクサンドリアの工房に人を遣わし、カァバ神殿に奉納するための刺繡入りキスワの制作を指示した。さらに担当のアミールによって、各種の糧食や必要物資の調達、さらにはニラ、コリアンダー、ハッカなど道中での野菜や香料の栽培も計画された[28]。またラクダに積んでいく物資には、甘菓子（ハルワー）、砂糖入りの壺（スッカルダーン）、果物、それに一八〇荷のザクロの実、アーモンドなどが含まれていた。伝えられるところによれば、聖地メッカへの到着を心待ちにしていたナースィルは、ラクダに乗ってカァバ神殿を回るのを拒み[29]、一般の信者に交じって徒歩でタワーフ（カァバ神殿を七回まわる行事）を行ったという。このようなナースィルの態度から考えれば、準備した砂糖や砂糖菓子は、あくまでもスルタン一行の消耗品であって、気前のよい施し用の品ではなかったように思われる（マクリーズィー『諸王朝の知識の旅』II, pp. 195–197）[30]。

ところが自らの権威を誇示するために、豪勢な支度を調えてメッカ巡礼に赴くスルタンもあった。ナースィルの孫アシュラフ・シャーバーン（在位一三六三―七七年）が一三七七年に行ったメッカ巡礼を取り上げてみよう。マクリーズィーは次のように述べる。

〔スルタンが準備した〕食料や飲み物は、とても計算できないほどであった。そのなかには三万箱（ウルバ）の甘菓子（ハルワー）があり、一箱の重さは五ラトル〔約四・八キログラム〕で、合計では十八万〔正しくは十五万〕ラトル〔十七万四〇六〇（十四万五〇五〇）キログラム〕であった。そのすべてが純粋な砂糖でつくられ、一〇〇ミスカール〔四六八グラム〕の麝香（ムスク）、白檀（サンダル）、カヤツリグサ（ウード）で香り付けされていた。アミールたちもこれと同じ甘菓子をつくり、一般の兵士（ジュンド）や貴顕の人々（アーヤーン）もこの種の甘菓子を数えきれないほどつくったのである。

（『諸王朝の知識の旅』III, p. 273）

三万箱の甘菓子は、スルタンが巡礼者に下賜する品であり、これによってスルタンの敬虔さと気前のよさとを公に示すことが目的であった。しかし人々は、この行為を「メッカ巡礼に不釣り合いな贅沢」として嫌悪感をあらわにし、マクリーズィーも「これによって国家の幸運（サアーダト・アッダウラ）は失われた」と批判している（『諸王朝の知識の旅』III, p. 273）。そして、このような民意に呼応するかのように、スルタンの留守をねらってアミールたちによる謀反の計画が進められた。これを知ったスルタン・シャーバーンは巡礼を中止して急遽カイロへ戻ったが、結局、マムルーク騎士の手にかかって殺害された。このときシャーバーンは弱冠二四歳、十四年と二カ月の統治であった。

以上のように、歴代のカリフやスルタンは、毎年ラマダーン月がくると臣下に大量の砂糖を下賜し、また機会をとらえてはウラマーやスーフィーの修行者たちに甘菓子をふるまってきた。スルタンが催す宴席では砂糖がふんだんに使われ、さらにメッカ巡礼を行うスルタンのなかには豪華な砂糖菓子の贈り物を準備する者もあった。砂糖菓子でつくった宮殿や人形がカイロ市中を巡回すれば、人々はこれに熱中して見物したが、権力者による並外れた砂糖の消費には眉をひそめる批判者も少なくなかったのである。

第７章　食生活の変容

1
カリフ宮廷の食事
――バグダードの料理書から――

砂糖生産の増大によって、イスラーム社会の食生活はどのように変化したのだろうか。この章では、同時代のアラビア語史料にもとづいて食生活の変化を具体的に明らかにしてみることにしたい。まずアッバース朝時代におけるカリフ宮廷の食事について考えてみることにしよう。主な史料は十世紀以降に書かれた料理書と薬膳書である。料理書と薬膳書は必ずしも明確には区別できないが、とりあえず「料理（タビーフ tabīkh）の書」と「薬膳（ギザー ghidhā'）の書」とを分けて考えておくことにしたい。以下では、二つの書物から十種の料理を選んでそのレシピを訳出するが、この通りにすれば、本当にアラブ風の料理ができるものかどうか、実際に試していただければ幸いである。

アッバース朝カリフの宮廷

ところで、十世紀前後のアッバース朝カリフの宮廷は、いったいどんな状況だったのだろうか。本論へ入る前に、まずこの点の概略を記しておくことにしたい。バグダードの円城は、七六六年、アッバース朝の第二代カリフ・マンスールによって、ティグリス川西岸に建設された。正式な名称を「平安の都(マディーナト・アッサラーム)」という。円城の中心にはカリフの住む黄金門宮(カスル・バーブ・アッザハブ)が位置し、この宮殿は権威を象徴する緑の巨大なドームによって覆われていた。しかし第五代カリフ、ハールーン・アッラシードは、円城外のティグリス河畔にフルド宮を建ててここに移り住んだ。またこの頃になると、バグダードの市街地はティグリス川の西岸から東岸にも拡大し、にぎやかなシャムマースィーヤ地区やルサーファ地区が形成された。カリフ・ムータディド(在位八九二—九〇二年)は、東岸の南部に新しい宮殿を営み、やがてこの地区は「カリフの宮廷(ダール・アルフィラーハ)」と呼ばれるようになった。しかし十—十一世紀を迎えて、バグダードの市街地には、第三章で述べたように任侠・無頼の徒(アイヤールーン)が出没し、カリフや富裕者の館を襲って、略奪や放火や殺人などを繰り返した。しかも九四六年には、シーア派を奉ずるブワイフ朝の軍事政権がバグダードに入城し、スンナ派のカリフをその保護下におくという異常な事態が生じたのである。(1)

このようにカリフ権がしだいに衰退し、宮廷の華やかさも失われはじめた時期に登場したのが、ここで取り上げる官僚のヒラール・アッサービー(九七〇—一〇五六年)である。彼は科学者、書記の名家であるバグダードのサービー家に生まれ、星辰を崇拝するサービア教徒であったが、(2)四〇歳を超える頃にイスラームに改宗した。ブワイフ朝君主あるいはカリフの宮廷にあって書記官を務め、晩年を迎えてからカリフ・アルカーイム(在位一〇三一—七五年)のために『カリフ宮廷のしきたり』*Rusūm Dār al-Khilāfa* を著した。ここでは、谷口淳一・清水和裕の監訳書にもとづいて、カリフ宮廷の概要をまとめてみることにしたい。この書でヒラールが取り上げているテーマは、宮廷の様子、宰相(ワズィール)・アミール・侍従(ハージブ)の職務と作法、カリフの謁見と着衣、任命式や宴会での賜衣、文書のしきたり、尊称(ラカブ)の授与、礼拝時の太鼓などである。

まず宮廷(ダール・アルフィラーハ)の様子についていえば、十一世紀半ば頃の著者の時代には、カリフ位をめぐる騒乱や火災によって、宮殿、邸宅、住居が数多く破壊されたために、宮廷の敷地はかなり小さくなってしまった。これ以前のカリフ・ムクタフィー(在位九〇二—九〇八年)の時代には、宮廷には二万人の宮廷グラーム(小姓)、一万人の黒人およびスラヴ人の宦官(ハーディム)がおり、彼らのために四〇〇〇軒もの浴場が準備されていた。また、三〇六(九一八/九)年の予算表によれば、国庫収入の年総額が一四八二万九八三四ディーナールであったのに対して、カリフ専用の厨房(マタービフ・ハーッサ)およびトルコ人兵士用の厨房経費、宮廷外でのその他の経費は年額五二万八八四〇ディーナールと定められていた(『カリフ宮廷のしきたり』pp. 8–10, 22)。

宰相やアミールがカリフにお目見えしたとき、かつては「汝、信徒の長に平安があらんことを、神の慈悲と加護があらんことを」と述べるのがしきたりであったが、現在はカリフの前にひれ伏し、床に接吻をする儀礼に変更されている。カリフの前では、誰かに耳打ちしたり、手や目で合図をしないように注意しなければならない。また、カリフが話すことには十分耳を傾けて、彼が命じたことや述べた言葉を再確認する必要がないようにすべきである(同 pp. 30, 33)。いっぽう、謁見に現れたカリフの前には、ウスマーンのクルアーン[3]が置かれ、肩には〔預言者が着用していた〕マントがかけられる。彼は手に〔預言者が用いた〕杖（カディーブ）をもち、また神の使徒の剣を帯び[4]、黒い衣装を身にまとって頭にルサーファ風ターバンを被る〔同 p. 81〕。カリフが催す宴会（ムナーダマ）では、招待客に対して金をあしらった絹織物のターバン、薄手の衣（ギラーラ）、裏地のついた衣、ダビーク織[5]の前開きガウン（ドゥッラー）などが賜り品として与えられた〔同 p. 94〕。

以上が、『カリフ宮廷のしきたり』で述べられている主な作法（アダブ）の概要であるが、残念なことに、カリフ宮廷での食事についてくわしいことは何も記されていない。しかし次に取り上げる二つの料理書によって、私たちはバグダードにおけるカリフの食事内容をきわめて具体的に知ることができるのである。砂糖を用いた料理に焦点を当てながら、アッバース朝時代に書かれた二つの料理書を紹介してみることにしよう。

イブン・サイヤールの『料理の書』

イブン・サイヤール Ibn Sayyār Muẓaffar al-Warrāq は、十世紀の後半にバグダードで活躍したアラブの知識人で、ワッラーク Warrāq とは出版を専門とする書店主を意味していた。その専門を生かして当時の学芸諸般に通じていたが、とくにアッバース朝カリフのためのレシピをまとめたのが『料理の書』 *Kitāb al-Ṭabīkh* である[6]。現在のところ、この書は現存する、アラビア語で書かれた最古の料理書であるとされている。その前書きで、イブン・サイヤールは次のように述べる。

あなた〔カリフ〕は――神があなたに長寿を恵まれますように――私に一書を著し、王（マリク）やカリフあるいは支配者や首長のための料理(タアーム)をまとめて記すように命ぜられた。かくして私は、あなたのために体に有用なもの、有害なものを扱う真摯にして、完全で、しかも優雅な書物を著しました。

(『料理の書』p.1)

この前書きによれば、この書は「王やカリフ」など、アッバース朝宮廷の王侯や貴族のために執筆された「宮廷の料理書」であることを示している。また次のような逸話からも、本書成立の社会背景をうかがい知ることができる。

イブラーヒーム(・イブン・アルマフディー)は、カリフ・アミーン(在位八〇九―八一三年)の下から退出した。そしてビドアという名の女奴隷を呼び出して言った。「ビドアよ、そなたの主である信徒の長(カリフ)は、私にスィクバージュ sikbāj を食べたいと仰せられた。信徒の長が言われるには、いつのことであったか、そなたは先代のカリフ・ラシード様のためにスィクバージュをつくって差し上げた。それを食べたラシード様はたいへん美味しいと感嘆されたそうではないか」。ビドアは答えた。「信徒の長の所望される通りに致します」。そこでイブラーヒームは、厨房長に彼女が必要とする材料をすべて調えるように命じたのであった。

(『料理の書』p.133)

アッバース朝の第三代カリフ・マフディー(在位七七五―七八五年)の子イブラーヒーム(八三九年没)は、料理、音楽、詩など諸芸に通じた才人で、彼が創作した料理はイブラーヒーミーヤ(詳しくは後述)の名で知られていた。バグダードで書店を営んでいたイブン・アンナディーム(九九五年没)によれば、イブラーヒームはアラビア語でおそらく最初の『料理の書』*Kitāb al-Ṭabīkh* を著したが(『目録の書』p.116)、残念なことに現在は散逸して伝わっていない。引用文のなかで話題の中心になっているスィクバージュは、当時のカリフ宮廷や富裕者の間ではもっとも人気のある料理のひとつであり、その材料には羊肉・ナス・イナゴ豆・アーモンド・香辛料・サフラン・酢・砂糖などが用いられた(7)。甘味料として、熟した果物の濃縮ジュース(ディブス)ではなく、新来の高価な砂糖を用いたところが宮廷料理たるゆえんであったろうと思われる。

イブン・サイヤールの『料理の書』は一三二章からなり、全体では二〇〇を超えるレシピが紹介されている。ここでは、いくつかのレシピを取り上げ、カリフ宮廷での食事をかいま見てみることにしよう。翻訳に当たっては、N・ナスラッラーフの新しい英訳も参考にした。

(一) カリフ・アルマームーンのためのサリード Tharid(パンの肉汁浸し)

ヒヨコ豆(ヒンミス)二分の一ラトル〔一五〇グラム〕を、やわらかくなるまで水に浸す。きれいな鍋にさばいた二羽の鶏肉(ファッルージュ)を入れ、亜麻布の袋に三ディルハム〔九グラム〕のクミン(カンムーン)と適量の塩(ミルフ)を加え、これにヒヨコ豆を浸しておいた汁を入れる。次に浸したヒヨコ豆の半分をこの鍋に入れて火にかけ、生ゆでにする。さらにこの鍋に一ラトル〔三〇〇グラム〕のタマネギ(バサル)と古いチーズ(ジュブン)七かけら〔二三グラム〕を加えて煮る。鶏肉とタマネギが煮えてきたら、鍋を火からおろす。パン(フブズ)を小さく切ってボールによそった肉汁(マー・マラク)に浸し、そのまわりに鶏肉とタマネギを並べ、良質のオリーヴ油二分の一ラトルを注いでから供する。このとき、ヒヨコ豆そのものは取り分けないで残しておく〔豆そのものより豆を浸した汁が美味とされた〕。

(『料理の書』p. 162; Nasrallah, pp. 297–298)

（二）魚の詰めもの　Samak Maḥshū

大きな魚（サマク）を選び、腹は割かず、背開きにして頭、ひれ、尾、皮はそのまま一つ身にしておく。次に身の部分をはがしてから、胆のうを捨て、他の内臓はとっておく。他の魚も身をはがし、詰めもの用の皮を十分に整える。骨は捨てる。魚の身を包丁で細かくたたき、塩をふって脳みそほどの粘り気が出るまでさらにたたく。鶏卵を落としてかき混ぜ、砂糖（スッカル）と蜂蜜（アサル）を少量加える。さらにクローヴ（カランフル）、シナモン（ダール・スィーニー）、胡椒（フィルフィル）、クミン（カンムーン）、ヒメウイキョウ（カラウヤー）を適量入れ、油と酢を加える。さらにコリアンダー（クズバラ）、アーモンド（ラウズ）、胡麻（スィムスィム）をつぶして混ぜる。これらを一緒にして頭、ひれ、尾のついた魚の皮に入れ、ぎっしりと詰める。この魚に葦のひごを添え、糸で二、三カ所をしばる。炉の底に平らなレンガをしき、その上に魚をおいて、ゆっくりと焼きあげる。

（『料理の書』p. 78; Nasrallah, p. 176）

（三）カリフ・ムータディドのためのジューザーバ　Jūdhāba

できるだけ純粋な粗挽きパン（ラギーフ）一ラトル〔三〇〇グラム〕を選び、一口大に切ってボウルに入れ一時間ほど水に浸す。膨れてきたらジューザーバの形〔プディング（プリン）のような形か〕をつくり、一ラトルの蜂蜜（アサル）と二ラトルの氷砂糖（スッカル・タバルザド）を上にかける。さらに一ラトルの水をひたひたになるまで加える。次に香料とサフランをふりかけ、その上に脂ののった鶏肉（ダジャージャ）をのせて〔焼きあげる〕。

（『料理の書』p. 236; Nasrallah, p. 374）

（四）イブン・アルマフディー（イブラーヒーム）のハリーサ Harīsa

羊の胃（キルシャ）を洗ってから蒸し、細かく切ってさらに洗浄する。肉をたたくように棒でたたいてから、できるだけ細く裂く。これを鍋に入れて新鮮な牛乳（ラバン・ハリーブ）を張り、さらにシナモン（ダール・スィーニー）、クコ（ハウランジャーン）、鶏の脂（シャフム・ダジャージュ）を入れ、碾《ひ》いた米（アルッズ）を加えて〔火にかけ〕固まるまでかきまぜる。次に塩と油で炒めた腎臓（クルヤ）をこれに混ぜ、盛り皿によそってからシナモンの粉をふりかける。

（『料理の書』p. 139; Nasrallah, p. 257）

（五）ハールーン・アッラシードのためのカターイフ Qaṭāʾif

熟した青クルミ（ジャウズ・アフダル）を用意し、薄皮をむく。ナツメヤシの実と同じようにナイフで実を刻み、同量の氷砂糖（タバルザド）を細かく砕いて混ぜ合わせる。この上にジュール産のバラ水（マー・ワルド）をふりかけ、アーモンドの油と混ぜてカターイフ（ドーナツ状の甘菓子）をつくる。一つを一口程度の大きさに取り分け、これを銀杯に盛ってから、新しいアーモンドの油をかけ、その上に細かい白砂糖（スッカル・アブヤド）をふりかける。氷を入れたボウルに銀杯をおいて供する。

（『料理の書』p. 274; Nasrallah, pp. 422–423）

（一）（三）（五）は、ハールーン・アッラシード（在位七八六―八〇九年）、マームーン（在位八一三―八三三年）、ムータディドなど、いずれも歴代のアッバース朝カリフのために考案された料理である。また（四）は、前述したイブン・アルマフディー、つまりカリフ・マフディーの息子イブラーヒームが考案した臓物のおかゆ料理である。しかも（一）（三）（五）の料理には、甘味料として氷砂糖や白砂糖が使われており、他の料理も含めれば、砂糖を使うレシピはかなりの数にのぼるといえよう。いずれにせよ、以上の簡単な紹介からも、十世紀後半のアッバース朝宮廷では、高価な砂糖を使う料理がさまざまに工夫されていたことを知ることができる。なお、アラブの伝承によれば、(一)のサリードは、預言者ムハンマドがとくに好んで食べた料理であったとされているが[8]、ムハンマドが実際に食べたのはおそらくもっと簡素なサリードであったろうと思われる。

バグダーディーの『料理の書』

バグダーディー Muḥammad b. al-Ḥasan al-Kātib al-Baghdādī は、一二二六年に『料理の書』*Kitāb al-Ṭabīkh* を完成したこと以外、その生涯についてはまったく知られていない[9]。その名前から判断すれば、おそらくバグダードに生まれ、カリフあるいは有力者に仕える書記(カーティブ)の仕事に就いていたものと思われる。一二二六年は、フラグ配下のモンゴル軍がバグダードを攻略する三二年前のことである。先のイブン・サイヤールの時代(十世紀後半)と比べれば、二世紀半をへてバグダードはさらに衰退と荒廃の度を深めていたといえよう。このような時代にいったいどんな料理の書が著されたのか、これを明らかにすることがここでの主要なテーマである。

バグダーディーは『料理の書』の冒頭で次のように述べる。

これまで私は料理法を記したさまざまな書物に出会ってきた。そのなかには、人々になじまない料理やとても容認できない料理を記しているものもあった。そういう料理をいくら集めてみても、心は休まらない。また人々は私たちが書くことに同意せず、ある者は他の食べ物がいいと考え、ある者は衣服や飲み物、セックスや音楽についてと同様に、また別のものを良しとする。そこで私は自分自身のために、また料理法にこれを利用したいと思う人のために、この書を著した。そこでは私の好みの料理だけを選び、人々によく知られているものは省略した。

（『料理の書』p. 6; Perry, p. 26）

イブン・サイヤールがカリフの求めに応じて『料理の書』を執筆したのに対して、バグダーディーはあくまでも自分自身のために、しかも自分の好みに応じて書くことを明言している。全体は十章からなり、第一章「酸味のある料理（ハーミド）」、第二章「単品（サザージャ）」、第三章「揚げ物（カラーヤー）」、第四章「細肉入りのおかゆ（ハリーサ）」、第五章「冷菜（バーリダ）」、第六章「魚（サマク）料理」、第七章「ピクルス（ムハッララ）」、第八章「焼き肉入りプディング（ジューザーバ）」、第九章「甘菓子（ハルワー）」、第十章「ドーナツ（カターイフ）と円形の甘菓子（フシュカナーニジュ）」である。

バグダーディーが取り上げたレシピは合計で一六〇、ただこのなかには預言者ムハンマドが好んだというサリードは含まれていない。以下、イブン・サイヤールとの比較が可能となるような料理を選んで、原文にできるだけ忠実に訳出してみることにしよう。

（一）スィクバージュ　Sikbāj

脂ののった羊肉（ラフム・サミーン）を中ぐらいの大きさに切ってから、水を張った鍋に入れ、緑のコリアンダー[10]（クスファラ・ハドラー）とシナモンと塩を適量加え（火にかけ）る。煮たってきたら、スプーンであくを取って捨てる。次に乾燥したコリアンダーを入れ、緑のコリアンダーを取り出す。白タマネギ、シリア・ネギ（カッラース・シャーミー）、ニンジン（ジャザル）、それに季節であればナス（バーズィンジャーン）を選び、全部の皮をむく。ナスは十字にさき、別の鍋に水を入れて塩を加え、半ゆでにしてから水を切って肉の上にのせる。ついでワイン酢（ハッル・ハムル）と濃縮ジュース（ディブス）を加える。ディブスではなく蜂蜜を好む人もいるが、この料理の場合には、ディブスの方がよりふさわしい。酸っぱさと甘みを加減しながら、よく混ぜ合わせる。これを鍋に入れて、一時間ほど煮る。頃合いをみて火を止め、肉汁にサフランを混ぜる。二つに割った甘いアーモンドを準備し、ブドウ、干しブドウ、乾燥イチジク（ティーン・ヤービス）と一緒に鍋の上部に入れる。ふたをして、余熱がとれるまでそのままにしておく。きれいな布で鍋を拭き、バラ水をふりかけて火から下ろす。

（『料理の書』pp. 9–10; Perry, pp. 30–31）

（二）イブラーヒーミーヤ Ibrāhīmiya

羊肉を中ぐらいの大きさに切り、水を張った鍋に入れ、適量の塩を加えて煮詰める。細かくつぶしたコリアンダー、ジンジャー、胡椒、カヤツリグサ（ウード）を入れた目のつんだ亜麻の袋を鍋に浸し、さらにシナモン、コショウボク〔アラビア語はマスタカー。地中海地方原産のウルシ科の常緑樹〕を入れ、タマネギを二、三個みじん切りにして加える。よく煮詰まったところで、香辛料の入った袋を取り出す。次に古いまろやかなブドウ・ジュースでソースをつくる。古いブドウがなければ、新鮮なブドウを手でつぶして使うが、煮立てることはしない。甘いアーモンドを細かくして水に溶き、さらにブドウ・ジュースを注ぐ。白砂糖で少し甘みをつけるが、酸味を強くし過ぎてはいけない。しばらく火にかけ、落ち着いてきたら、きれいな布で鍋をふき、バラ水をふりかける。

（『料理の書』p. 10; Perry, p. 31）

(三) 碾き米のハリーサ Harīsat al-Aruzz

ウルスィーヤ(結婚披露宴の料理)とも呼ばれる。脂ののった羊肉を細長く切り、前述の小麦(ヒンタ)のハリーサと同じようにつくる。ただ小麦のかわりに細かく碾いた米(アルッズ)を使うところが異なる。〔つまり肉を鍋に入れて水を張り、火をつける。煮立ってきたら取り出して骨をとりのぞき、もう一度鍋に戻す。(夕方)これに米の粉を入れて火をつけ、夜のはじめまでかきまぜ、シナモンを加えて夜半までそのまま放置し、さらに固まるまでよくかきまぜる。塩を加え、必要なら湯を加えて、明け方までそのままにする。〕よそってからとかした鶏肉の脂を表面にぬり、その上に砂糖をふりまく。

(『料理の書』pp. 52–53; Perry, pp. 72–73)

(四) パンのジューザーブ Jūdhāb al-Khubz

発酵させたパン(フブズ・ムフタマル)を水あるいは新鮮な牛乳に入れ、膨らんできたら上下に砂糖と細かくしたアーモンドをまぶす。サフラン(ザァフラーン)で色をつけ、火にかけてよく煮立たせる。火からおろし、香りをつけた細かい砂糖(スッカル・ムタイヤブ・マスフーク)をふりかける。

(『料理の書』p. 70; Perry, p. 92)

(五) カターイフ Qaṭā'if

これには各種あるが、一つはまるめた菓子(マフシュワ)であり、細長い形につくる。細かくしたアーモンドと砂糖を混ぜ、ロール状に仕上げる。その上に胡麻油(シーラジュ)、シロップ(ジュラーブ)、バラ水(マー・ワルド)、細かくしたピスタチオ(フストク)をふりかける。別のものは、平らな揚げ菓子(ミクラン)である。細かくしたアーモンドと砂糖を混ぜ、バラ水を加えてペースト状にする。これを整えて胡麻油で揚げる。取り出してからシロップにつけて引き上げる。

（『料理の書』p. 80; Perry, p. 103）

（一）のスィクバージュについていえば、イブン・サイヤールは「蜂蜜と砂糖を加える」（『料理の書』p. 132）としているが、バグダーディーは庶民の間で用いられている「濃縮ジュース（ディブス）の方がよりふさわしい」と述べている。この違いは、イブン・サイヤールがもっぱらカリフの宮廷料理を考慮していたからであろうか、それともディブスには人々が好む特有な甘味があったからであろうか。（二）のイブラーヒーミーヤは、前述したカリフ・マフディーの息子イブラーヒームが創作したとされる料理であるが[11]、イブン・サイヤールの書にも、このイブラーヒーミーヤの料理法が何種類か記されている。（三）の碾き米のハリーサは、バグダーディーが羊肉を使うのに対して、イブン・サイヤールは羊の内臓を使うところが異なっている。しかしともに砂糖は用いず、塩味だけのシンプルなおかゆである。（四）のジューザーブあるいはジューザーバについては、つくり方に大きな違いは見られないが、イブン・サイヤールの場合には、最後に鶏肉をのせて焼くところが異なっている。（五）のカターイフは、クルミやアーモンドなど各種のナッツを原料にしてつくられる甘菓子であるが、砂糖やバラ水を用いることはどのカターイフにも共通しているといえよう。

このようにイブン・サイヤール（十世紀後半）とバグダーディー（十三世紀はじめ）の料理書を比較してみると、材料やつくり方の違いよりも、氷砂糖や白砂糖を用いたレシピが数多く記されているという、共通点の方が目立つことを強調しておきたい。またこれらの砂糖にくわえて、胡椒、クミン、コリアンダー、クローヴ、シナモン、ジンジャー、ヒメウイキョウ、サフラン、バラ水、胡麻油など、多種多様な香辛料・香料・香油がふんだんに使われていることも大きな特徴であろう。西アジアのムスリム商人はアジアとヨーロッパを結ぶ香辛料貿易に活躍したが、これを消費したのはヨーロッパの人々だけではなく、イスラーム社会の人々もまた香辛料や香料の大いなる消費者だったのである。

2 『千夜一夜物語』のなかの砂糖

『千夜一夜物語』*Alf Layla wa-Layla* は、わが国では前嶋信次訳の『アラビアン・ナイト』の名で親しまれている。改めて全編を読んでみると、物語の展開の意外性と人情味、インド洋から地中海にいたる舞台の広大さ、さらにはカリフから奴隷女や荷担ぎ人夫までを含む登場人物の多彩さなどに驚かされる。砂糖や甘菓子についても、物語の各所でさまざまに言及されている。ここでは、砂糖にかんする記述を、「美味と滋養のための食品」として整理してみることにしよう。

『千夜一夜物語』の世界

まず最初に『千夜一夜物語』がどのような作品なのか、その概略をまとめておくことにしたい。この説話物語の原型は、ササン朝時代のイランで、インドの影響を受けて書かれたパフラヴィー語の『千物語』(ハザール・アフサーナ)であった。八世紀後半、つまりアッバース朝時代のはじめ頃になると、これがバグダードでアラビア語に翻訳され、『千物語』(アルフ・フラーファート)と呼ばれた。その後、物語にはしだいにイスラーム色が加えられ、十二世紀頃に『千夜一夜物語』(アルフ・ライラ・

ワ・ライラ）へと改称された。その後さらに、マムルーク朝治下のカイロで多くの物語が加えられ、十五—十六世紀頃までに現在の形にまとめられたとされている。

前嶋信次は、Ｍ・Ｊ・ド・ハンマーの説を根拠に、一大説話集である『千夜一夜物語』は、大きく分けて三つの物語群からなるとしている。第一群は、ササン朝時代の『千物語』に含まれていたもので、「商人と魔王」（第一夜—第三夜）、「漁夫と魔王」（第四夜—第九夜）、「荷担ぎやと三人の娘」（第十夜—第十九夜）、「三つの林檎」（第二〇夜）などがこれに相当する。第二群は、十世紀頃のバグダードを中心に新しく加えられた物語で、「大臣ヌール・アッディーンとシャムス・アッディーン」（第二一夜—第二四夜）、「狂恋の奴隷ガーニム・イブン・アイユーブ」（第三九夜—第四五夜）、「アリー・ビン・バッカールとシャムス・ウン・ナハール」（第一五四夜—第一七〇夜）、「ニイマとヌウム」（第二三八夜—第二四七夜）などである。第三群は、十二世紀から十五—十六世紀へかけて、エジプトのカイロを中心に原型の物語に次々と新しい説話が付け加えられて成立したものである。「アラー・アッディーン・アブーッ・シャーマート」（第二五〇夜—第二六九夜）、「女奴隷タワッドゥド」（第四三七夜—第四六二夜）、「エジプト人アリー・アッザイバク」（第七〇九夜—第七一九夜）、「染め物屋アブー・キールと床屋アブー・シール」（第九三〇夜—第九四〇夜）など多くの物語がこれに含まれる。(12)

前嶋信次の『アラビアンナイトの世界』や西尾哲夫の『アラビアンナイト』（岩波新書、二〇〇七年）によれば、この『千夜一夜物語』をはじめてヨーロッパに紹介したのは、フランスの東洋学者Ａ・ガランであり、その訳書は一七〇四年から一七一七年にかけて『フランス語訳の千夜一夜物語』*Les mille et une nuits contes traduits en français* の名の下にパリで刊行された。これを機に『千夜一夜物語』の起源と成立をめぐる論争はにわかに活発となり、欧米諸語への翻訳も盛んに行われるようになった。それらのうちとくによく知られているのが、R・バートンの英訳本 *A Thousand and One Nights*(London, 1885–88)であり、性風俗関係のくわしい注をつけた本書は、大場正史によって邦訳された(『千夜一夜物語』河出書房、全十巻、一九六七年。ちくま文庫、全十一巻、二〇〇三—〇四年)。また、J・Ch・V・マルドリュスによる仏訳『千夜一夜物語』*Le livre des mille nuits et une nuit*(Paris, 1899–1904)は、かなり脚色がなされているものの仏語圏ではよく読まれ、わが国でも『千一夜物語』(豊島与志雄・佐藤正彰・渡辺一夫・岡部正孝訳、岩波文庫、一九四〇—五九年)として邦訳されている。ただこれらの邦訳は、いずれもヨーロッパ諸語からの重訳であったが、前嶋信次はカルカッタ第二版およびブーラーク版[13]のアラビア語原本からはじめて日本語への翻訳を行った点でとりわけ価値が高いといえよう(前嶋信次・池田修訳『アラビアン・ナイト』全十八巻、平凡社、一九六六—九二年)。以下では、この前嶋・池田訳をもとにして、『千夜一夜物語』のなかに現れる砂糖と各種甘菓子の事例をいくつか取り上げてみることにしたい。

美味と滋養のための食品

先の三群説にもとづいて、砂糖や甘菓子の記述を整理すれば以下のようになる。

第一群の物語から。

（一）「荷担ぎやと三人の娘の物語」(第九夜)

〔バグダードの荷担ぎやが〕籠をかつぎ、娘のあとをついていくと、今度は菓子屋〔ドッカーン・アルハルワーニー〕の前に立ちどまりました。そしてお皿を買って、それにムシャッバク(お煎餅)だとか、麝香いりのカターイフ〔ドウナツの類〕だとか、サーブーニーヤ〔扁桃餅〕だとか、レモンのアクラース〔パイの類〕だとか、ザイナブの櫛〔砂糖菓子の類〕だとか、指菓子〔指形の菓子パン〕だとか、法官のラキーマート〔ルクマート〕〔揚げ菓子の類〕などそこで売っているあらゆる種類のものでその皿をいっぱいにみたしました。

〔前嶋訳、I, p. 106; アラビア語テキスト、I, p. 40〕

（二）「荷担ぎやと三人の娘の物語」〔第十夜〕

さて、そうしてみんなは飲んだり、しゃべりあったりをつづけていたのですが、娘たちはカリフ〔ハールーン・アッラシード〕さまにも、「お乾《ほ》し遊ばせ」と申しました。カリフさまは、「わたしは聖地巡礼をすまし、その際の誓いを守っておりますので」と答えられました。それをきくと門番の女は立ち上がり、銀糸で刺繡をした布をカリフさまの前にひろげ、その上にシナ陶器の碗〔バーティヤ・ミナッスィーニー〕をおいて、それに柳花水(14)をつぎ、さらにその中へ雪の塊りと砂糖〔スッカル〕のひとこごりをいれました。

〔前嶋訳、I, pp. 127–128; アラビア語テキスト、I, p. 46〕

第二群の物語から。

（三）「せむしの物語」〔第二八夜〕

それでズバイダ〔ハールーン・アッラシードの妃〕さまは証人や法官《カーディ》を呼びにやられ、その人びとはわたくし〔若い商人〕とあの娘〔ズバイダ妃の女奴隷〕との結婚誓書を作製しました。それがすむと、お菓子類や結構なお料理をつくらせ、後宮のすべてのお部屋にくばりました。こういう状態でまた十日を過ごしたのですが、合わせて二〇日目が過ぎると、あの娘は浴場に出かけました。やがて人びとは料理をならべた卓を持ち出しましたが、それらの中に一盤のジールバージャ〔クミン入りシチュー〕もありました。砂糖で調味し、薔薇水や麝香をかけ、鶏の胸肉を焼いたのがはいったものです。

（前嶋訳、II, p. 161; アラビア語テキスト、I, p. 130）

（四）「狂恋の奴隷ガーニム・イブン・アイユーブの物語」（第四四夜）

それから、今度は〔クートル・クルーブ（ガーニムの恋の相手）は〕自分自身でふたりの女性〔ガーニムの母親と妹〕とガーニムとを浴場につれて行き、この人たちをようく洗ってあげておくれと浴場のものに頼みました。……その人たちの所にかの女は三日間滞在しましたが、この間、三人には鶏の肉だとか、スープなどをあてがい、精製した砂糖〔スッカル・ムカッラル〕のシャーベットなどを飲ませたりしておりました。それで、三日たつと、三人はまた元気をとり戻していました。

（前嶋訳、III, p. 144; アラビア語テキスト、I, p. 212）

第三群の物語から。

（五）「アラー・アッディーン・アブーッ・シャーマートの物語」（第二五〇夜）

〔結婚して四〇年たっても子供ができないカイロの商人組合の会頭のために、仲買人たちの取締人は、練り薬を調合していった。〕「これが種を濃くするお薬じゃて。へらの先で服用して頂かねばならぬが、その前に羊肉や家鳩の肉にたっぷりと辛味・薬味をきかせたものを召しあがることですな。それから、この練り薬をへらの先につけて嘗めてから、夕食をとり、そのあとさらに精製した砂糖をつかったシャーベットをお飲みなさるとよろしい」。

（前嶋訳、VII, p. 227; アラビア語テキスト、II, p. 624）

（六）「商人ウマルと三人の息子、サーリムとサリームとジャウダルの物語」（六一五夜）

〔大金を手にカイロへ戻った孝行息子のジャウダルは、道ばたで母親が物乞いをしているのを見て、〕「お母さん、〔元の〕ご身分に合ったものといえば、肉のから揚げ、鶏のから揚げ、胡椒入りご飯、それにご身分からして、ソーセージとナタウリ[15]と仔羊とあばら骨などにそれぞれ詰め物をした料理、アーモンドとクルミの実をまぶしたクナーファ（糸状練り菓子）、蜂蜜、砂糖、カターイフ〔バター揚げドーナツ〕、バクラーワ〔トルコ風練り菓子〕などでしょう」と言いました。

（池田訳、XIII, p. 135; アラビア語テキスト、III, p. 149）

ここでは以上の六例だけを選んで紹介したが、これ以外にも砂糖、蜂蜜、甘菓子、シャーベット（アラビア語のシャラーバート sharābāt「果物に砂糖と水を加えた冷たい飲み物」に由来）が登場する場面はかなりの数にのぼる。上述の三群は、すでに説明したように、おおまかな時代順の分類になっている。しかし砂糖や甘菓子の記述にかんする限り、三群の間にそれほど大きな違いは認められない。（一）には、ムシャッバク、カターイフ、サーブーニーヤ、アクラース、ザイナブの櫛、指菓子、法官のルクマートなどの甘菓子（ハルワー）が列挙され、（六）にも、「結構ずくめの料理」（池田訳、XIII, p. 136）としてクナーファ、カターイフ、バクラーワなどの甘菓子が取り上げられている。（二）では、カリフ、ハールーン・アッラシードに対し、酒のかわりに雪と砂糖のシャーベットを差し出し、（五）では、疲れをとるために精製した砂糖のシャーベットを飲むことが記されている。また、（三）のジールバージャは、砂糖で調味し、バラ水や麝香をふりかけ、鶏の胸肉を焼いたものが入っていたとされている。ところで、前述したバグダーディーの『料理の書』には、ズィールバージュ（ジールバージャ）のレシピが以下のように記されている。

ズィールバージュ Zīrbāj　脂ののった羊肉を細かく切り、鍋に入れて水を張る。これにシナモン、皮をむいたヒヨコ豆、少量の塩を入れる。煮立ってきたらあくを取り、一ラトル〔三〇〇グラム〕のワイン酢と四分の一ラトルの砂糖、皮をむいた一ウーキーヤ〔三七・四グラム〕の甘いアーモンドを加える。バラ水と酢を混ぜ、肉の上にかける。一ディルハム〔約三グラム〕のつぶしたコリアンダー、胡椒、ふるいにかけたコショウボクを入れ、サフランで色付けする。鍋の上にひとつかみのアーモンドを入れ、バラ水をかけ、鍋をきれいな布でぬぐう。火にかけて落ち着くまで待つ。鶏が好みであれば、羽をむしった鶏を洗ってこれに加えて煮る。

（『料理の書』 pp. 13–14; Perry, p. 33）

ここでは、(三)の訳者(前嶋信次)による解説とは異なり、クミンのかわりにシナモンが使われ、また鶏肉を焼くのではなく、これを煮る料理法が記されている。しかし羊肉を香辛料や塩を入れて煮込み、砂糖で調味してから、バラ水をふりかけて食べる点は両者に共通している。『千夜一夜物語』に記された料理法と、実際に使われた料理書の記述がほぼ一致していることは、なかなか興味深いことといわなければならない。このように見てくると、少なくとも料理や甘菓子に限っていえば、『千夜一夜物語』の記事は、アッバース朝からアイユーブ朝・マムルーク朝にかけて、カリフやスルタン、あるいは富裕者の食生活の一端を伝える貴重な史料でもあるといえよう。(16)

3　アラブ薬膳書にみえる砂糖

アラブ世界では、本草学・薬事学に隣接する分野として、健康（スィッハ）を維持するための薬膳（ギザー）を研究する学問があった。十世紀以降、薬事書（キターブ・アッダワー）と並んで、アラビア語の薬膳書（キターブ・アッギザー）が医師の手によって数多く著された。ここで取り上げるのは、バグダードで活躍したキリスト教徒の医師イブン・ブトラーンによる『健康表』、そのライバルであったカイロのイブン・リドワーンが著した『病気予防の書』、それにシリアの医師イブン・アルクッフが編纂した『健康維持と病気予防策集成』の三書である。

イブン・ブトラーンの『健康表』

イブン・ブトラーン Ibn Buṭlān（一〇六六年没）は、本名をユアーニス（ヨハネス）あるいはムフタールといい、ネストリウス派に属するキリスト教徒の医学者・神学者であった。アッバース朝治下のバグダードで生まれ、長じてからはこの大都会で医学や神学を講じていたが、一〇四九年にバグダードを後にし、シリアのアレッポ、アンティオキア、ヤッファをへて、十カ月後にファーティマ朝治下のカイロに到着した。ここで、同じアラブの医学者であったイブン・リドワーンと三年以上に及ぶ医学・神学論争をつづけた後、一〇五四年にカイロをたってビザンツ帝国の首都コンスタンティノープルへ向かった。この町でも、ギリシア正教会とローマ・カトリック教会との神学論争に巻き込まれたが、まもなく町を去り、その後はアンティオキアの修道院にこもって著作活動と信仰三昧の生活を送ったと伝えられる。[17] 主著は、ここで紹介する『健康表』*Taqwīm al-Ṣiḥḥa* であり、他に奴隷購入にかんする注意書きをまとめた小冊子『奴隷購入の書』*Kitāb fī Shirā al-Raqīq* がある。[18]

イブン・ブトラーンは、『健康表』の冒頭で次のように述べる。

『健康表』には六つの方策が含まれており、これを正しく用いれば、誰でも健康を長く維持することができる。第一は肺に届く空気をきれいにすることである。第二は食べ物と飲み物のバランスをとることである。第三は運動と休息を正しくすることである。第四は睡眠と起きていることのアンバランスを正すことである。第五は排泄の多寡〔つまり食事の量〕を調節することである。そして第六は喜び、怒り、恐れ、悲しみなどに対しすなおに心を傾けることである。この六項目を守れば健康は維持されるが、それから外れたときには病気が発生する。（『健康表』p.71）

このような観点から、健康維持の要点をまとめたのがここで紹介する『健康表』である。この表では、イチジクやブドウからはじまり、ザクロ、アンズ、バナナ、ナツメヤシ、クルミ、小麦、大麦、米、レンズ豆、パン、ヒヨコ豆、ナス、ニンジン、牛乳、オリーヴ、卵、羊肉、牛肉、塩、鶏、魚、スィクバージュ、カバーブ、コリアンダー、砂糖、蜂蜜、バラ、スミレ、ピスタチオ、喜び、怒り、睡眠、運動、風呂、亜麻（衣服としての）、麝香、樟脳、バラ水、風、四季など合計二八〇の項目が検討の対象とされている。しかもそれぞれの項目について、熱・寒・乾・湿の性質、度合、特質、効能、有害なこと、有害の除去、結果、体質、年齢、季節、地域、先学からの抜粋事項が書き込まれている。

それでは肝心な「砂糖（スッカル）」の項目は、どのように書かれているのだろうか。具体的に見てみることにしよう。

名称　スッカル
性質　オリバスィウス〔四〇〇年頃没〕：熱・乾、イーサー＝アルバスリー〔十世紀〕：古いものは

熱・乾、ユハンナー＝アンナハウィー〔七世紀〕：熱・湿(19)
度合　熱にして湿
特質　細かな白色
効能　内臓の痛みを和らげる。とくに腎臓や膀胱〔の痛み〕に効き目がある
有害　喉が渇き、黄胆汁（サフラー）を増加させる
除去　酸っぱいザクロ（ルッマーン）を食べるとよい
結果　血液が浄化される
体質　どんな体質にも効く
年齢　すべての年齢の者に効く
季節　どの季節でもよい
地域　人の多い都会（マアムーラ）で用いられる
抜粋　イブン・アルアッバース＝アルマジュースィー〔九九四年没〕からの抜粋。「最上の砂糖はタバルザド（氷砂糖）であり、そのうちもっとも良質で味のいい氷砂糖は、〔フージスターン地方の〕マスルカーンでつくられる。バランスがとれた食品であるが、どちらかといえば熱に傾く。すべての点で蜂蜜に似ているが、喉の渇きはもたらさず、滋養の点でも蜂蜜よりすぐれている。煮沸してあくを取り除けば、喉の渇きや咳を鎮め、胃や腎臓あるいは膀胱の痛みを和らげる」。

（『健康表』pp. 98–99; 仏訳、pp. 198–199）

まず、砂糖が農村や遊牧社会で用いられるのではなく、薬あるいは贅沢品として、もっぱら人の多い

都会で消費される食品であると記されているところが興味深い。イブン・アルアッバース＝アルマジュースィーは、マニ教徒（マジュースィー）あるいはマニ教徒の子孫で、医者としてブワイフ朝の君主アドゥド・アッダウラ（在位九七八―九八三年）に仕え、『完全なる医学技術』*Kāmil al-Ṣināʿat al-Ṭibbīya*、『医学のアドゥド典範』*al-Qānūn al-ʿAḍudī fī al-Ṭibb* などの書物を著した。ただ、ここで引用した一節が、どの書物からの抜粋であるのかは不明である。十世紀頃のイスラーム世界では、イラン南部のマーサカーンが「最上の白砂糖」の産地であったことは第一章に述べたが、ここではイラン南西部フージスターン地方にあるマスルカーンが氷砂糖の第一の生産地であるとされている[20]。

砂糖の性質が熱と湿であること、また医学的効用としては、煮沸してあくを取れば、喉の渇きもなく、咳を鎮め、胃・腎臓・膀胱の痛みを和らげ、血液を浄化するとしていることは、先のイブン・アルバイタールやイブン・アンナフィースの記述と同じである。砂糖をとり過ぎると、喉が渇き胆汁過多になるが、このようなときには酸っぱいザクロの実を食べるといいとしている点も、イブン・アルバイタールの記述と共通している。イブン・ブトラーンの場合には、日常的によく用いられる二八〇の食材・食物・衣服などの性質や医学的効能を分かりやすい表にして示し、健康維持のためのマニュアルをつくったことが特徴であろう。

イブン・リドワーンの『病気予防の書』

次にイブン・ブトラーンの好敵手であったイブン・リドワーン Ibn Riḍwān ʿAlī al-Miṣrī（九九八―一〇六八年）を取り上げてみることにしよう。まず最初に、イブン・アビー・ウサイビアの『医学者列伝』によって、その経歴を簡単に紹介しておくことにしたい。イブン・リドワーンは、ナイルの西岸、ピラミッドのあるジーザ（ギザ）地区の貧しいパン屋の息子として生まれた。学資を払うことができなかったために、いかなる先生にも師事せず、書物をたよりに独力で医学を修めたが、このことが後に彼の学識を疑う人々の攻撃材料として取り上げられた。しかしファーティマ朝のカリフ・ムスタンスィルはイブン・リドワーンの才能を認め、彼を「カイロにおける医者の筆頭職 raʾīs aṭṭibāʾ Miṣr」に任命した。これ以後、彼の人生は順調であるかに見えたが、飢饉のときに引き取って育てた孤児の女の子（ヤティーマ）が、長じた後、二万ディーナールを含む彼の全財産を持って遁走する事件をおこした。このような苦汁を嘗めてから生来の狷介固陋な性格がいっそう顕《あら》わとなり、周囲の人々に対して好んで論争をしかけるようになったという。先のイブン・ブトラーンと三年以上に及ぶ神学論争を行ったのもこの時期のことであった。七〇年に及ぶ生涯の間、イブン・リドワーンはカイロとフスタートから一歩も外に出ることはなく、この町にこもって医者と著述家としての活動をつづけたが、ここで取り上げるのはその著作のひとつ『病気予防の書』*Kitāb Dafʿ Maḍār al-Abdān* である。(21)

この『病気予防の書』は、「エジプトの自然環境」、「健康と病気を規定する六つの要素」、「疫病（ワバー）の原因」、「医者がなすべきこと」、「空気、水、食物を改善する手段」、「疫病の害を除去する方法」、「害悪を除去し、健康を維持するのに有用な食物の処方」など全十五章からなっている。そのうち砂糖に言及している部分を選んで、以下に訳出してみることにしよう。

（一）第三章「健康と病気を規定する六つの要素」から

エジプト人の滋養食（ギザー）はさまざまである。上エジプトの人々はナツメヤシの実（タムル）と砂糖きびからつくる甘菓子（ハラーワ）から栄養をとる。彼らはそれらをフスタート[22]その他の地域にもたらし、そこで販売され、食される。いっぽう下エジプトの人々は、タロイモ（クルカース）やエンドウ豆（ジュルッバーン）で栄養をとる。彼らはおなじくこれをフスタートその他の地域にもたらし、そこで販売され、食される。

（『病気予防の書』p. 8; 英訳、p. 92）

この記事によれば、十一世紀頃の上エジプトの人々は、砂糖きびを原料とする砂糖を用いて甘菓子をつくり、それを栄養源の一つにしていたことになる。イブン・リドワーンは「上エジプトの人々」と表現し、甘菓子の消費をカリフや富裕者だけに限定していないことに注目したい。おそらくこの時代には、上エジプトの多くの人々が、粗糖や糖蜜などの安価な糖分を用いた甘菓子を食べるようになっていたのではないだろうか。権力者や富裕者の場合を除けば、砂糖消費の実態を示す史料が乏しいなかで、砂糖食品の大衆化を暗示するこの記事は、きわめて重要な意味をもつものといわなければならない。

（二）第十二章「空気、水、食物を改善する手段」から

空気が熱いときには、樟脳、バラ水、砂糖（スッカル）、シロップ（ジュラーブ）、澱粉（ナシャー）からつくった甘菓子（ハルワー）を食べる。逆に空気が冷たいときには、イチジク、干しブドウ、蜂蜜、砂糖、クルミ、アーモンド、ハシバミの実（ブンドク）、ピスタチオ（フストク）などの甘いものを食べる。

（『病気予防の書』pp. 27–28; 英訳、pp. 133–134）

夏と冬で甘味の種類は異なっているが、両方に砂糖が登場していることは興味深い。また、クルミ、アーモンド、ハシバミの実、ピスタチオなどのナッツ類も甘味食品に分類されているのは、それぞれ

に多少の甘味が含まれているからであろうか。

〔三〕第十四章「害悪を除去し、健康を維持するのに有用な食物の処方」から

私〔イブン・リドワーン〕が処方したサカンジャビーン sakanjabīn[23] は、尿閉を解消し、尿を出やすくする。処方に当たっては、以下のもの、チコリ（ヒンダバー）、白クローバー、ウイキョウ、セロリの実をそれぞれ七ディルハム〔約二三グラム〕準備し、これらを四ラトル〔一・二キログラム〕のワイン酢に四日間漬ける。ついで苦いマルメロと酸っぱいブドウ・ジュースを加え、十ラトル〔三キログラム〕の水と同量の砂糖（スッカル）を加え、粘り気が出るまで煮る。最後に酢をたらし、よく混ぜ合わせる。

（『病気予防の書』p. 32; 英訳、p. 144）

イブン・アルバイタールやイブン・アンナフィースは、砂糖は尿閉の解消に効果があると記していたが、イブン・リドワーンも大量の砂糖を材料にして利尿剤としての砂糖酢（サカンジャビーン）を処方している。また医学者ラーズィー（八五四頃―九二五／九三五年）の説を引用しながら、イチジクにファーニーズ白糖、あるいはスライマーニー白糖を加えて、肝臓の強化や咳を鎮めるのに効く飲み薬「イチジク薬湯（シャラーブ・アッティーン）」の処方箋も紹介している（『病気予防の書』p. 33; 英訳、p. 145）。以上のような砂糖を用いた各種の薬膳は、ディオスコリデスやガレノスなど、古代のギリシアあるいはローマの医学者・薬学者が言及することのなかった新しい処方薬であるといえよう。

イブン・アルクッフの『健康維持と病気予防策集成』

イブン・アルクッフ Ibn al-Quff Abū al-Faraj al-Karakī（一二三三―八六年）は、シリアの城塞都市カラ

ク(現在はヨルダン領)に生まれた。官庁に勤務する父のヤークーブは、十年後に北方の町サルハドへ転勤になったが、そこで前述の『医学者列伝』の著者イブン・アビー・ウサイビアの知遇を得、息子イブン・アルクッフをその医学生として受け入れてもらうことができた。父親が再度ダマスクスへ転勤になると、イブン・アルクッフも父に同行してシリアの州都にいたり、そこでさらに医学の勉強を続けた。マムルーク朝の第五代スルタン・バイバルス(在位一二六〇―七七年)の治世中に、イブン・アルクッフはヨルダン北方のアジュルーンの城塞に医務官として派遣された。そこで最初の医学書を執筆したが、まもなくダマスクスへ召還され、医者として勤務しながら執筆活動を続けた後、一二八六年におよそ五三歳でその生涯を終えた(イブン・アビー・ウサイビア『医学者列伝』III, pp. 444–445)[24]。ここで取り上げるのは、健康維持と病気予防の方策をくわしく論じた『健康維持と病気予防策集成』である。

イブン・アルクッフと彼を取り巻く人間関係は、実は本書の成り立ちとも深く関係している。イブン・アルクッフの先生は、医者・伝記作家のイブン・アビー・ウサイビアであるが、彼は本書でも重要な史料として用いた薬事学者イブン・アルバイタールの弟子であった。またイブン・アルクッフは一時期アジュルーンの城塞に勤務したが、二〇〇六年に私が砂糖精製用のウブルージュの壺に遭遇したのも、このアジュルーンの城塞博物館においてであった[25]。イブン・アルバイタールの薬事学の伝統を受け継いだイブン・アルクッフがアジュルーンの城塞に勤務し、それからおよそ七〇〇年あまりして、同じ城塞でウブルージュの壺に遭遇したのも何かの因縁であるような気がしてならない。

さて『健康維持と病気予防策集成』は、子供、少年、成人、老人などの健康維持を論じた後、肉、魚、卵、牛乳、穀物、甘味料、果物、飲み物などの性質をくわしく解説している。第三九章「甘味料について」には、以下のようにある。

スッカル・タバルザド・アブヤド(sukkar ṭabarzad abyaḍ 白氷砂糖)
氷砂糖(タバルザド)は純粋な白色で、最上の製品は固い。それは第一のランクの熱・湿である。蜂蜜よりも養分があり、膀胱・腎臓内の悪い物質を取り除く。胸の病気を予防し、体に養分を与え、肝臓・脾臓のつかえを解く。

ファーニード(fānid　白糖〔ファーニーズ〕)
一塊の砂糖(スッカル)からつくられ、口のなかですぐに溶ける。タバルザドより強い熱である。胃痛に効き、胸の冷たい物質を取り除いて、気持ちを落ち着かせる。

スッカル・アブヤド(sukkar abyaḍ　白砂糖)
これは精製あるいは固まる前の砂糖(スッカル)からつくられる。色が赤くなり、固まるまで煮沸する。〔次にウブルージュを用いて分蜜した〕白砂糖は、気持ちを落ち着かせ、胃腸のなかの固形物を取り除いてきれいにする。それゆえ浣腸(フクナ)にも用いられる。

(『健康維持と病気予防策集成』pp. 314–315)

イブン・アルクッフは、氷砂糖の項目の冒頭で、「ディオスコリデスとガレノスは、この砂糖の性質を知らなかった。二人は「これはインドとアラブの国からもたらされ、蜂蜜の一種で、きびの上で固まる」と述べているが、これは砂糖を知らない人間の言葉である」と厳しく批判している。つまり、ディオスコリデスやガレノスが述べるサッカロンは自然にできた甘味であって、製糖過程をへた人工的な結晶の砂糖ではないとの指摘である。第一章第1節で述べたように、私もこの指摘には説得力があり、ディオスコリデスの記述だけを根拠に、紀元一世紀頃に砂糖生産が始まったとみなすのはやはり難しいと考えている。

最後にイブン・アルクッフが述べる健康維持のための食べ物・飲み物をいくつか紹介してみることにしよう。

（一）牛乳（ラバン）で炊いたご飯（アルッズ） Aruzz bil-Laban

最上のものは、若い羊（ダーン）の乳を使い、白砂糖で甘くしたご飯である。これは最高の料理であり、滋養分も多い。体に痛みや疲れがある人、あるいは美食家（ムルタフィフ）には効能がある。体に栄養を与え、脳（ディマーグ）を活性化する。また肺（リア）の痛みや胸（サドル）の荒れを治める。

（『健康維持と病気予防策集成』 p. 282）

（二）カブリーティーヤ Kabrītiya

最上のものは、甘みのあるナス（バーズィンジャーン）を使ったものである。ナスを細長くさいて塩水につけ、これを細長く切った羊肉の上において〔煮る〕。ワイン酢を入れ、砂糖を加えてゆっくりとかきまぜす。この食べ物は気持ちを落ち着かせ、内臓を強化する。ただこれを食べると悪い夢を見ることがあり、消化も遅く老人には害がある。辛い香辛料を用いて食するといい。

（『健康維持と病気予防策集成』 p. 286）

（三）レモンとマルメロのシャーベット Sharāb Laymūn Safarjalī

冷たい胃を強化し、しつこい痰を切り、また他の病気にも効く。

処方箋：洗浄した良質のマルメロ（サファルジャル）水と塩気のない良質のレモン（ライムーン）水

をあわせて三ウーキーヤ〔一一二グラム〕準備し、一ラトル〔三〇〇グラム〕の砂糖からゴミを取り除いてシロップをつくる。前述の二種類の水とシロップを混ぜ、火にかける。これにマルメロを細かく切っていれ、煮たってきたら火からおろす。

（『健康維持と病気予防策集成』p. 396）

以上のように、この書物は砂糖を用いた各種の健康食や飲み物を取り上げ、それらの処方箋や薬効をさまざまに記している。この書物は民間医というよりは、アジュルーンやダマスクスの領主お抱えの医者であったから[26]、ここに述べられている健康維持と病気予防の方策は、やはり第一には有力者や富裕者のために研究され、考案されたものと考えるべきであろう。しかし、ここで紹介した(一)(二)(三)の記述内容をみると、老人を含む一般の人々を対象としている面もかいま見ることができる。砂糖の大衆化については、先のイブン・リドワーンの記述や次のマクリーズィーの記述とあわせて、さらに検討を加えてみることにしたい。

4　子供向けの「つり砂糖菓子」

ラジャブ月の「つり砂糖菓子」

十五世紀はじめの歴史家マクリーズィーは、カイロにある「甘菓子屋の市場〔スーク・ハラウィーイーン〕」について次のように述べている。少し長いが、重要な一節なので、全文を訳出してみることにしよう。

この市場は砂糖からつくる甘菓子を売るために準備された。今日では、「甘菓子市場〔スーク・ハラーワ・ムナッワア)」の名で知られる。ここはカイロ一のすばらしい市場で、銅製の、重くしかも細工のすばらしい盆などを売る店が並んでいる。またさまざまな色の、「寄せ集め(ムジャッマア)」と呼ばれる甘菓子も売られている。ここでは砂糖一キンタール〔九六・七キログラム〕は一七〇ディルハムの値段で取引されている。〔八一七(一四一四)年に〕災禍が襲ったときには[27]、上エジプトにある〔砂糖きび圧搾用の〕揚水車(ドゥーラーブ dūlāb)とフスタートにある製糖所(マトバフ・アッスッカル)の損壊によって、砂糖は値上がりし、甘菓子の生産は減少した。災禍により多くの職人が死亡してしまったからである。かつて私は、牛乳や各種のチーズを入れた赤い壺と、その間におかれた砂糖製のキュウリやバナナなどがお盆で運ばれるのを見たことがある[28]。他にも見る者を驚かせるようなすばらしい製品があった。

この市場には、ラジャブ月〔第七月〕になると、美しい光景が出現する。砂糖で馬(ハイル)・ライオン(サブウ)・ネコ(クッタ)などの「つり菓子(イラーカ ʿilāqa)」がつくられ、店先に糸でつるされる。目方は十ラトル〔四・五キログラム〕から四分の一ラトル〔一一三グラム〕で、子供(ティフル)向けに売られる。身分の高い人(ジャリール jalīl)も低い人(ハキール ḥakīr)も、家族や子供たちのために皆がこれを買い求める。フスタートやカイロやその他の郊外の市場も同じような甘菓子で満ちあふれる。シャーバーン月〔第八月〕の半ばにも同様なものがつくられるが、この習慣はつい最近まで残っていた。同じく断食明けの祭(イード・アルフィトル)にこの市場を訪れる者は、フシュカナーニジュやバサンドゥード、あるいはムシャーシュなどの甘菓子が並んでいるのに心を躍らせる。この菓子づくりはラマダーン月〔第九月〕の半ばに始まり、フスタートやカイロや郊外の市場はこの種の甘菓子であふれる。しかし八一七〔一四一四〕年には、〔災禍のために〕どの市場でもこのような光景を見ることはできなかった。状態を自由に変え給うお方に讃えあれ。彼以外に神はない。

（『エジプト誌』II, pp. 99–100）

この記事によれば、ラジャブ月になると、カイロの「甘菓子市場」では、馬・ライオン・ネコなどの形をした砂糖菓子がつくられ、店先に糸でつるされて子供向けに売られるのが毎年の慣行となっていた。(29) なぜラジャブ月なのだろうか。ラジャブ月は、イスラーム以前から神聖な月とされ、戦いを避ける月と定められていた。イスラーム時代になってからも、この伝統は生きていたが、とくにラジャブ月二六日は、預言者ムハンマドが天馬（ブラーク）に乗ってメッカからエルサレムまで「夜の旅」をした聖なる日とされている（『クルアーン』第十七章）。このような神聖月に子供向けの甘菓子を販売しはじめ、この行事は次のシャーバーン月からラマダーン月の夜、さらには断食明けの祭（イード・アルフィトル）へと続いていったことになる。ラジャブ月からラマダーン明けまで、三カ月に及ぶ各種甘菓子の、色彩豊かな祭礼の行事であったといえよう。

砂糖消費の動向

ここに訳出した文章のなかでは、つり砂糖菓子について、「身分の高い人（ジャリール）も低い人（ハキール）も、家族や子供たちのために皆がこれを買い求める」と記されていた。このジャリールとハキールとは、具体的にどのような人々をさすのだろうか。イスラームの歴史を通してみた場合、この二つの用語は実態のある社会階層を示すものではないと思われる。一般的にいえば、イスラーム社会の特権層（ハーッサ）はカリフやスルタンとその一族、アミールやマムルーク騎士、高級官僚、大商人などから構成され、都市社会の民衆（アーンマ）は市場の商人や職人、知識人（ウラマー）、書記（カーティブ）、公証人（シャーヒド）などから構成されていた。[30] 前述の「ジャリール」はほぼハーッサに相当し、「ハキール」はおおまかにアーンマをさすとみてよいであろう。いずれにせよ、十五世紀前後のカイロやフスタートでは、有力者や富裕者などの特権層ばかりでなく、特別の財産をもたない都市の民衆も、家族や子供たちのためにつり砂糖菓子の購入を熱心に行っていたことに注目したいと思う。

前述した十一世紀の医学者イブン・リドワーンは、「上エジプトの人々はナツメヤシの実と砂糖きびからつくる甘菓子から栄養をとる」と記し、一般の人々も粗糖などの安い甘味料を用いた菓子を食べるようになっていたことを示唆している。また十三世紀の医者イブン・アルクッフも、一般の人々をも対象にして、砂糖入りの健康食を紹介し、病気予防の方策を示している。これらの記事に、マクリーズィーが伝える、ラジャブ月からラマダーン月にいたる子供向け砂糖菓子の記述を重ね合わせてみると、十一世紀以降のエジプトでは、氷砂糖や白砂糖は別にして、安価な粗糖や糖蜜の消費が特権層（ハーッサ）から都市の民衆（アーンマ）へと徐々に広がりはじめていたことを推測することができる。イスラーム世界での砂糖消費の動向については、その実態を伝える史料が乏しいために、確実な結論をだすことはなお難しいといわなければならない。この問題については、今後の研究を俟ちたいと思う。

しかしイスラーム社会を対象とするこれまでの研究では、砂糖は権力者や富裕者が甘味料や祭礼の賜り品として用いる贅沢品であり、庶民は病気ででもなければめったに口にすることのできない貴重品であったとされてきた。たとえばアシュトールは、「大量の砂糖が宮廷や富裕者によって消費されたにもかかわらず、十三世紀のエジプトやシリアは、他のムスリム世界やヨーロッパへ向けて余剰の砂糖を輸出することができた」と述べている[31]。私も一連の砂糖研究のなかで、「エジプトの砂糖はヨーロッパ向けの重要な輸出品であり、また政府の管理下におかれていたので、庶民は祭のときか病気のとき以外には、砂糖を口にするチャンスはほとんどなかった」と結論した[32]。しかしこれまで検討してきた結果を勘案すれば、従来の考え方は修正されなければならないと考えている。少なくともエジプトについてみる限り、十一世紀以後、安価な砂糖あるいは砂糖を用いた甘菓子の消費は、ハーッサからアーンマへと徐々に広がりつつあったと思われるからである。砂糖生産の増大にともなって、食生活の変化はまず上流のハーッサに現れ、ついで中流のアーンマにも少しずつ及びはじめていたのである。

エピローグ

エジプト産砂糖の復活

十五世紀に入ると、マムルーク朝経済の衰退と歩調を合わせるかのように、エジプト・シリアの砂糖生産も急速に衰えを見せはじめた。その原因はさまざまに考えられるが、前述のマクリーズィーは、(一)賄賂を用いなければ官職を手に入れることができないようなマムルーク政権の腐敗、(二)地租のつり上げによるイクター経営の破綻、そして、(三)粗悪な銅貨(ファラス)の流通とその切り下げ、を主要原因に掲げていた。(1) これに対してA・ユドヴィッチは、エジプト経済衰退の真の原因は、度重なるペストの流行による人口の大幅な減少であって、マクリーズィーのいうマムルーク政権の腐敗は、人口の減少にともなう経済活動の不振がもたらした結果にすぎないのだと主張する。(2) しかしエジプト経済の根幹をなす農業生産は、貧農に対する種もみの支給、灌漑土手(ジスル)の管理・維持、運河や水路の整備事業など、行政が関与する割合がきわめて大きかったことが特徴である。砂糖生産についても、水利灌漑の機構を維持し、アラブ遊牧民の略奪を防ぐ強力な政権を保持することが必要であった。(3) 十五世紀以後のマムルーク朝後期には、スルタン政権はこのような経済活動のための「社会秩序」を維持することがほとんどできなくなっていたのである。マムルーク朝末期の経済と社会の衰退を総合的に理解するためには、人口減少の要素だけではなく、行政による秩序維持の問題もあわせて考慮に入れるべきであろう。

これまでの研究では、十六世紀以降、オスマン朝時代のエジプト経済はしだいに衰退の度を深め、やがて一七九八年のナポレオンによる遠征を迎えた。砂糖きびを原料とする砂糖生産についても同様であって、マムルーク朝末期の衰退傾向をそのまま引きずって十八世紀末の「近代」を迎えたとされてきた。しかしN・ハンナは、『一六〇〇年代の大もうけ――エジプトの商人イスマーイール＝アブー・タキーヤの生涯と時代』(4)のなかで、このような通説に反論し、十六―十七世紀には、エジプトでも砂糖生産の大いなる復活(リバイバル)があったのだと主張する。彼女の論ずるところを以下に要約してみることにしよう。

十六世紀後半から十七世紀前半へかけて、エジプト経済がマムルーク朝末期の深刻な危機から立ち直ることができたのは、製糖業の復活と成長のお陰であった。この時期のエジプト商人は、かつてのカーリミー商人に代わって、小麦・米・コーヒーなどの農産物、あるいは砂糖や亜麻織物などの加工品を、イスタンブルをはじめとするオスマン帝国内の諸都市やヨーロッパ各地の都市にもたらした。これらの商品のうち、とりわけ重要であったのはエジプト産の「伝統ある砂糖」とイエメン産の「新顔のコーヒー」であった(『一六〇〇年代の大もうけ』pp. 6, 13)。このような商業復活の一翼をになったのが、イスマーイール＝アブー・タキーヤ(一六二四年没)とその一族である。アブー・タキーヤが活躍したのは、一五八〇年代から一六二〇年代の約四〇年間であるが、彼は他のエジプト商人と同様に、下エジプトのマヌーフィーヤとガルビーヤ地方を中心に砂糖きびプランテーションと製糖業に資本を投下し、精製した砂糖をイスタンブル、ダマスクス、ジッダ(ジェッダ)、ヴェネツィアなどの諸都市へ輸出して大きな利益を上げることができた(同 pp. 90–91)。一六一三年、アブー・タキーヤが「商人たちの長(シャーバンダル・アットゥッジャール shāhbandar al-tujjār)」の地位を手中にすることができたのも、このビジネスの成功によるところが大きい。しかし十八世紀に入ると、南フランスのマルセイユやアドリア海に臨むトリエステ、ヒューメなどの海港都市が、南米産の粗糖を白砂糖に精製する新事業を開始し、やがてその製品をオスマン帝国内の諸都市に向けて輸出するようになった。これによって輸出先を失ったエジプトの製糖業は大きな打撃を受け、その結果、エジプト経済もまたふたたび衰退の道を歩むことになったのである(同 pp. 6, 171)。

以上がハンナによる研究の概要であるが、下エジプトで生産された砂糖のうち、粗糖(スッカル・ハーム sukkar khām)はそれぞれの地方で消費され、精製された白砂糖(スッカル・ムカッラル)が輸出に回されたとの指摘も興味深い(同 p. 88)。砂糖の消費についてみれば、前章で検討したように、エジプトではすでに十一世紀頃から、安価な粗糖(赤砂糖)は徐々に都市中間層(アーンマ)の台所にも及びはじめていたと思われるからである。また、十六世紀以降の製糖業復活の過程で、砂糖きびの圧搾法は、従来のエッジ式から横型のローラー式に転換したものと推定されるが(第二章第2節を参照)、本書では残念ながらこの点の詳細は明らかにされていない。この技術転換の問題については、オスマン朝期のアラビア語・トルコ語史料を活用してさらに調査を進めることが必要であろう。[5]

カリブ海・南米への製糖法の伝播

北アフリカや地中海の島々を経由してマグリブやアンダルシアにまで到達したムスリムの製糖業は、

十五世紀になるとポルトガルとスペインがその技術を継承し、大西洋諸島で砂糖きび栽培のプランテーションを開始した。『甘さと権力』の著者ミンツは次のように述べている。「ポルトガルはサン・トーメその他の島を占拠し、スペインはカナリア諸島をおさえた。一四五〇年頃からは、サン・トーメに代わってマデイラが主要な〔砂糖の〕供給地となり、一五〇〇年代までには、カナリア諸島も重要になった。そのうえ、両国では、砂糖の需要も拡大していった」(p. 84)。ポルトガルとスペインは互いに領土の拡張を競い合い、新しく獲得した土地では砂糖きび栽培と砂糖の精製を熱心に推し進めたのである。

つづいてミンツは、「ポルトガルおよびスペイン両国領の大西洋諸島における砂糖生産では、つとに奴隷労働が際立った特徴となっていた。それは、おそらくアラブ人と十字軍兵士による地中海の砂糖プランテーションから引きつがれた特徴でもあった」(p. 84)と述べる。しかしイスラーム世界にかんする限り、砂糖生産に奴隷を用いることは、史料の上でほとんど確認できないことはすでに述べた通りである。また金七紀男《きんしちのりお》は、ポルトガル領のマデイラ諸島について、以下のような所説を紹介している。「十五世紀中葉を境に、ブドウとともにサトウキビが小麦の生産を犠牲にして作付け面積を拡大していった。サトウキビは入植まもなく栽培が始まったと推測されるが、シチリアから優れたサトウキビの苗を取り寄せ、一四五二年からは水車を導入して、砂糖生産をマデイラ本島の一大産業に育て上げたのはエンリケであった」[6]。エンリケとは、むろんポルトガルの海外進出を強力に推進したアヴィス朝の王子(一三九四—一四六〇年)であり、ラゴスを拠点にして大西洋や西アフリカの探検や航海を実施したことでよく知られている。

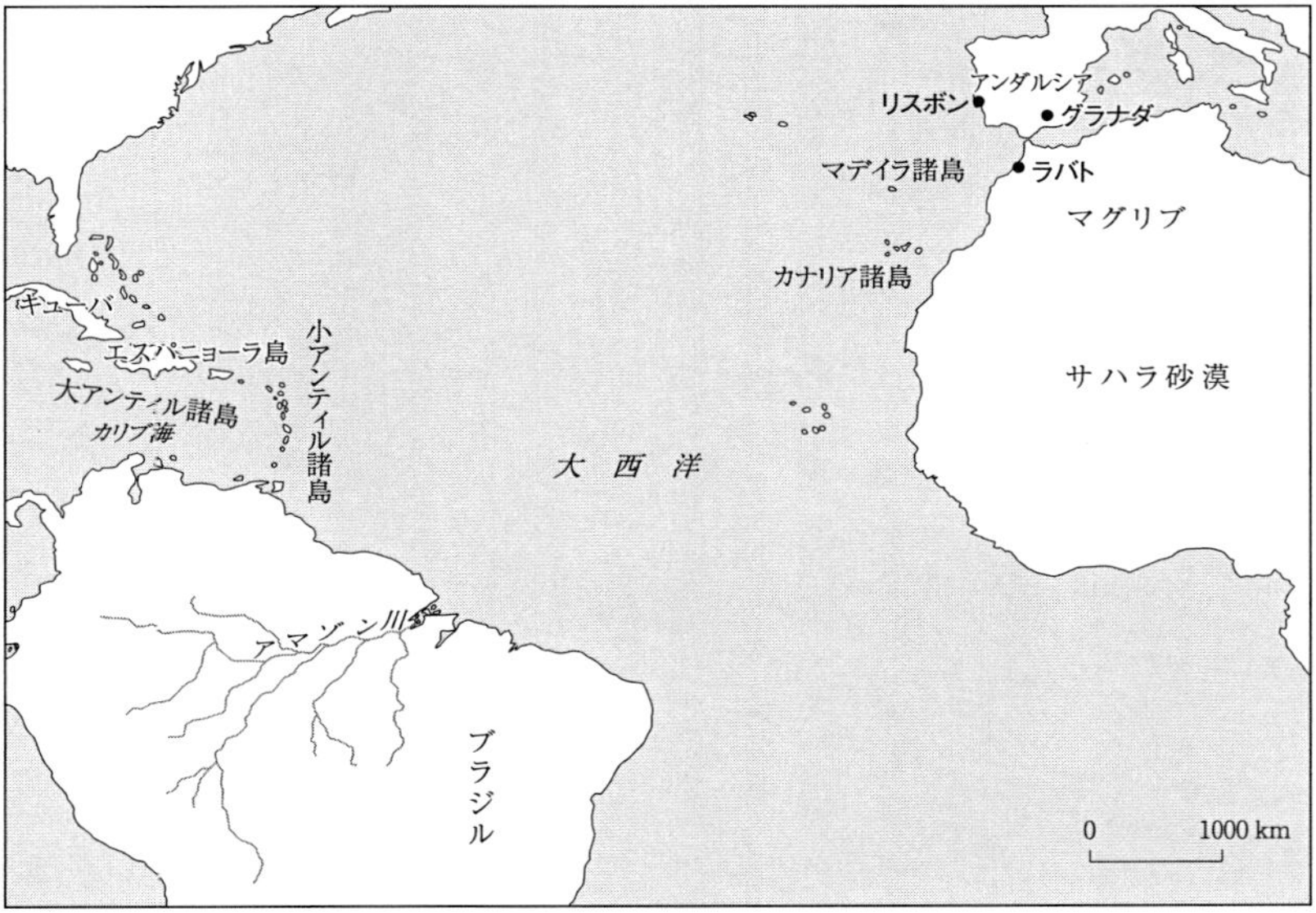

図 17　大西洋とカリブ海の島々

しかし一五三〇年代になると、マデイラの製糖業は早くも衰えをみせはじめ、代わってカリブ海諸島、ついで新大陸のブラジルが砂糖の主要な生産地として台頭してきた。新大陸への砂糖きびの導入に先駆的な役割を果たしたのがジェノヴァ生まれの航海者コロンブス(一四五一頃—一五〇六年)である。彼は、一四九三年、二回目の航海のときに、砂糖きびの苗をスペイン領のカナリア諸島からカリブ海のサント・ドミンゴ島(エスパニョーラ島)にもたらした。[7] デールによれば、一四九二年にグラナダを陥落させたスペインのフェルナンドとイサベルの両王は、翌年、コロンブスに砂糖きびその他の苗や種子をもってふたたび「豊かなアジア」へ向けての航海に出ることを命令した。

その背景には、スペインの新規事業に対するヴェネツィア商人の豊富な資金援助があった。九三年十月にエスパニョーラ島に到着したコロンブスの一行は、そこで砂糖きびの苗を植え、翌年春にはきびの苗が芽吹くのを確認することができたという。[8]

コロンブスはキューバやエスパニョーラ島をインドの一部と思い込んでいたが、このような誤解にもとづく「先駆的な事業」の結果、カリブ海諸島(西インド諸島)ではアフリカの奴隷を用いた砂糖きびプランテーションがにわかに盛んとなっていった。しかし十六世紀前半になると、「(今度はカリブ海諸島に代わって)ブラジルが商業的に意味のある程度の砂糖を、リスボンに輸出するようになり、やがては「一六世紀は砂糖史におけるブラジルの世紀」といえるほどになった」のである。[9]またイギリスもバルバドス島につづいてジャマイカを砂糖きび農場として開発し、まもなくポルトガルの勢力をこの地域から駆逐することに成功した。現地でつくられた大量の粗糖は、イギリスのリヴァプール、ブリストル、ロンドン、オランダのアムステルダム、フランスのナントやマルセイユなどに送られ、そこで精製されてヨーロッパの市場に送り出された。[10]しかし十五世紀以降のヨーロッパにおいても、砂糖の大衆市場はそれほど簡単には成立しなかったらしい。ふたたびミンツを引用すれば、「一八世紀までは、砂糖はなお、現実には特権階級の独占物であり、本質的に薬品、香料、装飾(自己顕示)用の食品として使われたにすぎない」のだという。[11]

コーヒー・紅茶と砂糖との出会い

しかし十七世紀半ば以後、ロンドンやパリにコーヒー・ハウスやカフェが出現し、つづいて喫茶の習慣が導入されると、砂糖の消費は急速に伸びはじめた。コーヒーと紅茶のヨーロッパへの伝播については多くの研究があるので、ここではそれらの研究成果によりながら、コーヒー・紅茶と砂糖との出会いを概観してみることにしたい。アラビア半島に発したコーヒーとアジア社会から伝えられた緑茶(のちに紅茶)、この二つの嗜好品がイスラーム世界の製糖法を継承した南米産の砂糖と、十七—十八世紀のヨーロッパで「歴史的な出会い」を遂げたことが大きな特徴であろう。

R・S・ハトックスの『コーヒーとコーヒーハウス』がくわしく記しているように、アラブ世界でコーヒー(カフワ qahwa)が飲まれるようになったのは、十五世紀中頃のことであった。エチオピアからもたらされたコーヒーの苗木は、アラビア半島西部のムハー(Mukhā 通称モカ)で栽培化され、その実(ブンヌ)を煎ってからこれを粉にして飲むことが広まっていった。コーヒーを最初に飲用したのは、神秘主義の修行者(スーフィー)たちであり、彼らは夜間の修行時に眠気を覚ます目的でコーヒーを服用したといわれる[12]。ただアラビア語のカフワはワイン(ハムル)と同義語に用いられたこともあり、その飲用は精神を乱し、信仰心を損なう作用があるとして、当局に与《くみ》するウラマー(知識人)はコーヒーの摂取を繰り返し厳しく批判した。しかし、そのような批判にもかかわらず、コーヒーの飲用はまもなく「イスラーム世界の中心都市」メッカへと広まり、さらに十六世紀はじめにはカイロにコーヒー店(マクハー maqhā)が出現、つづいて一五五四年にはイスタンブルにも同じくコーヒー店(カフヴェハネ qahvekhane)が開かれた。この時代のコーヒーは、現代のいわゆる「アラビア・コーヒー」と同じく、砂糖やミルクを入れず「ブラック」のままで飲むのが習慣であった。

ヨーロッパで最初のコーヒー・ハウスができたのは、イギリスのオクスフォードであった。一六五〇年、ジェイコブ(ヤコブ)という名のユダヤ人がトルコ人に倣ってコーヒー・ハウスを開いたというから、イスタンブルのコーヒー店が何らかの意味でそのモデルになっていたのであろう。[13] このコーヒー・ハウスはまもなくロンドンに移ったが、オクスフォードではつづいて何軒かのコーヒー・ハウスが新規に開店した。やや遅れてケンブリッジにもコーヒー・ハウスができたが、これらのコーヒー・ハウスに出入りできたのは男性客だけであって、女性には文字通り門戸は閉ざされていた。なお小林章夫『コーヒー・ハウス』には、コーヒーに砂糖を入れて飲むことはどこにも記されていないが、十八世紀末までには「コーヒーにミルクと砂糖を入れて飲むのがふつう」になっていたらしい。[14] いっぽうフランスでは、十七世紀半ば頃にレヴァント貿易の拠点港マルセイユに最初のカフェが出現し、一六八〇年代からパリにも数多くのカフェが開店した。貴族や上層ブルジョワのサロンに対して、カフェは新興の中小ブルジョワたちが、政治や芸術をめぐって熱い意見を交わす場を提供したとされている。J・グレハンによれば、「一七九八年、エジプトに遠征したフランス兵たちがコーヒーに砂糖を入れて飲んでいるのをみて、エジプト人は彼らをあざ笑った」[15] というから、フランスでも、十八世紀末までには、コーヒーに砂糖を用いる習慣がすでにできあがっていたのであろう。

一六一〇年、長崎の平戸に来航したオランダ東インド会社の船が、日本の緑茶をオランダに持ち帰った。これを機に喫茶の風習がオランダではじまり、次にこの風習はオランダからフランス、イギリスへと伝えられた。人々に茶を提供したのは、先に述べたコーヒー・ハウスであったが、とくにロンドンのコーヒー・ハウス「ギャラウェイ」で売られた茶は、病気の予防と治療によく効くとの評判であった。十八世紀のイギリスでは、上層階級の貴婦人を中心に緑茶に砂糖を入れて飲む習慣が広まり、十九世紀になると労働者や下層中産階級の間にまで、ミルクと砂糖入りの紅茶を楽しむ文化が浸透してきた。このような緑茶に代わる紅茶の普及とともに砂糖の消費量は著しく増大していった。角山栄『茶の世界史』には、「十八世紀はじめ、ティには砂糖とミルクが必ずついていた。当時の砂糖は先がまるい円錐形の棒砂糖で、台所ではその砂糖を叩いて砕き、氷ばさみに似た鋼製のピンセットでつまんだ」(p. 93)と記されている。「先がまるい円錐形の棒砂糖」とは、精糖用の素焼き壺、つまりアラビア語でいうウブルージュ(第二章第2節)の形をした砂糖のことであろう。このことは、当時のイギリスでも、地中海・イスラーム世界で用いられた精糖法が、そのまま継承されていたことを示している。

図 18　現代カイロのコーヒー店(マクハー)
写真提供：川床邦夫

なお十九世紀になると、ヨーロッパを中心にして甜菜《てんさい》(ビート)を原料とする製糖法が普及しはじめた。きっかけは、ナポレオンによるイギリス相手の「大陸封鎖令」(一八〇六年)であった。これによって西インド諸島から輸入していた粗糖がほとんど入らなくなり、ヨーロッパ各国は開発されたばかりの、甜菜を原料とする製糖業の産業化を強力に推し進めた。エジプト、キューバ、ブラジル、南ア連邦など亜熱帯の気候を好む砂糖きびに対して、甜菜は寒冷な気候を好み、現在はヨーロッパ、東欧、ロシア、中国、日本(北海道)などで甜菜糖づくりが行われている。二〇〇五年現在、世界の砂糖生産の総量は約一億四〇〇〇万トンあまり、そのうち砂糖きびを原料とする甘蔗糖が七五パーセント、ビートを原料とする甜菜糖が二五パーセントを占めている。[16]

現代イスラーム社会のコーヒー・紅茶・砂糖

十五世紀の半ば頃、アラビア半島西部の町ムハー(モカ)でコーヒーを飲む習慣がはじまり、その後コーヒーがメッカを経由して十六世紀はじめにカイロ、同世紀の半ばにイスタンブルへと順次広まっていったことはすでに述べた通りである。ここでは、カイロとイスタンブルの間にあるダマスクスとアレッポの事情について、述べてみることにしよう。A・ラーフェクによれば、[17]ダマスクスやアレッポでコーヒーの豆を用いた飲み物の用例が登場するのは、カイロより少し後れて一五三〇年代のことであった。オスマン朝のスルタンからコーヒー店取り壊しの命令が出されることもあったが、これはコーヒー店がならず者の集まる風紀のよくない場所とみなされたからである。伝統的なイエメン産のコーヒーが、新しく輸入されはじめた南米産のコーヒーと競合するようになるのは、一七三〇年代のことであった。これ以後およそ一世紀あまりをへた一八七〇年代になると、ダマスクスのコーヒー店で「砂糖なしの一杯のコーヒーが五パラ」という表示が現れるので、この頃にはコーヒーに砂糖を用いる習慣が定着していたものと思われる。

それではイスラーム世界の飲茶の習慣はどのように定着したのだろうか。八世紀半ば以降、泉州や杭州など中国東南部の海岸都市に進出したムスリム商人は、茶についての情報をイスラーム世界にもたらしたとされる。たとえば十世紀半ばに書かれた著者不明の『中国とインドの諸情報』には、「〔中国の〕大王は塩と葉草《サーフ》（茶）を専売にして国家の財源を得ている」（p.59）と記されている。しかし十世紀前後の他のアラブ地理書を見る限り、西アジアのイスラーム世界を対象に茶の輸入や飲茶の習慣を記したものはなく、また前述したイブン・ブトラーンやイブン・リドワーンの薬事書・薬膳書にも茶の記述は見当たらない。ラウファーは、『シノ・イラニカ』のなかで、「飲茶の風習を西アジアにもたらしたのはおそらくモンゴル人であり、したがって十三世紀より早くはなかったようだ」（p.553）と典拠なしの憶測を述べている。つづいてラウファーは、一六六一年の報告を引いて、「ペルシア人はお茶ではなく、コーヒーを飲んでいる」と記している。エジプトでも、十七世紀の商人アブー・タキーヤが扱った商品は、砂糖やコーヒーやタバコが中心であって、緑茶や紅茶は含まれていない[18]。イスタンブルでも、十六世紀半ば以後、人々はカフヴェハネでもっぱらコーヒーを楽しんでおり、チャイハネで紅茶を飲むようになるのは、コーヒーの値段が高騰する第一次大戦後のことであった。十九世紀はじめのエジプトについて、その社会生活を克明に描き出したE・W・レインの『現代エジプト人の作法と習慣[19]』でも、コ

図 19　ダマスクスの甘菓子屋

図 20　ナギーブ・マフフーズの小説『砂糖小路』の上におかれた 2 個のジャッラーブ(黒砂糖). 長さは約 10 cm.

ーヒー店の記述はあっても、喫茶店や飲茶のことはまったく触れられていない。

　これらの事例から判断すれば、イスラーム世界で紅茶を飲む習慣が定着したのは、意外なことに、かなり新しいことであったように思われる。したがって、ここでは砂糖をいれた甘い紅茶を楽しむ社会習慣は、十八―十九世紀頃から始まったと考えておくことにしよう。

　現代のカイロでは、預言者の生誕祭(マウリド・アンナビー、ラビー一月十二日)が近づくと、一週間ほど前から甘菓子屋の店先には、大根・ニンジン・ナス・イチゴなどの甘菓子を詰め合わせた箱や、等身大の花嫁をかたどった甘菓子などが色鮮やかに飾られる。ここには、マクリーズィーが『エジプト誌』のなかで描いていた「子供向けのつり菓子」の伝統が息づいているといってよいであろう。また、下エジプトのタンターには、神秘主義の聖者アフマド・アルバダウィー(一二七六年没)の墓廟がある。毎年、その生誕祭(エジプト社会に土着化した結果、一月十七日、春分の日、夏至の一カ月後の三回)がくると、多くの信者がこの墓廟にお参りし、帰りにはヒヨコ豆でつくった甘菓子の折り詰めをお土産に買っていく。この甘菓子には聖者の霊力(バラカ)が宿っているとされ、これを家族や近

所の人たちに配ってそのバラカを広くほどこすのが習わしとされてきたのである。(20)

近年のエジプトでは、砂糖はすっかり大衆化し、毎年砂糖づくりが行われる冬になると、街角の甘菓子屋にはジャッラーブ jallāb と呼ばれる円錐形の黒砂糖の固まりが売り出される。これは、タバコをのせる水タバコの素焼きの受け口に煮沸した砂糖液を流し込んで固めたものであるが、水タバコの用具を使って砂糖菓子をつくるところに、庶民生活のなかの砂糖が感じられて面白い。酒を飲まないカイロのムスリムたちが、男も女もこの砂糖菓子を買って、美味しそうになめるのを想像するだけでもなかなか楽しいものである。

あとがき

本文でも記したように、ヨルダン北方の町アジュルーンの市立博物館で円錐形の素焼き壺（ウブルージュ）に出会ったときの衝撃は鮮烈であった。マムルーク朝時代の知識人ヌワイリー（一二七九—一三三三年）の『学芸の究極の目的』に記された記述によって、ウブルージュが砂糖精製のための重要な容器であることは分かっていたが、それがどのような形状のものかはまったく想像ができなかったからである。イスラーム考古学を専門とする川床睦夫さんにこのことを話すと、「フスタートの遺物のなかにもあったかもしれない」といって、さっそく類似の発掘品を探し出してくださった。発掘当時は、何のためのものか分からなかったので、その辺に放置してあったのだという。エジプトの場合、形はアジュルーンの素焼き壺よりもやや縦長で、これで精製した砂糖はおそらくコーン（とうもろこし）形の細長い固まりであったろうと思われる。ちなみに、中国製糖史の専門家C・ダニエルスさんによれば、製糖業の長い歴史をもつ中国でも、ウブルージュに相当する円錐形の素焼壺（瓦溜）はいまだに発見されていないのだという。

振り返ってみると、私が東京外国語大学アジア・アフリカ言語文化研究所の研究会で、「イスラム世界における砂糖の生産と流通」と題する報告を行ったのは、一九八五年のことであった。それから数えれば、すでに二三年が経過したことになる。砂糖の一書をまとめるに当たって、このように時間がかかってしまったのは、「マムルークの歴史」や「聖者イブラーヒーム伝説」、あるいは「イスラームの国家と王権」などに関心が移ったことも多分に関係しているといえよう。しかしそれ以上に、砂糖関係の記事がさまざまな史書に分散して伝えられていることも大きな理由であったと思われる。年代記、都市史、百科全書、地理書、旅行記、伝記集、医学書、薬事書、薬膳書などから、砂糖関係の記事を少しずつ拾い集めていったが、これに意外なほどの時間を食ってしまったのである。

また本書では、医学書、薬事書、料理書、薬膳書などからの具体的な引用を心がけたが、ふだん慣れ親しんでいない専門用語の解釈や翻訳には少なからず苦労させられた。関連の百科事典、用語解説、原史料の英語訳・仏語訳などをできるだけ参照したが、それでもどこかに解釈や翻訳の不正確な部分があるかと思われる。専門の方々からのご指摘・ご意見をいただければ幸いである。

本書の執筆に当たっては、多くの方々から、文献の調査、用語の検討、現物資料の収集などに親身なご協力をいただくことができた。モロッコのムハンマド五世大学教授のムハンマド・アーフィーフさん、イスラーム考古学研究所長の川床睦夫さん、同カイロ・センターのハーフィズ・ファトヒーさん、古代オリエント史を専門とする東京大学教授の蔀勇造さん、エジプト在住四〇年近くに及ぶ鈴木登さん、それに先のダニエルスさんからは、資料や基本文献について貴重な情報を提供していただいた。また中国製糖史の関連では東洋文庫の研究部事務室で働く大学院生の皆さんに、そしてアラビア語・ペルシア語関係の情報については、早稲田大学イスラーム地域研究所の大学院生の皆さんに種々助けていただいた。ここに記して感謝の意を表したい。

本書は「砂糖のイスラーム生活史」と題しているが、砂糖の生産と販売を、地域の特色を考慮しながら、時代を追って描き出すという点に着目すれば、現在進めているネットワーク型の国際的な共同研究、「イスラーム地域研究」の手法にもぴったり一致しているものと思う。岩波書店の杉田守康さんは、イスラーム世界を対象とする砂糖史研究の重要さを早くから認められ、その執筆を力強く応援してくださった。本書の執筆にとりかかったのは二〇〇七年の一月、それから一年三カ月もの長い間、一章を仕上げるごとに細かく目を通していただき、そのつど的確なアドバイスを送っていただいた。単著としてちょうど十冊目となる本書は、このようなあたたかい支援に恵まれて誕生したものであり、杉田さんにはこの場を借りて心からお礼申し上げます。

二〇〇八年四月十三日

佐藤次高

■岩波オンデマンドブックス■

砂糖のイスラーム生活史

2008 年 12 月 19 日　第 1 刷発行
2010 年 5 月 6 日　第 2 刷発行
2016 年 5 月 10 日　オンデマンド版発行

著　者　佐藤《さとう》次高《つぎたか》

発行者　岡 本　厚

発行所　株式会社　岩波書店
〒 101-8002　東京都千代田区一ツ橋 2-5-5
電話案内　03-5210-4000
http://www.iwanami.co.jp/

印刷／製本・法令印刷

ISBN 978-4-00-730405-7　　Printed in Japan

索　引

ア 行

カ 行

サ 行

タ 行

ナ 行

ハ　行

マ 行

ヤ 行

ラ 行

ワ 行

史料と参考文献

史料（邦訳は本文中で用いた名称）

（A. 写本）

Anon., *Kitāb al-Ḥāwī lil-A'māl al-Sulṭānīya*『政府の事業集成』, Paris, Bibliothèque Nationale, MS. Arabe 2462.

Bakrī（d. 1094）, *Kitāb al-Masālik wal-Mamālik*『諸国と道程の書』, Wien, Österreichische Nationalbibliothek, MS. Cod Mixt 779.

Ibn al-'Awwām（12–13c.）, *Kitāb al-Filāḥat al-Muslimīn al-Andalusīīn*『アンダルシア・ムスリムの農業書』, Paris, Bibliothèque Nationale, MS. Arabe 2804.

Ibn Ḥajar al-'Asqalānī（d. 1449）, *Badhl al-Mā'ūn fī Fawā'id al-Ṭā'ūn*『ペストの教訓』, University of London, School of Oriental and African Studies, Arabic Manuscripts, No. 13998.

Ibn Iyās（d. ca. 1524）, *'Uqūd al-Jumān fī Waqā'i' al-Azmān*『時代の出来事』, Istanbul, Süleymanie Kütübhanesi, MS. Ayasofya 3311.

Ibn Mammātī（d. 1209）, *Kitāb Qawānīn al-Dawāwīn*『官庁の諸規則』, Damascus, Maktabat al-Asad, MS. Microfilm No. 672.

Ibn Minkalī（d. 1382）, *al-Aḥkām al-Mulūkīya fī al-Ḍawābiṭ al-Nāmūsīya*『王権の諸規則』, Cairo, Dār al-Kutub al-Miṣrīya, MS. Furūsīya Taymūr 23.

Ibn Waḥshīya（10 c.）, *Kitāb al-Filāḥat al-Nabaṭīya*『ナバタイ人の農業書』, Oxford, Bodleian Library, MS. Hunt 340.

Ibn Wāṣil（d. 1298）, *Mufarrij al-Kurūb fī Akhbār Banī Ayyūb*『悲しみを除去するもの』, Paris, Bibliothèque Nationale, MS. Arabe 1702.

Khazrajī（d. 1258）, *Ta'rīkh Dawlat al-Akrād wal-Atrāk*『クルド人とトルコ人の王朝史』, Istanbul, Süleymanie Kütübhanesi, MS. Hekimoğlu Ali Paşa 695.

Makhzūmī（12c.）, *Minhāj fī 'Ilm Kharāj Miṣr*『ハラージュ学の方法』, London, British Library, MS. Add. 23483.

（B. 刊本）

Anon., *Akhbār al-Ṣīn wal-Hind*『中国とインドの諸情報』. 家島彦一訳注『中国とインドの諸情報』全 2 巻, 平凡社（東洋文庫）, 2007 年.

Anon., *Alf Layla wa-Layla*『千夜一夜物語』, 4 vols., Cairo, 2001; Muḥsin Mahdī

ed., *Kitāb Alf Layla wa-Layla*, Leiden, 1984. 前嶋信次・池田修訳『アラビアン・ナイト』全 18 巻，平凡社(東洋文庫)，1966–92 年.

Anon., *Ḥudūd al-Ālam*『世界の境界』, Tehran, 1962; English tr. and Commentary by V. Minorsky, Gibb Memorial Series XI, London, 1970.

Anon., *Kitāb al-Anwā'*『コルドバ歳時記』, originally published by R. Dozy; New ed. by Ch. Pella, *Le calendrier de Cordoue*, Leiden, 1961.

Anon., *Nūr al-Ma'ārif fī Nuẓum wa-Qawānīn wa-A'rāf al-Yaman fī 'Ahd al-Muẓaffarī al-Wārif*『知識の光』, 2 vols., Sanā, 2003–05.

Abū al-Fidā'(d. 1331), *Taqwīm al-Buldān*『諸国一覧』, Paris, 1840.

'Aynī(d. 1451), *'Iqd al-Jumān fī Ta'rīkh Ahl al-Zamān*『真珠の首飾り』, 4 vols., Cairo, 1987–92.

Baghdādī(13 c.), *Kitāb al-Ṭabīkh*『料理の書』, Mosul, 1934; English tr. by A. J. Arberry, *A Baghdad Cookery Book*, 1939; repr. in *Medieval Arab Cookery*, Trowbridge, 2001; New English tr. by Ch. Perry, *A Baghdad Cookery Book*, Trowbridge, 2005.

Bakrī(d. 1095), *Kitāb al-Mamālik wal-Masālik*『諸国と道程の書』, Kuwayt, 1980.

Balādhurī(d. ca. 892), *Futūḥ al-Buldān*『諸国征服史』, Beirut, 1957.

Bar Hebraeus(Abū al-Faraj, d. 1286), *Chronography*『年代記』, ed. and English tr. by E. A. Wallis Budge, vol. 2, London, 1932.

Bukhārī(810–870), *Ṣaḥīḥ al-Bukhārī*『真正ハディース集』, 8 vols., Beirut, n. d. 牧野信也訳『ハディース』全 6 巻，中公文庫，2001 年.

Dawādārī(d. 14 c.), *Kanz al-Durar wa-Jāmi' al-Ghurar*『真珠の宝庫』, vol. 6, Cairo, 1961.

Dimashqī(11c.), *Kitāb al-Ishāra ilā Maḥāsin al-Tijāra*『商業指南の書』, Cairo, 1900.

Dimashqī(d. 1503), *Nuzhat al-Anām fī Maḥāsin al-Shām*『シリアの魅惑』, Cairo, 1341H.

Dioscorides(1 c.), *Materia Medica*, English tr. by R. T. Gunther, *The Greek Herbal of Dioscorides*, Oxford University Press, 1933; repr. London and New York, 1968. 大槻真一郎ほか訳『ディオスコリデスの薬物誌』2 巻，エンタプライズ社，1983 年.

Grohmann, A. ed. Arabic tr., *Awrāq al-Bardī al-'Arabīya bi-Dār al-Kutub al-Miṣrīya*『パピルス文書』, 6 vols., Cairo, 1994.

Hilāl al-Ṣābī(970–1056), *Rusūm Dār al-Khilāfa*, Baghdad, 1964. 谷口淳一・清水和裕監訳『カリフ宮廷のしきたり』松香堂，2003 年.

Ibn Abī ʻUṣaybiʻa (d. 1270), *ʻUyūn al-Anbāʼ fī Ṭabaqāt al-Aṭibbāʼ*『医学者列伝』, 3 vols., Beirut, 1956–57.

Ibn al-ʻAdīm (d. 1262), *al-Wuṣla ilā al-Ḥabīb fī Waṣf al-Ṭayyibāt wal-Ṭayyib*『愛する者との絆』, 2 vols., Aleppo, 1986–88.

Ibn al-ʻAmīd (d. 1273), *Akhbār al-Ayyūbīyīn*『アイユーブ朝史』, *Bulletin d'études orientale*, 15 (1958), pp. 127–184.

Ibn Aybak al-Dawādārī (14 c.), *al-Durr al-Maṭlūb fī Akhbār Banī Ayyūb*『あこがれの真珠』, Cairo, 1972.

Ibn Baṭṭūṭa (1304–1368/69 or 1377), *Tuḥfat al-Nuẓẓār fī Gharāʼib al-Amṣār*『旅行記』, 4 vols., Paris, 1854; repr. Paris, 1969. 家島彦一訳注『大旅行記』全8巻, 平凡社(東洋文庫), 1996–2002年.

Ibn al-Bayṭār (d. 1248), *al-Jāmiʻ li-Mufradāt al-Adwiya wal-Aghdhiya*『薬種・薬膳集成』, 4 vols., Bulaq, 1874; repr. Baghdad, n. d.

Ibn Buṭlān (d. 1066), *Taqwīm al-Ṣiḥḥa*『健康表』, Arabic text and French tr. by H. Elkhadem, *Le Taqwīm al-Ṣiḥḥa (Tacuini Sanitatis) d'Ibn Buṭlān*, Lovanii, 1990.

Ibn Duqmāq (d. 1406), *Kitāb al-Intiṣār li-Wāsiṭa ʻIqd al-Amṣār*『勝利の書』, 2 vols., Cairo, 1893.

Ibn Ḥajar al-ʻAsqalānī (1372–1449), *Inbāʼ al-Ghumr bi-Anbāʼ al-ʻUmr*『時代の情報提供』, 4 vols., Cairo, 1969–98.

———, *al-Durar al-Kāmina fī Aʻyān al-Miʼat al-Thāmina*『隠れた真珠』, 5 vols., Cairo, 1966–67.

Ibn al-Ḥājj (d. 1336), *al-Madkhal*『入門書』, 4 vols., Beirut, 1981.

Ibn Ḥawqal (10 c.), *Kitāb Ṣūrat al-Arḍ*『大地の形態』, Leiden, 1967.

Ibn al-Jawzī (d. 1201), *al-Muntaẓam fī Taʼrīkh al-Mulūk wal-Umam*『歴史の秩序』, vols. 5–10, Hayderabad, 1357–58H.

Ibn al-Jazarī (d. 1338), *Taʼrīkh Ḥawādith al-Zamān*『時代の出来事の歴史』, 3 vols., Beirut, 1998.

Ibn Jubayr (1145–1217), *Riḥla Ibn Jubayr*, Beirut, 1964; English tr. by R. Broadhurst, *The Travels of Ibn Jubayr*, London, 1952. 藤本勝次・池田修監訳『旅行記』, 関西大学出版部, 1992年.

Ibn Mammātī (d. 1209), *Kitāb Qawānīn al-Dawāwīn*『官庁の諸規則』, Cairo, 1943.

Ibn al-Maʼmūn (d. 1192), *Nuṣūṣ min Akhbār Miṣr*『エジプト史』, Cairo, 1983.

Ibn Manẓūr (d. 1312), *Lisān al-ʻArab*『アラビア語辞典』, 15 vols., Beirut, 1955–56.

Ibn al-Nadīm (d. 995), *al-Fihrist*『目録の書』, Leipzig, 1867; repr. Beirut, 1964.
Ibn al-Nafīs (d. 1288), *al-Shāmil fī al-Ṣinā'at al-Ṭibbīya*『医学百科全書』, vol. 15, Abu Dhabi, n. d.
Ibn al-Quff (1233–86), *Jāmi' al-Gharaḍ fī Ḥifẓ al-Ṣiḥḥa wa-Daf' al-Maraḍ*『健康維持と病気予防策集成』, Amman, 1989.
Ibn Riḍwān (998–1068), *Kitāb Daf' Maḍār al-Abdān*『病気予防の書』, Arabic text ed. by A. S. Gamal and English tr. by M. W. Dols, London, 1984.
Ibn Sa'īd al-Maghribī (d. 1274 or 1286), *Kitāb al-Jughrāfiyā*『地理の書』, Beirut, 1970.
Ibn Sayyār Muẓaffar al-Warrāq (10 c.), *Kitāb al-Ṭabīkh*『料理の書』, Helsinki, 1987; English tr. with Introduction and Glossary by N. Nasrallah, *Annals of the Caliphs' Kitchens: Ibn Sayyār al-Warrāq's Tenth-Century Baghdadi Cookbook*, Leiden, 2007.
Ibn Shaddād (d. 1285), *al-A'lāq al-Khaṭīra fī Dhikr Umarā' al-Shām wal-Jazīra: Lubnān*『シリアのアミールたち』, Damascus, 1963.
Ibn Taghrībirdī (d. 1470), *Ḥawādith al-Duhūr*『時代の出来事』, 4vols., Berkeley, 1930–42.
———, *al-Manhal al-Ṣāfī wal-Mustawfī ba'da al-Wāfī*『澄んだ泉』, 12 vols., Cairo, 1980–2006.
Ibn Ṭawq (1430–1509), *al-Ta'līq: Yawmīyāt Shihāb al-Dīn Aḥmad b. Ṭawq*『ダマスクス日記』, 3 vols., Damascus, 2000–04.
Ibn al-Ṭiqṭaqā (13 c.), *al-Fakhrī fī al-Ādāb al-Sulṭānīya*『統治の誉れ』, Beirut, 1966. 池田修・岡本久美子訳『アルファフリー』全2巻, 平凡社(東洋文庫), 2004年.
Ibn al-Ukhuwwa (d. 1329), *Ma'ālim al-Qurba fī Aḥkām al-Ḥisba*『ヒスバの規則』, Cairo, 1976.
Ibn Wahshīya (10 c.), *al-Filāḥat al-Nabaṭīya*『ナバタイ人の農業書』, 3 vols., Damascus, 1993–98.
Idrīsī (1100–1165), *Kitāb Nuzhat al-Mushtāq fī Ikhtirāq al-Āfāq*『慰みの書』, 9 vols., Napoli and Roma, 1970–84.
Iṣfahānī (d. 1201), *al-Fatḥ al-Qussī fī al-Fatḥ al-Qudsī*『確固たる勝利』, Cairo, 1965.
Iṣṭakhrī (10 c.), *Kitāb Masālik al-Mamālik*『諸国道程の書』, Leiden, 1967.
Jāḥiẓ (ca. 776–868/9), *Kitāb al-Tabaṣṣur bil-Tijāra*『商業考察の書』, Cairo, 1935.

Jahshiyārī (d. 942), *Kitāb al-Wuzarā' wal-Kuttāb*『宰相と書記の書』, Cairo, 1938.
Khwārizmī (d. 997), *Kitab Mafātīḥ al-'Ulūm*『学問の鍵』, Leiden, 1895.
Lane, E. W., *An Account of the Manners and Customs of the Modern Egyptians*, repr. from the fifth edition of 1860, Cairo, 2003.
Maqrīzī (ca. 1364–1442), *Kitāb al-Mawā'iẓ wal-I'tibār bi-Dhikr al-Khiṭaṭ wal-Āthār*『エジプト誌』, 2 vols., Bulaq, 1854; repr. Baghdad, 1970.
———, *Kitāb al-Sulūk li-Ma'rifat Duwal al-Mulūk*『諸王朝の知識の旅』, 4 vols., Cairo, 1939–73.
———, *Niḥal 'Ibar al-Naḥl*『蜜蜂論』, Cairo, 1946.
———, *Kitāb Ighāthat al-Umma bi-Kashf al-Ghumma*『エジプト社会救済の書』, Cairo, 1940; English tr. by A. Allouche, *Mamluk Economics*, Salt Lake City, 1994.
Marco Polo (1254–1324), *The Travels of Marco Polo*, Translated into English from the Text of L. F. Benedetto by Aldo Ricci, London, 1931; repr. New Delhi, 1994. 愛宕松男訳注『東方見聞録』全 2 巻，平凡社(東洋文庫)，1970–71 年.
———, H. Yule and H. Cordier tr. and ed., *The Book of Ser Marco Polo*, 2 vols., 3rd ed., London, 1929.
Muqaddasī (10 c.), *Aḥsan al-Taqāsīm fī Ma'rifat al-Aqālīm*『最良の地域区分』, Leiden, 1967.
Musabbiḥī (977–1029), *Akhbār Miṣr*『エジプト史』, Cairo, 1978.
Mutanabbī (915–965), *Dīwān Abī al-Ṭayyib al-Mutannabī*『ムタナッビー詩集』, Cairo, 1944.
Nābulusī (d. 1261), *Ta'rīkh al-Fayyūm*『ファイユームの歴史』, Cairo, 1898.
Nāṣir Khusraw (1003–1061), *Safar Nāma*『旅行記』, Berlin, 1340 H (1922).
Nuwayrī (1279–1333), *Nihāyat al-Arab fī Funūn al-Adab*『学芸の究極の目的』, 33 vols., Cairo, 1954–97.
Qalqashandī (1355–1418), *Ṣubḥ al-A'shā fī Ṣinā'at al-Inshā'*『黎明』, 14 vols., Cairo, 1963.
Qazwīnī (ca. 1203–83), *Āthār al-Bilād*『諸国誌』, Beirut, 1960.
Ṣafadī (d. 1363), *Kitāb al-Wāfī bil-Wafayāt*『死亡録補遺』, vols. 1–19, 21–22, 24–25, 28–30, Wiesbaden, 1949–2004.
Sakhāwī (d. 1497), *Ḍaw' al-Lāmi' li-Ahl al-Qarn al-Tāsi'*『輝く光』, 12 vols., Beirut, 1934–36.
Shayzarī (d. 1193), *Nihāyat al-Rutba fī Ṭalab al-Ḥisba*『ヒスバ追究』, Beirut, 1969;

English tr. by R. P. Buckley, *The Book of the Islamic Market Inspector*, Oxford, 1999.
Strabo (ca. 64 B. C.–ca. 21 A. D.), H. L. Jones ed. and tr., *The Geography of Strabo*, 8 vols., London and New York, 1917–32.
Subkī (d. 1370), *Ṭabaqāt al-Shāfiʿīyat al-Kubrā*『大シャーフィイー派学者列伝』, 8 vols., Cairo, 1964.
———, *Kitāb Muʿīd al-Niʿam wa-Mubīd al-Niqam*『恩寵の復活者』, London, 1908; repr. New York, 1978.
Suyūṭī (d. 1505), *Ḥusn al-Muḥāḍara fī Taʾrīkh Miṣr wal-Qāhira*『講義の魅力』, 2 vols., Cairo, 1967–68.
Ṭabarī (d. 923), *Taʾrīkh al-Rusul wal-Mulūk*『使徒たちと諸王の歴史』, 15 vols., Leiden, 1879–1901; repr. Leiden, 1964.
Thaʿālibī (961–1038), *Laṭāʾif al-Maʿārif*『珍しい情報』, Cairo, 1960; English tr. by C. E. Bosworth, *The Book of Curious and Entertaining Information*, Edinburgh, 1968.
Udfuwī (d. 1347), *al-Ṭāliʿ al-Saʿīd*『幸運』, Cairo, 1914.
ʿUmarī (1301–49), *Masālik al-Abṣār fī Mamālik al-Amṣār*『道程の書』, Beirut, 1986.
Usāma b. Munqidh (d. 1188), *Kitāb al-Iʿtibār*『回想録』, Princeton, 1930; English tr. by P. K. Hitti, *Memoirs of an Arab-Syrian Gentleman*, New York, 1929; repr. Beirut, 1964.
Yaʿqūbī (d. 897), *Kitāb al-Buldān*『諸国誌』, Leiden, 1967.
Yāqūt (d. 1229), *Muʿjam al-Buldān*『諸国集成』, 5 vols., Beirut, 1955–57.
アヴィセンナ『医学の歌』志田信男訳，草風館，1998 年.
嵇含『南方草木状』小林清市訳著『中国博物学の世界──「南方草木状」「斉民要術」を中心に』農山漁村文化協会，2003 年.
宋應星『天工開物』藪内清訳注，平凡社(東洋文庫)，1969 年.

参考文献

ʿAbd Allāh, Ṣafī A. M., *Mudum Miṣr al-Ṣināʿīya fī al-ʿAṣr al-Islāmī*, Cairo, 2000.
ʿAbd al-Raḥmān, ʿĀsim M., *Marākiz al-Ṣināʿa fī Miṣr al-Islāmīya*, Cairo, 1989.
Abū Sadīra, al-Sayyid T. al-Sayyid, *al-Ḥiraf wal-Ṣināʿāt fī Miṣr al-Islāmīya*, Cairo, 1991.
Academy of Arabic Language ed., *Modern Dictionary of Chemical and Pharmaceutical Terms*, Cairo, 2004.
Aḥmad, Aḥmad ʿAbd al-Rāziq, *al-Badhl wal-Barṭala Zaman Salāṭīn al-Mamālīk*,

Cairo, 1979.
Aḥmad, ʻAzīz, *A History of Islamic Sicily*, Edinburgh, 1975.
Ahsan, Muhammad M., *Social Life under the Abbasids*, London and New York, 1979.
ʻAlī, Ṣāliḥ A. al-, *Baghdād Madīnat al-Salām*, 2 vols., Baghdad, 1985.
Ashqar, Muḥammad A. al-, *Tujjār al-Tawābil fī Miṣr fī al-ʻAṣr al-Mamlūkī*, Cairo, 1999.
Ashtor, Eliyahu, *Histoire des prix et des salaires dans l'Orient médiéval*, Paris, 1969.
———, *A Social and Economic History of the Near East in the Middle Ages*, Berkeley and Los Angeles, 1976.
———, "The Kārimī Merchants," *Journal of the Royal Asiatic Society*, 1956, pp. 45–56.
———, "Levantine Sugar Industry in the Late Middle Ages: A Case of Technological Decline," A. L. Udovitch ed., *The Islamic Middle East, 700–1900*, Princeton, 1981, pp. 91–132.
———, *Levant Trade in the Later Middle Ages*, Princeton, 1983.
ʻĀshūr, Saʻīd A., *al-Mujtamiʻ al-Miṣrī fī ʻAṣr Salāṭīn al-Mamālīk*, Cairo, 1962.
Ayalon, David, "Studies on the Structure of the Mamluk Army I–III," *Bulletin of the School of Oriental and African Studies*, 15 (1953), pp. 203–228, 449–476; 16 (1954), pp. 57–90.
———, "Notes on the *Furūsīya* Exercises and Games in the Mamluk Sultanate," U. Heyd ed., *Studies in Islamic History and Civilization*, Jerusalem, 1961, pp. 31–62.
———, "The System of Payment in Mamluk Military Society," *Studies in the Mamlūks of Egypt (1250–1517)*, Variorum reprints, London, 1977, pp. 37–65.
Béllahsen, F. and D. Rouche, *Cuisine tunisienne*, Barcelone, 2003.
Berthier, Paul, *Les anciennes sucreries du Maroc et leur reseaux hydrauliques*, 2 vols., Rabat, 1966.
Blume, Helmut, *Geography of Sugar Cane*, Berlin, 1985.
Borsch, Stuart J., *The Black Death in Egypt and England: A Comparative Study*, Cairo, 2005.
Brockelmann, Carl, *Geschichte der Arabischen Litteratur*, 5 vols., Leiden, 1937–49.
Browne, E. G., *Arabian Medicine*, Cambridge, 1921; repr. 1962.
Centre national de la recherche scientifique ed., *Sucre, sucreries et douceurs en Méditerranée*, Paris, 1991.
Cohen, Mark R., *Jewish Self-Government in Medieval Egypt: The Origins of the Office*

of Head of the Jews, ca. 1065–1126, Princeton, 1980.

Daniels, Christian, *Science and Civilisation in China* (Joseph Needham) vol. 6, Biology and Biological Technology, part III: *Agro-Industries: Sugarcane Technology*, Cambridge, 1996.

Darrag, Ahamad, *L'Égypte sous le règne de Barsbāy*, Damascus, 1961.

Deerr, Noel, *The Histoy of Sugar*, 2 vols., London, 1949–50.

Dols, Michael W., *The Black Death in the Middle East*, Princeton, 1977.

Dozy, R., *Dictionnaire détaillé des noms des vêtemants chez les Arabes*, Amsterdam, 1845; repr. Beirut, n. d.

———, *Supplément aux dictionnaires arabes*, 3rd ed., 2 vols., Paris, 1967.

Dūrī, 'Abd al-'Azīz al-, *Ta'rīkh al-'Irāq al-Iqtiṣādī fī al-Qarn al-Rābi' al-Hijrī*, Baghdad, 1948; repr. Beirut, 1974.

Ehrenkreutz, Andrew S., *Saladin*, Albany, 1972.

Ellenblum, Ronnie, *Frankish Rural Settlement in the Latin Kingdom of Jerusalem*, Cambridge, 1998.

Fischel, W. J., "Über die Gruppe der Kārimī-Kaufleute," *Annalecta Orientalia*, 14 (1937), pp. 67–82

———, *Ibn Khaldūn in Egypt: His Public Functions and His Historical Research (1382–1406)*, Berkeley and Los Angeles, 1967.

Frantz-Murphy, G., *The Agrarian Administration of Egypt from the Arabs to the Ottomans*, Cairo, 1986.

Goitein, S. D., "The Documents of the Cairo Geniza as a Source for Mediterranean Social History," *Journal of the American Oriental Society*, 80 (1960), pp. 91–100.

———, *Studies in Islamic History and Institutions*, Leiden, 1966.

———, *A Mediterranean Society*, 6 vols., Berkeley and Los Angeles, 1967–93.

———, *Letters of Medieval Jewish Traders*, Princeton, 1973.

Grehan, James, *Everyday Life of Consumer Culture in 18th-Century Damascus*, Seattle and London, 2007.

Grunebaum, G. E. von, *Muhammadan Festivals*, London, 1951.

Guo Li, *Commerce, Culture, and Community in a Red Sea Port in the Thirteenth Century*, Leiden, 2004.

Ḥajjī, Ḥayāt N. al-, *Aḥwāl al-'Āmma fī Ḥukm al-Mamālīk*, Kuwait, 1994.

Ḥamārneh, Ṣāliḥ, "Zirā'at Qaṣab al-Sukkar wa-Ṣinā'atuh 'inda al-'Arab al-Muslimīn," *Annual of the Department of Antiquities*, vol. 22, Amman, 1977–78,

pp. 12–19.
Hanna, Nelly, *Making Big Money in 1600: The Life and Times of Isma'il Abu Taqiyya, Egyptian Merchant*, New York, 1998.
Harīdī, Aḥmad A., *Index des Ḫiṭaṭ: Index analytique des ouvrages d'Ibn Duqmāq et de Maqrīzī sur le Caire*, 3 vols., Cairo, 1983–84.
Hattox, R. S., *Coffee and Coffeehouse*, Seattle and London, 1985. ラルフ・S. ハトックス『コーヒーとコーヒーハウス』斎藤富美子・田村愛理訳，同文館出版，1993 年.
Hinz, W., *Islamische Masse und Gewichte*, Leiden, 1955; English tr. by M. I. Marcinkowski, *Measures and Weights in the Islamic World*, Kualalumpur, 2003.
Holt, Peter M., *The Age of the Crusades: The Near East from the Eleventh Century to 1517*, London, 1986.
Horii Yutaka, "The Mamlūk Sultan Q̲ānsūh al-Ghawrī (1501–16) and the Venetians in Alexandria," *Orient*, 38 (2003), pp. 178–199.
Irwin, R., *The Middle East in the Middle Ages: The Early Mamluk Sultanate 1250–1382*, London, 1986.
Ju'aydī, Shalabī I. I. al-, *al-Azmāt wal-Awbi'a fī Miṣr fī 'Aṣr al-Mamālīk al-Jarākisa*, Alexandria, n. d.
Kamal, Hassan, *Encyclopaedia of Islamic Medicine*, Cairo, 1975.
Labib, Subhi Y., *Handelsgeschichte Ägyptens im Spätmittelater (1171–1517)*, Wiesbaden, 1965.
Lambton, Ann K. S., *Landlord and Peasant in Persia*, London, 1953. アン・K. S. ラムトン『ペルシアの地主と農民』岡崎正孝訳，岩波書店，1976 年.
Lapidus, Ira M., *Muslim Cities in the Later Middle Ages*, Cambridge, Mass., 1967.
Lassner, Jacob, *The Topography of Baghdad in the Early Middle Ages*, Detroit, 1970.
Laufer, Berthold., *Sino-Iranica: Chinese Contributions to the History of Civilization in Ancient Iran*, Chicago, 1919; repr. Taipei, 1973.
Le Strange, G., *Palestine under the Moslems*, London, 1890; repr. Beirut, 1965.
———, *Baghdad during the Abbasid Caliphate*, Oxford, 1900; repr. London, 1972.
———, *The Lands of the Eastern Caliphate*, London, 1905; repr. London, 1966.
Levanoni, Amaria, *A Turning Point in Mamluk History: The Third Reign of al-Nāṣir Muḥammad Ibn Qalāwūn 1310–1341*, Leiden, 1995.
Levey, M., *Early Arabic Pharmacology*, Leiden, 1973.
Lippmann, Edmund O. von, *Geschichte des Zuckers*, Leipzig, 1890.

Little, Donald P., "Coptic Converts to Islam during the Baḥrī Mamluk Period," M. Gervers and R. J. Bikhazi eds., *Indigenous Christian Communities in Islamic Lands—Eighth to Eighteenth Centuries*, Toronto, 1990, pp. 263–288.

Mazuel, Jean, *Le sucre en Égypte: étude de géographie historique et économique*, Cairo, 1937.

Mazumdar, Sucheta, *Sugar and Society in China: Peasants, Technology, and the World Market*, Cambridge, Mass., 1998.

Meloy, J. L., "Imperial Strategy and Political Exigency: The Red Sea Spice Trade and the Mamluk Sultanate in the Fifteenth Century," *Journal of the American Oriental Society*, 123 (2003), pp. 1–19.

Mez, Adam, *Die Renaissance des Islams*, Heidelberg, 1922; repr. Hildesheim, 1968.

Mintz, Sidney W., *Sweetness and Power: The Place of Sugar in Modern History*, New York, 1985. シドニー・W. ミンツ『甘さと権力——砂糖が語る近代史』川北稔・和田光弘訳, 平凡社, 1988 年.

Morimoto Kosei, "What Ibn Khaldūn Saw: The Judiciary of Mamluk Egypt," *Mamlūk Studies Review*, 6 (2002), pp. 109–131.

Mottahedeh, Roy P., *Loyalty and Leadership in an Early Islamic Society*, Princeton, 1980.

Najjār, Muḥammad Rajab al-, *Ḥikāyat al-Shuṭṭār wal-'Ayyārīn fī al-Turāth al-'Arabī*, Kuwait, 1981.

Perry, Charles, "A Thousand and One 'Fritters': The Food of the Arabian Nights," M. Rodinson, A. J. Arberry and Ch. Perry eds., *Medieval Arab Cookery*, Trowbridge, 2006, pp. 487–496.

Pormann, Peter E. and E. Savage-Smith, *Medieval Islamic Medicine*, Washington, 2007.

Rabie, Hassanein, *The Financial System of Egypt A. H. 564–741/A. D. 1169–1341*, London, 1972.

———, "Some Technical Aspects of Agriculture in Medieval Egypt," A. L. Udovitch ed., *The Islamic Middle East, 700–1900*, Princeton, 1981, pp. 59–90.

Rafeq, Abdul-Karim, "The Socioeconomic and Political Implications of the Introduction of Coffee into Syria, 16–18th Centuries," M. Tuchscherer ed., *Le commerce du café avant l'ère des plantations coloniales*, Cairo, 2001, pp. 127–142.

Rivlin, Helen A., *The Agricultural Policy of Muḥammad 'Alī in Egypt*, Cambridge, Mass., 1961.

Rodinson, Maxime, A. J. Arberry and Ch. Perry eds., *Medieval Arab Cookery*, Trowbridge, 2006.

Sabari, S., *Mouvements populaires à Baghdad à l'époque 'abbaside*, Paris, 1981.

Sabra, Adam, *Poverty and Charity in Medieval Islam: Mamluk Egypt, 1250–1517*, Cambridge, 2000.

Sāmarrāie, Ḥusām Q. el-, *Agriculture in Iraq during the 3rd Century A. H.*, Beirut, 1972.

Sanders, Paula, *Ritual, Politics, and the City in Fatimid Cairo*, Albany, 1994.

Sato Tsugitaka, *State and Rural Society in Medieval Islam: Sultans, Muqta's and Fallahun*, Leiden, 1997.

———, "Sugar in the Economic Life of Mamluk Egypt," *Mamlūk Studies Review*, 8–2 (2004), pp. 87–107.

———, "Slave Traders and Kārimī Merchants during the Mamluk Period: A Comparative Study," *Mamlūk Studies Review*, 10–1 (2006), pp. 141–156.

———, "Fiscal Administration in Syria during the Reign of Sultan al-Nāsir Muḥammad," *Mamlūk Studies Review*, 11–1 (2007), pp. 19–37.

Sauvaget, J., "Sur un papyrus arabe de la Bibliothèque Égyptienne," *Annales de l'Institut d'Études Orientales (Alger)*, 1948, pp. 29–38.

Schimmel, Annemarie., *Islamic Names*, Edinburgh, 1989.

Schwarz, P., "Die Zuckerpressen von Ahwāz," *Der Islam*, 6 (1916), pp. 269–279.

Serjeant, R. B., *Islamic Textiles: Material for a History up to the Mongol Conquest*, Beirut, 1972.

Sezgin, Fuat, *Geschichte des Arabischen Schrifttums*, 13 vols., Leiden, 1967–2007.

Shoshan, Boaz, *Popular Culture in Medieval Cairo*, Cambridge, 1993.

Smith, G. R., *The Ayyūbids and Early Rasūlids in the Yemen (567–694/1173–1295)*, London, 1974.

Sobernheim, M., "Das Zuckermonopol unter Sultān Barsbāi," *Zeitschrift für Assyriologie*, 27 (1912), pp. 75–84.

Tuchscherer, M. ed., *Le commerce du café avant l'ère des plantations coloniales*, Cairo, 2001.

Udovitch, Abraham L., *Partnership and Profit in Medieval Islam*, Princeton, 1970.

———, "England to Egypt, 1350–1500: Long-term Trends and Long-distance Trade, IV. Egypt," M. A. Cook ed., *Studies in the Economic History of the Middle East*, London, 1970, pp. 115–128.

——— ed., *The Islamic Middle East, 700–1900: Studies in Economic and Social History*, Princeton, 1981.
Ullmann, Manfred, *Islamic Medicine*, Edinburgh, 1978.
Varisco, Daniel Martin, *Medieval Agriculture and Islamic Science: The Almanac of a Yemeni Sultan*, Seattle and Lndon, 1994.
Watson, Andrew M., *Agricultural Innovation in the Early Islamic World*, Cambridge, 1983.
Zaouali, Lilia, *Medieval Cuisine of the Islamic World*, English tr. by M. B. DeBevoise, Berkeley and Los Angeles, 2007.
The Encyclopaedia of Islam, new ed., Leiden, 1954–2004.

『アジア歴史事典』全 10 巻，平凡社，1959–62 年.
『歴史学事典』1–15 巻，弘文堂，1994–2008 年.
『岩波イスラーム辞典』大塚和夫ほか編，岩波書店，2002 年.
『新イスラム事典』日本イスラム協会編，平凡社，2002 年.
『トルコ料理——東西交差路の食風景』柴田書店，1992 年.
アーウィン，ロバート『必携アラビアン・ナイト』西尾哲夫訳，平凡社，1998 年.
明坂英二『シュガーロード——砂糖が出島にやってきた』長崎新聞新書，2002 年.
アブー゠ルゴド，ジャネット・L.『ヨーロッパ覇権以前——もうひとつの世界システム』上・下，佐藤次高ほか訳，岩波書店，2001 年.
アルハサン，アフマド・Y.／ドナルド・R. ヒル『イスラム技術の歴史』多田博一ほか訳，平凡社，1999 年.
五十嵐一『東方の知と医——イブン・スィーナー研究』講談社，1989 年.
石毛直道『食卓の文化誌』岩波現代文庫，2004 年.
臼井隆一郎『コーヒーが廻り世界史が廻る』中公新書，1992 年.
大塚和夫編『アラブ』石毛直道監修「世界の食文化」10，農山漁村文化協会，2007 年.
岡崎正孝『カナートイランの地下水路』論創社，1988 年.
尾崎(鈴木)喜久子「中世アラブ料理書の系統と特徴について」『オリエント』37–2，1994 年，pp. 88–107.
———「中世イスラーム世界のパスタ」『オリエント』42–2，1999 年，pp. 22–39.

———「元代の日用類書『居家必用事類』にみえる回回食品」『東洋学報』88-3，2006 年，pp. 27-55.
川北　稔『砂糖の世界史』岩波ジュニア新書，1996 年.
菊池忠純「マムルーク朝時代カイロのムフタシブ――出身階層と経歴を中心に」『東洋学報』64-1・2，1983 年，pp. 131-176.
ギュイヨ，リュシアン『香辛料の世界史』池崎一郎ほか訳，文庫クセジュ，白水社，1987 年.
金七紀男『エンリケ航海王子』刀水書房，2004 年.
グタス，ディミトリ『ギリシア思想とアラビア文化――初期アッバース朝の翻訳運動』山本啓二訳，勁草書房，2002 年.
興膳　宏『平成漢字語往来』日本経済新聞出版社，2007 年.
小林章夫『コーヒー・ハウス』駸々堂出版，1984 年.
小林雅夫『古代ローマの人々――家族・教師・医師』早稲田大学文学部，2005 年.
———「ローマ社会の医師」『早稲田大学大学院文学研究科紀要』本冊第 38 輯（哲学・史学編），1992 年，pp. 171-185.
酒井啓子『イラクは食べる――革命と日常の風景』岩波新書，2008 年.
佐藤次高『中世イスラム国家とアラブ社会――イクター制の研究』山川出版社，1986 年.
———「イスラム世界における砂糖の生産と流通」『アジア・アフリカにおけるイスラム化と近代化に関する調査研究』東京外国語大学アジア・アフリカ言語文化研究所，1986 年，pp. 29-45.
———「スルタンと奴隷」佐藤次高編『イスラム・社会のシステム』講座イスラム 3，筑摩書房，1986 年，pp. 7-40.
———「巡礼――その社会経済的側面」川床睦夫編『シンポジウム「巡礼―Part II―」』中近東文化センター研究会報告 No. 8，1987 年，pp. 110-143.
———「現代エジプトの宗教事情――カイロ・タンター・ファイユーム」片倉もとこ編『人々のイスラーム』日本放送出版協会，1987 年，pp. 87-101.
———『マムルーク――異教の世界からきたイスラムの支配者たち』東京大学出版会，1991 年.
———『イスラームの「英雄」サラディン――十字軍と戦った男』講談社選書メチエ，1996 年.

———『イスラーム世界の興隆』中央公論社，1997 年.
———『イスラームの生活と技術』世界史リブレット 17，山川出版社，1999 年.
———「イスラームの生活原理と「とき」」佐藤次高・福井憲彦編『ときの地域史』山川出版社，1999 年，pp. 246–282.
———『イスラームの国家と王権』岩波書店，2004 年.
———「マムルーク朝時代の奴隷商人とカーリミー商人——比較の試み」『史滴』26，2004 年，pp. 1–19.
———「ヌワイリーによる砂糖きびの栽培法と砂糖の製法」『イスラム科学研究』1，2005 年，pp. 69–75.
———「イブン・アル＝ハーッジュによる砂糖精製所の実態」『イスラム科学研究』2，2005 年，pp. 71–80.
———「円錐型の砂糖ウブルージュについて」『イスラム科学研究』3，2007 年，pp. 105–109.
佐藤次高ほか『イスラム社会のヤクザ』第三書館，1994 年.
清水宏祐「Irshād al-Zirā‘a における作物栽培法各論」1・2，『史淵』133・134，1996–97 年，pp. 55–73, 1–19.
———『イスラーム農書の世界』世界史リブレット 85，山川出版社，2007 年.
真道洋子『イスラームの美術工芸』世界史リブレット 76，山川出版社，2004 年.
———「トゥール遺跡出土のガラス製クフル瓶——イスラーム期の練り込み装飾尖底小瓶の年代と用途をめぐる考察」『Glass』40，1996 年，pp. 17–25.
鈴木　董『食はイスタンブルにあり』NTT 出版，1995 年.
戴 国 煇『中国甘蔗糖業の展開』アジア経済研究所，1967 年.
高山　博『神秘の中世王国——ヨーロッパ，ビザンツ，イスラム文化の十字路』東京大学出版会，1995 年.
———『ヨーロッパとイスラーム世界』世界史リブレット 58，山川出版社，2007 年.
ダニエルス，クリスチャン「近代の甘味西東」『東方』64，1986 年，pp. 2–5.
———「明末清初における新製糖技術体系の採用及び国内移転」『就実女子大学史学論集』3，1988 年，pp. 77–156.
角山　栄『茶の世界史——緑茶の文化と紅茶の社会』中公新書，1980 年.

ドゥ・カンドル『栽培植物の起原』上・中・下，加茂儀一訳，岩波文庫，1953–58 年.
名嘉正八郎『沖縄・奄美の文献から見た黒砂糖の歴史』ボーダーインク，2003 年.
西尾哲夫『図説アラビアンナイト』河出書房新社，2004 年.
―――『アラビアンナイト――文明のはざまに生まれた物語』岩波新書，2007 年.
橋本　仁・高田明和編『砂糖の科学』朝倉書店，2006 年.
長谷部史彦編著『中世環地中海圏都市の救貧』慶応義塾大学出版会，2004 年.
ヒッティ，フィリップ・K.『アラブの歴史』上・下，講談社学術文庫，1982–83 年.
堀井　優「オスマン朝のエジプト占領とヴェネツィア人領事・居留民――1517 年セリム 1 世の勅令の内容を中心として」『東洋学報』78–4, 1997 年, pp. 33–60.
―――「中世アレクサンドリアの空間構成」深沢克己編『港町のトポグラフィ』港町の世界史 2，青木書店，2006 年，pp. 245–270.
前嶋信次『アラビアの医術』中公新書，1965 年.
―――『アラビアンナイトの世界』講談社現代新書，1970 年.
―――「舎利別(シャーベット)考」『東西物産の交流』東西文化交流の諸相，誠文堂新光社，1982 年，pp. 9–40.
―――「アラビア人と珈琲――民族文化的考察」『東西物産の交流』東西文化交流の諸相，誠文堂新光社，1982 年，pp. 177–205.
―――「シリアと砂糖――中世シリア人の文化的寄与」『東西物産の交流』東西文化交流の諸相，誠文堂新光社，1982 年，pp. 207–221.
―――『千夜一夜物語と中東文化』杉田英明編，平凡社(東洋文庫)，2000 年.
マクニール，W. H.『疫病と世界史』佐々木昭夫訳，新潮社，1985 年.
松浦豊敏『風と甕――砂糖の話』葦書房，1987 年.
三浦　徹『イスラームの都市世界』世界史リブレット 16，山川出版社，1997 年.
ミンツ，シドニー・W.『甘さと権力――砂糖が語る近代史』川北稔・和田光弘訳，平凡社，1988 年.
村田靖子「ヒスバの手引書に見るムフタシブ――おもにアンダルスを中心と

して」『西南アジア研究』39，1993年，pp. 1–22.
護　雅夫・岡田英弘編『中央ユーラシアの世界』民族の世界史4，山川出版社，1990年.
モリソン，サミュエル『大航海者コロンブス』荒このみ訳，原書房，1992年.
家島彦一「ナイル渓谷と紅海を結ぶ国際交易ルート――特にQūs-ʻAydhābルートをめぐって」『イスラム世界』25・26, 1986年，pp. 1–25.
―――『イスラム世界の成立と国際商業――国際商業ネットワークの変動を中心に』岩波書店，1991年.
―――『海が創る文明――インド洋海域世界の歴史』朝日新聞社，1993年.
―――『海域から見た歴史――インド洋と地中海を結ぶ交流史』名古屋大学出版会，2006年.
矢島祐利『アラビア科学史序説』岩波書店，1977年.
山田憲太郎『香料の道』中公新書，1977年.
―――『スパイスの歴史』法政大学出版局，1979年.
―――『香料博物事典』同朋舎，1979年.

注

プロローグ

(1) Edmund O. von Lippmann, *Geschichte des Zuckers*, Leipzig, 1890.
(2) Noel Deerr, *The History of Sugar*, 2 vols., London, 1949–50.
(3) Helmut Blume, *Geography of Sugar Cane*, Berlin, 1985, p. 164.
(4) シドニー・W. ミンツ『甘さと権力——砂糖が語る近代史』川北稔・和田光弘訳，平凡社，1988 年.
(5) 川北稔『砂糖の世界史』岩波ジュニア新書，1996 年，p. 16.
(6) 戴国煇『中国甘蔗糖業の展開』アジア経済研究所，1967 年.
(7) Christian Daniels, *Science and Civilisation in China* (Joseph Needham), vol. 6, Biology and Biological Technology, part III: *Agro-Industries: Sugarcane Technology*, Cambridge, 1996.
(8) Sucheta Mazumdar, *Sugar and Society in China: Peasants, Technology, and the World Market*, Cambridge, Mass., 1998.
(9) 松浦豊敏『風と甕——砂糖の話』葦書房，1987 年.
(10) 明坂英二『シュガーロード——砂糖が出島にやってきた』長崎新聞新書，2002 年.
(11) Jean Mazuel, *Le sucre en Égypte: étude de géographie historique et économique*, Cairo, 1937.
(12) Paul Berthier, *Les anciennes sucreries du Maroc et leur reseaux hydrauliques*, 2 vols., Rabat, 1966.
(13) Andrew M. Watson, *Agricultural Innovation in the Early Islamic World*, Cambridge, 1983.
(14) Eliyahu Ashtor, "Levantine Sugar Industry in the Late Middle Ages: A Case of Technological Decline," A. L. Udovitch ed., *The Islamic Middle East, 700–1900*, Princeton, 1981, pp. 91–132.
(15) Subhi Y. Labib, *Handelsgeschichte Ägyptens im Spätmittelalter (1171–1517)*, Wiesbaden, 1965.
(16) 佐藤次高『イスラームの生活と技術』世界史リブレット 17，山川出版社，1999 年．なお，アルハサン／ヒル『イスラム技術の歴史』多田博一ほか訳，平凡社，1999 年にも「砂糖」の項目はあるが，製糖業につい

てはごく概括的な記述に限られている(pp. 273–275).

(17) Sato Tsugitaka, "Sugar in the Economic Life of Mamluk Egypt," *Mamlūk Studies Review*, 8–2 (2004), pp. 87–107.

(18) Ṣafī A. M. 'Abd Allāh, *Mudun Miṣr al-Ṣinā'īya fī al-'Aṣr al-Islāmī*, Cairo, 2000, pp. 185–192; al-Sayyid T. al-Sayyid Abū Sadīra, *al-Ḥiraf wal-Ṣinā'āt fī Miṣr al-Islāmīya*, Cairo, 1991, pp. 354–363; Shalabī I. I. al-Ju'aydī, *al-Azmāt wal-Awbi'a fī Miṣr fī 'Aṣr al-Mamālīk al-Jarākisa*, Alexandria, n. d., pp. 111–113, 198–199; 'Āsim M. 'Abd al-Raḥmān, *Marākiz al-Ṣinā'a fī Miṣr al-Islāmīya*, Cairo, 1989, pp. 24–25, 70–71.

第1章　砂糖生産のはじまりと拡大

(1) Lippmann, *Geschichte des Zuckers*, p. 39.

(2) Mazumdar, *Sugar and Society in China*, p. 15.

(3) Deerr, *The History of Sugar*, vol. 1, p. 16.

(4) Watson, *Agricultural Innovation*, p. 24.

(5) Daniels, *Agro-Industries*, p. 191.

(6) Deerr, *The History of Sugar*, vol. 1, p. 63. ストラボンの記事の英訳・邦訳については，以下を参照. *The Geography of Strabo*, H. L. Jones ed. and tr., London and New York, 1917–32, vol. 7, p. 33. ストラボン『ギリシア・ローマ世界地誌』第2巻，飯尾都人訳，龍渓書舎，1994年，p. 389. なお，ストラボンが伝える『地理書』の記事については，蔀勇造氏から貴重なご教示をいただいた.

(7) 川北『砂糖の世界史』p. 14.

(8) ミンツ『甘さと権力』pp. 67–68. *The Greek Herbal of Dioscorides*, English tr. by R. T. Gunther, London and New York, 1968, p. 125. この英訳にもとづく邦訳『ディオスコリデスの薬物誌』には，「ある種の固形のハチミツがあり，砂糖と呼ばれる. これは，インドや幸いの国アラビアに生育するアシの類の植物から採れる. 密度は塩と同じ程度で，塩のように歯のあいだで砕ける. 水に溶かして飲むと胃腸によい. また痛みのある膀胱と腎臓を治す」(p. 156)とあり，ミンツの邦訳引用文とほぼ同じである. しかし「アシの類の植物から採れる」ではなく，「アシの類の植物上に見出される」と訳すのが正しいと思われる.

(9) Lippmann, *Geschichte des Zuckers*, pp. 49–50. 嵇含『南方草木状』上巻「草類」の項には，「扶南国諸糖を貢ぐ」と記されている.

(10)　Daniels, *Agro-Industries*, p. 191.

(11)　戴『中国甘蔗糖業の展開』pp. 9–23.

(12)　Daniels, *Agro-Industries*, pp. 287–290. ダニエルスは，砂糖の結晶をつくる技術は，647 年にインドへ派遣された技術ミッションによって中国へもたらされたとしている.

(13)　Mazumdar, *Sugar and Society in China*, pp. 15–33.

(14)　日本における製糖業の歴史については，松浦豊敏『風と甕』の「黒糖開産」の章と名嘉正八郎『沖縄・奄美の文献から見た黒砂糖の歴史』ボーダーインク，2003 年，pp. 14–31，および橋本仁・高橋明和編『砂糖の科学』朝倉書店，2006 年，pp. 5–8 を参照.

(15)　Lippmann, *Geschichte des Zuckers*, p. 93.

(16)　Berthold Laufer, *Sino-Iranica: Chinese Contributions to the History of Civilization in Ancient Iran*, Chicago, 1919; repr. Taipei, 1973, p. 376.

(17)　Laufer, *Sino-Iranica*, p. 376. なお，漕国とは曹国ともいい，サマルカンドを中心に連合国家を形成していたソグド人の小国である．詳しくは，護雅夫・岡田英弘編『中央ユーラシアの世界』民族の世界史 4，山川出版社，1990 年，pp. 92–96 を参照.

(18)　Watson, *Agricultural Innovation*, p. 160.

(19)　ミンツ『甘さと権力』pp. 71–72.

(20)　Watson, *Agricultural Innovation*, p. 26.

(21)　アフワーズ地方の砂糖生産については，以下の文献を参照．P. Schwarz, “Die Zuckerpressen von Ahwāz,” *Der Islam*, 6 (1916), pp. 269–279.

(22)　V. ミノルスキーは，カンド (qand) を「精製された砂糖」と訳しているが，明らかに誤りである (V. Minorsky, *Ḥudūd al-ʿĀlam: The Regions of the World*, London, 1970, p. 130).

(23)　テレビン木とは，地中海沿岸地方に生育するウルシ科の植物.

(24)　Ronnie Ellenblum, *Frankish Rural Settlement in the Latin Kingdom of Jerusalem*, Cambridge, 1998, pp. 152, 155, 176, 213.

(25)　トリポリの検地を含むナースィル検地の施行と雑税の廃止については，以下の文献を参照．佐藤次高『中世イスラム国家とアラブ社会——イクター制の研究』山川出版社，1986 年，pp. 211–260. Sato Tsugitaka, *State and Rural Society in Medieval Islam: Sultans, Muqtaʿs and Fallahun*, Leiden, 1997, pp. 143–144.

(26)　Ashtor, “Levantine Sugar Industry,” pp. 112–120.

(27) Watson, *Agricultural Innovation*, p. 28; Abū Sadīra, *al-Ḥiraf wal-Ṣināʻāt*, pp. 354–355.

(28) 『ファイユームの歴史』の記述内容とそこから導き出されるエジプト地方社会の性格については，佐藤『中世イスラム国家とアラブ社会』山川出版社，1986年，pp. 263–284を参照.

(29) イクター(iqṭāʻ)とは，大アミールやスルタンなど，国家の主権者からアミールや騎士たちに与えられた町や村からの租税の徴収権である．このイクター制は，10世紀半ばのイラクにはじまり，その後15世紀頃まで，イラン，シリア，エジプトでも国家の基本制度として採用された．イクター保有者は，取り分を取得する見返りにスルタンへの軍事奉仕を義務づけられた．佐藤『中世イスラム国家とアラブ社会』; Sato, *State and Rural Society* を参照.

(30) 「キフトの砂糖」sukkar qifṭī については，イブン・アルハーッジュの『入門書』IV, p. 154に記事があり，以下の文献もこの砂糖に触れている．Labib, *Handelsgeschichte Ägyptens*, p. 320; E. Ashtor, *A Social and Economic History of the Near East in the Middle Ages*, Berkeley and Los Angeles, 1976, p. 243.

(31) Deerr, *The History of Sugar*, vol. 1, pp. 76–79; Watson, *Agricultural Innovation*, p. 29.

(32) Deerr, *The History of Sugar*, vol. 1, pp. 76–79; Watson, *Agricultural Innovation*, p. 29.

(33) ミンツ『甘さと権力』pp. 83–85.

第2章 赤砂糖から白砂糖へ

(1) ただヌワイリーは，本文のなかで「私たちの書物は歴史にだけもとづくものではなく，学芸(アダブ)の全般に及ぶものである」と述べている(『学芸の究極の目的』XIII, p. 5).

(2) ムカルキラ(muqalqila)は，エジプトで砂糖きび栽培が盛んになってから開発された大型の犂(miḥrāth)である．Sato, *State and Rural Society*, p. 207を参照.

(3) エジプトでは，牛やロバを用いた木製の揚水車はサーキヤ(sāqiya)あるいはマハーラ(maḥāla)と呼ばれた(H. Rabie, "Some Technical Aspects of Agriculture in Medieval Egypt," A. L. Udovitch ed., *The Islamic Middle East, 700–1900*, Princeton, 1981, p. 71).

(4) 以上の栽培法について，佐藤次高「ヌワイリーによる砂糖きびの栽培

法と砂糖の製法」『イスラム科学研究』1，2005年，pp. 70–71には，その全訳が掲載されている．なおコプト暦とは，エジプトの農事や地租の徴収に用いられてきた太陽暦である．ローマ帝国のディオクレティアヌス帝はエジプト社会に深く浸透していた単性論派のキリスト教(キリストは神人の合一したものとみなされる)を弾圧したので，信徒たちはこれを恨んで帝の即位年(284年)を紀元とする怨念の太陽暦を創始した．このコプト暦は，エジプトでは現在でもなお農事をつかさどる暦として，ヒジュラ暦や西暦と併せて用いられている．詳しくは，佐藤次高「イスラームの生活原理と「とき」」佐藤次高・福井憲彦編『ときの地域史』山川出版社，1999年，pp. 276–281を参照.

(5)　佐藤次高『中世イスラム国家とアラブ社会』p. 335.

(6)　イクター制下のエジプト農民については，佐藤『中世イスラム国家とアラブ社会』第2章を参照.

(7)　佐藤次高『マムルーク——異教の世界からきたイスラムの支配者たち』東京大学出版会，1991年，pp. 15–23.

(8)　J. Sauvaget, “Sur un papyrus arabe de la Bibliothèque Égyptienne,” *Annales de l’Institut d’Études Orientales*(*Alger*), 1948, pp. 31, 37–38.

(9)　Berthier, *Les anciennes sucreries du Maroc*, vol. 1, p. 236.　またデールも，「公式な記録はないにもかかわらず，アラブ地域の砂糖が，たとえ部分的であったにせよ，奴隷労働によって生産されなかったとは考えにくいことである」と自信のない書き方をしている(Deerr, *The History of Sugar*, vol. 2, p. 259).

(10)　クリスチャン・ダニエルス「明末清初における新製糖技術体系の採用及び国内移転」『就実女子大学史学論集』3，1988年，p. 104.

(11)　ヌワブ(nuwab)は「機会」や「人間集団」を意味するアラビア語であるが，ここでの正確な用語法は不明である.

(12)　ダニエルス「明末清初における新製糖技術体系」pp. 108–113.　私はかつて，ナポレオンの学術隊が『エジプト誌』のなかで横型のローラー式圧搾機を描いていること(本書52頁の図6参照)を根拠に，マムルーク朝時代にも石製のローラー式圧搾機が用いられていた可能性が高いと考えた(佐藤『イスラームの生活と技術』p. 52)．しかしヌワイリーの記述をていねいに読めば，本文で述べたように，これがローラー式圧搾機でないことは確かである.

(13)　校訂者は，「写本にはマジュラブ(majlab)とあるが，誤りであり，マ

フラブ(maḥlab)に改めた」としている(『学芸の究極の目的』VIII, p. 270, note 5). マジュラブと読めば,「集められたもの」の意味であるが, ここでは校訂者の解釈に従う.

(14) ウブルージュはペルシア語アーブルージュのアラビア語転訛であり, アブルージュとも呼ばれる.

(15) アジュルーンの市立博物館所蔵のウブルージュについては, 佐藤次高「円錐型の砂糖ウブルージュについて」『イスラム科学研究』3, 2007 年, pp. 105–109 を参照.

(16) ダニエルス「明末清初における新製糖技術体系」p. 106.

(17) Ashtor, "Levantine Sugar Industry," p. 123.

(18) 佐藤「円錐型の砂糖ウブルージュについて」p. 107.

(19) H. A. Rivlin, *The Agricultural Policy of Muḥammad 'Alī in Egypt*, Cambridge, Mass., 1961, p. 146.

(20) マルコ・ポーロが伝える「凝固し型に入れて固める製法」と「木灰による中和の技法」については, 松浦豊敏と明坂英二によってすでに十分な検討が加えられている(松浦『風と甕』pp. 236–242, 明坂『シュガーロード』pp. 61–67).

(21) H. Yule and H. Cordier tr. and ed., *The Book of Ser Marco Polo*, 3rd ed., vol. 2, 1929, p. 230.

(22) 戴『中国甘蔗糖業の展開』pp. 99–103. なお戴は, 竹べらを用いて結晶をつくる宋代の製糖法についても言及している(p. 93). 真道洋子『イスラームの美術工芸』世界史リブレット 76, 山川出版社, 2004 年, pp. 54–55 も参照.

(23) Daniels, *Agro-Industries*, pp. 351–352.

(24) イスラーム世界における製紙業の展開とその影響については, アルハサン／ヒル『イスラム技術の歴史』pp. 240–246; 佐藤『イスラームの生活と技術』pp. 16–30 を参照.

(25) 佐藤次高『イスラームの「英雄」サラディン』講談社選書メチエ, 1996 年, pp. 66–68.

第 3 章　ラクダと船に乗って

(1) バグダードの建設と発展について, 詳しくは以下の文献を参照. *The Encyclopaedia of Islam*, new ed., s.v. Baghdād (A. A. al-Dūrī); Jacob Lassner, *The Topography of Baghdad in the Early Middle Ages*, Detroit, 1970; 佐藤次高『イス

ラームの国家と王権』岩波書店，2004 年，pp. 33–37.

(2) Ḥusām Q. el-Sāmarrāie, *Agriculture in Iraq during the 3rd Century A. H.*, Beirut, 1972, p. 12.

(3) M. M. Ahsan, *Social Life under the Abbasids*, London and New York, 1979, pp. 100–101.

(4) Ahsan, *Social Life*, p. 83.

(5) 'Abd al-'Azīz al-Dūrī, *Ta'rīkh al-'Irāq al-Iqtiṣādī fī al-Qarn al-Rābi' al-Hijrī*, Baghdad, 1948, p. 135.

(6) ムスリム社会のアイヤールーンについては，以下の文献を参照．S. Sabari, *Mouvements populaires à Baghdad à l'époque 'abbaside*, Paris, 1981; Muḥammad Rajab al-Najjār, *Ḥikāyat al-Shuṭṭār wal-'Ayyārīn fī al-Turāth al-'Arabī*, Kuwait, 1981; 佐藤次高ほか『イスラム社会のヤクザ』第三書館，1994 年.

(7) アッバース朝領域内における独立王朝の樹立については，佐藤次高『イスラーム世界の興隆』中央公論社，1997 年，pp. 170–172，同『イスラームの国家と王権』pp. 101–102 を参照.

(8) 「バグダードからカイロへの転換」について，詳しくは佐藤『イスラーム世界の興隆』pp. 170–209 を参照.

(9) スィマート(simāṭ)は，テーブルクロスを意味するアラビア語であるが，10 世紀以後の時代には，カリフやスルタン，あるいはアミールなどの権力者や富裕者が催す「宴席」をさして用いられた(佐藤『中世イスラム国家とアラブ社会』pp. 121，214).

(10) Paula Sanders, *Ritual, Politics, and the City in Fatimid Cairo*, Albany, 1994, pp. 78–79, 171.

(11) ファーティマ朝では，1074 年から軍人宰相のバドル・アルジャマーリーが登場し，つづいてその息子アフダルが宰相位を継承した後，イブン・アルマームーン＝アルバターイヒーが 3 代目の軍人宰相に就任した．しかしカリフ・アーミルは 1125 年にマームーンを死罪によって退けてからは，宰相の職をおくことはなかった.

(12) イブン・アルマームーン『エジプト史』p. 35 にある校訂者アイマン・フワード・サイイドの注による.

(13) アイユーブ朝時代シリアにおける砂糖と小麦の価格については，E. Ashtor, *Histoire des prix et des salaires dans l'Orient médiéval*, Paris, 1969, pp. 245, 249 に拠った.

(14) アミール・ファフル・アッディーンのイクター経営とその息子の事績

については，佐藤『中世イスラム国家とアラブ社会』pp. 131–133, 330; Sato, *State and Rural Society*, pp. 181–182 を参照.

(15) 佐藤『中世イスラム国家とアラブ社会』p. 128.

(16) 製糖所の全体数を65としながら合計すると68になるのは，アミールの製糖所と商人の製糖所に，所有権の移動による重複があるからである.

(17) 佐藤次高「イスラム世界における砂糖の生産と流通」『アジア・アフリカにおけるイスラム化と近代化に関する調査研究』東京外国語大学アジア・アフリカ言語文化研究所，1986年，pp. 29–45; Sato, "Sugar in the Economic Life," p. 99.

(18) E. Ashtor, *A Social and Economic History of the Near East in the Middle Ages*, Berkeley and Los Angeles, 1976, pp. 196–200, 306–307.

(19) 堀井優「オスマン朝のエジプト占領とヴェネツィア人領事・居留民——1517年セリム1世の勅令の内容を中心として」『東洋学報』78–4, 1997年，pp. 33–60; Horii Yutaka, "The Mamlūk Sultan Q̱ānsūh al-Ghawrī (1501–16) and the Venetians in Alexandria," *Orient*, 38 (2003), pp. 178–199；同「中世アレクサンドリアの空間構成」深沢克己編『港町のトポグラフィ』港町の世界史2，青木書店，2006年，pp. 245–270.

(20) イブン・アルハーッジュの砂糖をめぐる議論については，佐藤次高「イブン・アル＝ハーッジュによる砂糖精製所の実態」『イスラム科学研究』2, 2005年，pp. 71–80を参照.

(21) 佐藤「イブン・アル＝ハーッジュ」pp. 73–76.

(22) 佐藤「イブン・アル＝ハーッジュ」pp. 74–76.

(23) 戴『中国甘蔗糖業の展開』p. 106; Daniels, *Agro-Industries*, p. 379.

(24) 佐藤「イブン・アル＝ハーッジュ」pp. 77–78.

(25) *The Encyclopaedia of Islam*, new ed., s. v. Ḥisba (Cl. Cahen and M. Talbi); R. P. Buckley, *The Book of the Islamic Market Inspector*, Oxford, 1999, pp. 1–24. また，以下の文献も参照．菊池忠純「マムルーク朝時代カイロのムフタシブ——出身階層と経歴を中心に」『東洋学報』64–1・2，1983年，pp. 131–176.

(26) 佐藤『中世イスラム国家とアラブ社会』p. 385; *The Encyclopaedia of Islam*, new ed., s. v. al-Makrīzī (F. Rosenthal).

(27) フワーリズミー『学問の鍵』p. 263.

第４章　砂糖商人の盛衰

(1)　ゲニザ文書の発見とその後の経緯については，以下の文献を参照．S. D. Goitein, “The Documents of the Cairo Geniza as a Source for Mediterranean Social History,” *Journal of the American Oriental Society*, 80(1960), pp. 91–100; *The Encyclopaedia of Islam*, new ed., s. v. Geniza(S. D. Goitein);『歴史学事典』6，弘文堂，「ゲニザ文書」(松田俊道)．

(2)　*The Encyclopaedia of Islam*, new ed., s. v. Geniza;『歴史学事典』6「ゲニザ文書」.

(3)　Mark R. Cohen, *Jewish Self-Government in Medieval Egypt: The Origins of the Office of Head of the Jews, ca. 1065–1126*, Princeton, 1980.

(4)　『歴史学事典』5「ゴイテイン」(太田敬子)．

(5)　S. D. Goitein, *A Mediterranean Society*, 6 vols., Berkeley and Los Angeles, 1967–93; id., *Letters of Medieval Jewish Traders*, Princeton, 1973.

(6)　Goitein, *A Mediterranean Society*, vol. 1, p. 29.

(7)　Ibid., pp. 81, 89, 366.

(8)　Ibid., p. 152.

(9)　Ibid., p. 126. なお A. シンメルは，気だてのよい，あるいは寛大な人物に対して「砂糖きび(カサブ・アッスッカル)」とあだ名することもあったことを伝えている(Annemarie Schimmel, *Islamic Names*, Edinburgh, 1989, p. 53)．

(10)　Goitein, *Letters of Medieval Jewish Traders*, pp. 98–99.

(11)　Ibid., p. 98, notes.

(12)　J. L. アブー＝ルゴド『ヨーロッパ覇権以前』下，佐藤次高ほか訳，岩波書店，2001 年，pp. 23–24. なおカーリミー商人について，詳しくは以下の文献を参照．W. J. Fischel, “Über die Gruppe der Kārimī-Kaufleute,” *Annalecta Orientalia*, 14(1937), pp. 67–82; E. Ashtor, “The Kārimī Merchants,” *Journal of the Royal Asiatic Society*, 1956, pp. 45–56; S. D. Goitein, “The Beginning of the Kārim Merchants and the Nature of their Organization,” *Studies in Islamic History and Institutions*, Leiden, 1966, pp. 351–360; S. Y. Labib, *Handelsgeschichte Ägyptens im Spätmittelater(1171–1517)*, Wiesbaden, 1965; Muḥammad A. al-Ashqar, *Tujjār al-Tawābil fī Miṣr fī al-ʻAṣr al-Mamlūkī*, Cairo, 1999；家島彦一『海域から見た歴史』名古屋大学出版会，2006 年，pp. 422–451；佐藤次高「マムルーク朝時代の奴隷商人とカーリミー商人——比較の試み」『史滴』26，2004 年，

pp. 1–19.

(13) 家島『海域から見た歴史』pp. 429–430.

(14) 十字軍によるエルサレム王国の建設とイスラーム側の対応については，佐藤『イスラームの「英雄」サラディン』pp. 60–61, 135–136 を参照．なお，カラクの城主ルノーによる紅海進出の野望については，Andrew S. Ehrenkreutz, *Saladin*, Albany, 1972, pp. 179–180 に詳しい記述がある．

(15) Ashqar, *Tujjār al-Tawābil*, pp. 467–539.

(16) 家島『海域から見た歴史』p. 432.

(17) Ashqar, *Tujjār al-Tawābil*, pp. 105–107, 112–113.

(18) Ira M. Lapidus, *Muslim Cities in the Later Middle Ages*, Cambridge, Mass., 1967, p. 125.

(19) Ashtor, "The Kārimī Merchants," p. 51.

(20) 佐藤「マムルーク朝時代の奴隷商人とカーリミー商人」p. 9.

(21) アシュカルの『香辛料の商人たち』には，201 名のカーリミー商人について，生没年，出身地，官職，活動の範囲などがまとめられていて有用である(*Tujjār al-Tawābil*, pp. 467–539)．なお中国に赴いたカーリミー商人については，家島『海域から見た歴史』pp. 446–456 を参照．

(22) 家島『海域から見た歴史』pp. 434–435.

(23) 佐藤「マムルーク朝時代の奴隷商人とカーリミー商人」p. 8.

(24) E. Ashtor, *Levant Trade in the Later Middle Ages*, Princeton, 1983, p. 273.

(25) ハッルービー家の繁栄と没落については，以下の文献を参照．佐藤『イスラームの生活と技術』pp. 74–79；同「マムルーク朝時代の奴隷商人とカーリミー商人」pp. 6–14.

(26) 佐藤「マムルーク朝時代の奴隷商人とカーリミー商人」p. 8.

(27) 同，pp. 3, 7.

(28) 同，pp. 10–11.

(29) 同，p. 10.

(30) 佐藤『イスラームの生活と技術』pp. 75–77; 同「マムルーク朝時代の奴隷商人とカーリミー商人」pp. 11–12.

(31) スルタン・バルスバーイの価格統制と専売政策については，以下の研究を参照．A. Darrag, *L'Égypte sous le règne de Barsbāy*, Damascus, 1961; Labib, *Handelsgeschichte Ägyptens*, pp. 94f.; Ashtor, *A Social and Economic History*, p. 321; id., *Levant Trade*, pp. 278f.; Ashqar, *Tujjār al-Tawābil*, pp. 439f.; J. L. Meloy, "Imperial Strategy and Political Exigency: The Red Sea Spice Trade and the Mamluk

Sultanate in the Fifteenth Century," *Journal of the American Oriental Society*, 123 (2003), pp. 1–19.

(32) 佐藤『イスラームの生活と技術』pp. 78–79；同「マムルーク朝時代の奴隷商人とカーリミー商人」pp. 11–12.

(33) M. Sobernheim, "Das Zuckermonopol unter Sultān Barsbāi," *Zeitschrift für Assyriologie*, 27 (1912), pp. 75–84.

(34) Meloy, "Imperial Strategy and Political Exigency," pp. 1–19.

第5章　薬としての砂糖

(1) Ibn Abī 'Uṣaybi'a, *'Uyūn al-Anbā' fī Ṭabaqāt al-Aṭibbā'*, vol. 3, Beirut, 1956–57, pp. 220–222; *The Encyclopaedia of Islam*, new ed., s.v. Ibn al-Bayṭār (J. Vernet).

(2) Peter E. Pormann and E. Savage-Smith, *Medieval Islamic Medicine*, Washington, 2007, pp. 53–54; *The Encyclopaedia of Islam*, new ed., s. v. Adwiya (B. Lewin).

(3) これは，ミンツが『甘さと権力』p. 68 で，砂糖生産の起源を示す史料として採用していた一節である．

(4) 砂糖の種類については，巻末の用語解説を参照．

(5) アラビア語名は以下の通りである．Diyusquridīs, *Hayūlā 'Ilāj al-Ṭibb* あるいは *Kitāb al-Adwiya al-Mufrada*.

(6) Pormann and Savage-Smith, *Medieval Islamic Medicine*, p. 51; 小林雅夫「ローマ社会の医師」『早稲田大学大学院文学研究科紀要』本冊第 38 輯(哲学・史学編)，1992 年，pp. 176–178.

(7) *The Encyclopaedia of Islam*, new ed., s. v. Ibn Māsawayh (J. C. Vadet).

(8) ギリシア・アラブの生体論については，以下の文献を参照．M. Levey, *Early Arabic Pharmacology*, Leiden, 1973, pp. 33–35; Pormann and Savage-Smith, *Medieval Islamic Medicine*, pp. 43–44；アヴィセンナ『医学の歌』志田信男訳，草風館，1998 年，pp. 13–15；前嶋信次『アラビアの医術』中公新書，1965 年，pp. 164–168.

(9) *The Encyclopaedia of Islam*, new ed., s. v. al-Idrīsī (G. Oman).

(10) Fuat Sezgin, *Geschichte des Arabischen Schrifttums*, vol. 3, Leiden, 1970, p. 286.

(11) Pormann and Savage-Smith, *Medieval Islamic Medicine*, p. 47.

(12) イブン・アンナフィースの経歴については，以下の文献を参照．*The Encyclopaedia of Islam*, new ed., s. v. Ibn al-Nafīs (M. Meyerhof and J. Schacht); M. Ullmann, *Islamic Medicine*, Edinburgh, 1978, pp. 68–69; Subkī, *Ṭabaqāt al-Shāfi'īyat al-Kubrā*, VIII, pp. 305–306; Ibn Taghrībirdī, *al-Manhal al-Ṣāfī*, VIII,

pp. 32–33.

(13) ハウズは，アラビア語で「集めること」，「ラクダをゆっくり歩かせること」を意味し，スィーナ・ターブは，ペルシア語で「胸をこがすこと」を意味する．

(14) ヒポクラテスは，身体が水・火・土・風の四元素からなると説き，この学説がアラビア医学にも導入された．これについては以下の文献を参照．Pormann and Savage-Smith, *Medieval Islamic Medicine*, pp. 44–45; アヴィセンナ『医学の歌』p. 13.

(15) ルリジサ草は，混合飲料の香辛料などに用いられてきた，ムラサキ科の植物．

(16) 以上の医学・薬事用語については，以下の文献を参照．Hassan Kamal, *Encyclopaedia of Islamic Medicine*, Cairo, 1975; Academy of Arabic Language ed., *Modern Dictionary of Chemical and Pharmaceutical Terms*, Cairo, 2004; Ibn Buṭlān, tr. by H. Elkhadem, *Le Taqwīm al-Ṣiḥḥa*（*Tacuini Sanitatis*）*d'Ibn Buṭlān*, Lovanii, 1990, pp. 291–295.

(17) アッタールについては，以下の文献を参照．*The Encyclopaedia of Islam*, new ed., s. v. ʻAṭṭār（A. Dietrich）; E. W. Lane, *An Account of the Manners and Customs of the Modern Egyptians*, London, 1860; repr. Cairo, 2003, p. 318；佐藤『中世イスラム国家とアラブ社会』p. 390.

(18) 『岩波イスラーム辞典』「ニーヤ」（小杉泰）．

(19) 『エジプト社会救済の書』の内容については，佐藤『中世イスラム国家とアラブ社会』の第 3 部第 3 章「マクリーズィーのエジプト社会論」（pp. 381–408）を参照．

(20) 佐藤『中世イスラム国家とアラブ社会』p. 388．なお，イスラーム社会におけるペストの流行については，以下の文献を参照．Michael W. Dols, *The Black Death in the Middle East*, Princeton, 1977; Stuart J. Borsch, *The Black Death in Egypt and England*, Cairo, 2005.

(21) マムルーク朝時代における飢饉の発生とそれに対する政府の対応策については，以下の文献を参照．B. Shoshan, *Popular Culture in Medieval Cairo*, Cambridge, 1993; 長谷部史彦編著『中世環地中海圏都市の救貧』慶応義塾大学出版会，2004 年．

(22) マムルーク朝時代の賄賂の横行については，以下の文献を参照．Aḥmad ʻAbd al-Rāziq Aḥmad, *al-Badhl wal-Barṭala Zaman Salāṭīn al-Mamālīk*, Cairo, 1979; Morimoto Kosei, "What Ibn Khaldūn Saw: The Judiciary of Mam-

luk Egypt," *Mamlūk Studies Review*, 6 (2002), pp. 109–131.

(23) ハルカ (ḥalqa) は「輪」を意味するアラビア語であるが，アイユーブ朝時代やマムルーク朝時代のエジプト・シリアでは，奴隷出身のマムルーク騎士に対して，クルド人，アラブ人，マムルークの子供(アウラード・アンナース)など「自由身分の騎士」の意味に用いられた．

(24) W. J. Fischel, *Ibn Khaldūn in Egypt: His Public Functions and His Historical Research (1382–1406)*, Berkeley and Los Angeles, 1967.

(25) 佐藤『中世イスラム国家とアラブ社会』p. 432, n. 5.

(26) Levey, *Early Arabic Pharmacology*, pp. 100–117.

(27) H. Rabie, *The Financial System of Egypt A. H. 564–741/A. D. 1169–1341*, London, 1972, p. 180.

(28) Sato, *State and Rural Society*, p. 133.

(29) Ashtor, *Histoire des prix et des salaires*, p. 293.

(30) 1347 年以降，シリア・エジプトに流行したペストについては，Dols, *The Black Death in the Middle East*; Borsch, *The Black Death in Egypt and England* を参照.

(31) R. Dozy, *Supplément aux dictionnaires arabes,* Paris, 1967, vol. 1, p. 810.

(32) *Modern Dictionary of Chemical and Pharmaceutical Terms*, s. v. Manna, p. 361. シリアの医者イブン・アルクッフ(1233–86 年)は，「マンヌ(mann)とは，スィンジャール，ナスィービーン，ディヤール・バクル地方の樫，シャクナゲ，ウスベニタチアオイの木から採取される樹液である」と説明している(『健康維持と病気予防策集成』p. 316).

第 6 章　砂糖と権力

(1) サラーフ検地については，Sato, *State and Rural Society*, pp. 60–63 が詳しい．また，Rabie, *The Financial System*, p. 51 も参照.

(2) Aḥmad A. Harīdī, *Index des Ḫiṭaṭ*, vol. 3, Cairo, 1984, pp. 342–343.

(3) ラビーゥは，この雑税を「砂糖生産にたいする 2 分の 1 ポンドのマクス」とあいまいな説明をしている(Rabie, *The Financial System*, p. 81).

(4) マムルーク朝時代におけるコプト教徒のイスラームへの改宗問題については，以下の文献を参照．Donald P. Little, "Coptic Converts to Islam during the Baḥrī Mamluk Period," M. Gervers and R. J. Bikhazi eds., *Indigenous Christian Communities in Islamic Lands—Eighth to Eighteenth Centuries*, Toronto, 1990, pp. 263–288.

(5) ハウタとムサーダラについては，以下の文献を参照．Ashtor, *A Social and Economic History*, p. 324.
(6) ナシュウによる財産没収については，Ḥayāt N. al-Ḥajjī, *Aḥwāl al-'Āmma fī Ḥukm al-Mamālīk*, Kuwait, 1994, pp. 370–380 にも詳しい記述がある．
(7) Lilia Zaouali, *Medieval Cuisine of the Islamic World*, English tr. by M. B. DeBevoise, Berkeley and Los Angeles, 2007, pp. 34–36.
(8) 大塚和夫編『アラブ』石毛直道監修「世界の食文化」10，農山漁村文化協会，2007年，第4章「マグリブ」(宮治美江子)．
(9) 同，第3章「ナイル河谷」(大塚和夫)．
(10) David Ayalon, "The System of Payment in Mamluk Military Society," *Studies in the Mamlūks of Egypt* (*1250–1517*), Variorum reprints, London, 1977, pp. 37–65.
(11) A. Levanoni, *A Turning Point in Mamluk History: The Third Reign of al-Nāṣir Muḥammad Ibn Qalāwūn 1310–1341*, Leiden, 1995.
(12) 1347–48年のペストの大流行によるエジプト産業の衰退については，以下の文献を参照．A. L. Udovitch, "England to Egypt, 1350–1500: Long-term Trends and Long-distance Trade, IV. Egypt," M. A. Cook ed., *Studies in the Economic History of the Middle East*, London, 1970, pp. 115–128．アシュトールも，マムルーク朝後期におけるシリアの製糖技術の後退を指摘している("Levantine Sugar Industry," pp. 117–120)．Sato, *State and Rural Society*, pp. 238–239 も参照．
(13) スルタン・ナースィルによるマムルークの購入については，佐藤『マムルーク』pp. 123–125 を参照．
(14) D. Ayalon, "Notes on the *Furūsīya* Exercises and Games in the Mamluk Sultanate," U. Heyd ed., *Studies in Islamic History and Civilization*, Jerusalem, 1961, pp. 31–62; 佐藤『マムルーク』pp. 126–127.
(15) スィマート(simāṭ)とは，元来は地面に広げられる「食事用の布」を意味したが，転じてスルタンやアミールが催す「宴席」の意味にも使われるようになった(Sato, *State and Rural Society*, pp. 65–66, 91, 125)．
(16) カーミルによるエルサレムの譲渡事件については，佐藤『イスラームの「英雄」サラディン』pp. 212–214 を参照．
(17) 黒色のローブについては，佐藤『イスラームの国家と王権』pp. 173–174 を参照．
(18) 佐藤『マムルーク』pp. 162–164．このマドラサは，現在でもイブン・

トゥールーン・モスク隣の同じ位置に存在し，当時の面影を残している．

(19) 佐藤『イスラームの国家と王権』pp. 184–185．また，同「巡礼——その社会経済的側面」川床睦夫編『シンポジウム「巡礼— Part II —」』中近東文化センター研究報告書 No. 8，1987年，pp. 110–143も参照．

(20) 佐藤『イスラームの国家と王権』p. 185．

(21) マムルーク朝時代のアミールは，功績に応じて五人長，十人長，四十人長，百人長へと出世し，スルタンからそれに見合うイクターが与えられた．百人長は最大で24人であり，この中から互選によって次期スルタンが選出された（D. Ayalon, "Studies on the Structure of the Mamluk Army I–III," *Bulletin of the School of Oriental and African Studies*, 15（1953）, pp. 203–228, 449–476; 16（1954）, pp. 57–90）．

(22) *The Encyclopaedia of Islam*, new ed., s. v. Amīr al-Ḥādjdj（J. Jomier）; P. M. Holt, *The Age of the Crusades*, London, 1986, p. 81.

(23) *The Encyclopaedia of Islam*, new ed., s. v. Maḥmal（Fr. Buhl and J. Jomier）．マフマルは，民間で用いられているマフミルの口語発音である．

(24) Sa'īd A. 'Āshūr, *al-Mujtami' al-Miṣrī fī 'Aṣr Salāṭīn al-Mamālīk*, Cairo, 1962, pp. 180–181.

(25) G. E. von Grunebaum, *Muhammadan Festivals*, London, 1951, p. 24.

(26) 佐藤『イスラームの国家と王権』pp. 186–187．

(27) R. Irwin, *The Middle East in the Middle Ages: The Early Mamluk Sultanate 1250–1382*, London, 1986, p. 56.

(28) ダーンは「容器」を意味するペルシア語．

(29) 630年，メッカを無血征服したムハンマドは，ラクダに乗って黒石を起点にカァバ神殿を左方向に7回まわったとされ，これがタワーフの儀礼の典拠となった．*The Encyclopaedia of Islam*, new ed., s. v. Ṭawāf（F. Buhl）を参照．

(30) ナースィルが巡礼のためにエジプトを留守にする間，アミールたちはそれぞれのイクターに留まっていること，またアミール同士は顔を会わせないようにすることが命ぜられた（マクリーズィー『諸王朝の知識の旅』II, p. 197）．むろんこれは，スルタンの留守をねらってアミールたちが謀叛の計画を立てるのを未然に防ぐための措置であった．

第7章　食生活の変容

(1) カリフ宮廷を含むバグダードの市街地の形成と発展と衰退については以下の文献を参照．G. Le Strange, *Baghdad during the Abbasid Caliphate*, Ox-

ford, 1900; repr. London, 1972; Lassner, *The Topography of Baghdad*; Ṣāliḥ A. al-ʻAlī, *Baghdād Madīnat al-Salām*, 2 vols., Baghdad, 1985; *The Encyclopaedia of Islam*, new ed., s. v. Baghdād(A. A. al-Duri).

(2) サービア教徒は，ユーフラテス川上流域のハッラーンを中心に活動していた星辰崇拝の集団で，天文学などに高度な知識をもち，9世紀から10世紀にかけてイスラーム世界の科学や哲学の発展に大いに貢献した．なお，サービア教徒は，キリスト教徒やユダヤ教徒とともに，「啓典の民(アフル・アルキターブ)」とされている．

(3) 邦訳『カリフ宮廷のしきたり』の注では，「カリフ・ウスマーンの命によって，書物形式に編纂されたコーランの正本か〔?〕」と記されているが(p. 81)，おそらくこれはウスマーンが暗殺されたときに読んでいた，伝説の「血染めのコーラン」のことであろう．このクルアーンは，モンゴルのフラグがバグダードを征服したときに失われたが，その後「発見」されたとして，現在はイスタンブルのトプカプ宮殿に保管されている．

(4) 預言者ムハンマドが着用していた緑色のマント(ブルダ)，杖(カディーブ)，剣(サイフ)は，歴代のカリフによって，その権威を象徴する三種の「神器」として継承された(佐藤『イスラームの国家と王権』pp. 170–172)．

(5) ダビーク(Dabīq)はエジプト地中海岸のティンニースに近い村で，良質の亜麻織物を産することでよく知られていた(R. B. Serjeant, *Islamic Textiles*, Beirut, 1972, pp. 144–146)．

(6) Zaouali, *Medieval Cuisine*, pp. 10–12. 中世におけるアラブ料理書については，尾崎(鈴木)喜久子「中世アラブ料理書の系統と特徴について」『オリエント』37–2，1994年，pp. 88–107を参照.

(7) アッバース朝時代のスィクバージュについては，以下の文献を参照.
Zaouali, *Medieval Cuisine*, pp. xiv, 3, 10; Ahsan, *Social Life*, p. 83; Ch. Perry, *A Baghdad Cookery Book*, Trowbridge, 2005, pp. 30–31; M. Rodinson, A. J. Arberry and Ch. Perry eds., *Medieval Arab Cookery*, Trowbridge, 2006, p. 40.

(8) Zaouali, *Medieval Cuisine*, p. 68. ブハーリーの『真正ハディース集』には，預言者ムハンマドが「サリードがすべての料理に勝るように，ファーティマはすべての女性に勝っている」と述べた伝承が収録されている(VI, p. 207)．

(9) Perry, *A Baghdad Cookery Book*, p. 35.

(10) コリアンダーは，アラビア語でkuzbara, kusfara, kusbaraなどと表記された(R. Dozy, *Supplément aux dictionnaires arabes*, p. 467)．

(11)　Zaouali, *Medieval Cusine*, p. 12.

(12)　前嶋信次『千夜一夜物語と中東文化』杉田英明編，平凡社(東洋文庫)，2000年，pp. 59–63.

(13)　ブーラーク(Būlāq)は，ナイル川東岸のカイロ北郊にあり，1821年，イタリアで活版印刷術を学んだ留学生が帰国し，翌年，ここにエジプトで最初の印刷所が建設された．この印刷所から『千夜一夜物語』やマクリーズィーの『エジプト誌』，あるいはジャバルティー(1753–1825年)の年代記『伝記と歴史における事績の驚くべきこと』などが刊行され，アラブ文化の復興に大きな役割を果たした．これについては，*The Encyclopaedia of Islam*, new ed., s. v. Būlāḳ(J. Jomier)を参照.

(14)　「柳花水」は，アラビア語テキストではmā' al-khilāfと表記され，ヒラーフとは「エジプト柳」を意味している.

(15)　「ナタウリ qar'」とは，ひょうたんや瓜などと同じウリ科の植物である.

(16)　『千夜一夜物語』に見える料理については，以下の文献を参照．Ch. Perry, "A Thousand and One 'Fritters': The Food of The Arabian Nights," Rodinson, Arberry and Perry eds., *Medieval Arab Cookery*, pp. 487–496.

(17)　ギリシア正教会は，ビザンツ帝国内のコンスタンティノープル，アレクサンドリア，アンティオキア，エルサレム諸教会のもとに発展した「東方キリスト教会」のひとつであり，イコン(聖画像)破壊を命じるレオン3世の時代には，これを容認する西ヨーロッパのローマ・カトリック教会とさまざまな点で鋭く対立した.

(18)　佐藤『マムルーク』pp. 24–34．イブン・ブトラーンの生涯と著作については，*The Encyclopaedia of Islam*, new ed., s. v. Ibn Buṭlān(J. Schacht); H. Elkhadem, *Le Taqwīm al-Ṣiḥḥa*, pp. 9–13を参照.

(19)　ここでは，過去の医学者による砂糖の性質(熱・寒・乾・湿)にかんする記述が紹介されている.

(20)　ヤークートによれば，マスルカーン Masruqānはフージスターンの川の名前であり，その流域には多くの村や町があった(『諸国集成』V，p. 125).

(21)　Ibn Abī 'Uṣaybi'a, *'Uyūn al-Anbā' fī Ṭabaqāt al-Aṭibbā'* vol. 3, pp. 164–174; Michael W. Dols, *Medieval Islamic Medicine*, Berkeley and Los Angeles, 1984, pp. 54–66; *The Encyclopaedia of Islam*, new ed., s. v. Ibn Riḍwān(J. Schacht).

(22)　969年，エジプトに進出したファーティマ朝は，フスタートの北3キロメートルのところに新都カーヒラ(カイロ)を建設したが，その後も経済

活動の中心はフスタートにおかれていた．Sanders, *Ritual, Politics, and the City in Fatimid Cairo* を参照．

(23)　アラビア語テキストには，サカンハビーン（sakanḥabīn）とあるが（p. 32），サカンジャビーン（sakanjabīn）の誤りであると思われる．

(24)　S. Kh. Ḥamārneh, *Jāmi‘ al-Gharḍ*, editor's Introduction, pp. 5–9.

(25)　佐藤「円錐型の砂糖ウブルージュについて」pp. 105–109.

(26)　Ḥamārneh, *Jāmi‘ al-Gharḍ*, editor's Introduction, pp. 7–8.

(27)　この災禍がエジプトを襲ったのは，後の記述にある 817（1414）年の大風を発端とするものである可能性が高い（『諸王朝の知識の旅』IV，p. 280）．

(28)　これによれば，馬，ライオン，ネコばかりでなく，キュウリやバナナなども砂糖菓子としてつくっていたことになる．現代のエジプトでは，預言者の生誕祭（マウリド・アンナビー）をはじめとする聖者の生誕祭でも，同じような光景が見出される．

(29)　ラジャブ月の砂糖菓子については，Ashtor, "Levantine Sugar Industry," p. 95 にも簡単な指摘がある．

(30)　イスラーム社会のハーッサとアーンマについては，以下の文献を参照．佐藤次高「スルタンと奴隷」佐藤次高編『イスラム・社会のシステム』講座イスラム 3，筑摩書房，1986 年，pp. 7–40；佐藤『イスラームの国家と王権』pp. 90–94; Roy P. Mottahedeh, *Loyalty and Leadership in an Early Islamic Society*, Princeton, 1980, pp. 154–155.

(31)　Ashtor, "Levantine Sugar Industry," pp. 95–96; id., *A Social and Economic History*, p. 306.

(32)　佐藤『中世イスラム国家とアラブ社会』pp. 333–334; Sato, *State and Rural Society*, p. 215.

エピローグ

(1)　佐藤『中世イスラム国家とアラブ社会』pp. 338–394; Sato, *State and Rural Society*, p. 237. 本書第 5 章も参照．

(2)　Udovitch, "England to Egypt, 1350–1500," pp. 115–128.

(3)　ユドヴィッチ説の問題点については，佐藤『中世イスラム国家とアラブ社会』pp. 396–398 を参照．

(4)　Nelly Hanna, *Making Big Money in 1600: The Life and Times of Isma‘il Abu Taqiyya, Egyptian Merchant*, New York, 1998.

(5)　1 回の煮沸をへた粗糖（赤砂糖）は，16 世紀以前には「カンド」と呼ば

れたが，オスマン朝時代には「スッカル・ハーム」の呼称が一般化した．ハーム(khām)とは，「生の」「未精製の」を意味するアラビア語である．

(6) 金七紀男『エンリケ航海王子』刀水書房，2004年，p. 86.

(7) ミンツ『甘さと権力』p. 85.

(8) Deerr, *The History of Sugar*, vol. 1, pp. 116–117.

(9) ミンツ『甘さと権力』pp. 85–86.

(10) 川北稔『砂糖の世界史』p. 51.

(11) ミンツ『甘さと権力』p. 106.

(12) アラビア半島のスーフィーたちは，目覚ましのためだけではなく，没我状態に入るための導入剤としてもコーヒーを飲んだとされる(ハトックス『コーヒーとコーヒーハウス』斎藤富美子・田村愛理訳．同文館出版，1993年，pp. 20–21)．

(13) 小林章夫『コーヒー・ハウス』駸々堂出版，1984年，pp. 16–17.

(14) 角山栄『茶の世界史』中公新書，1980年，p. 69.

(15) J. Grehan, *Everyday Life of Consumer Culture in 18th-Century Damascus*, Seattle, 2007, p. 137.

(16) 橋本仁・高田明和編『砂糖の科学』pp. 4, 15, 18–20.

(17) Abdul-Karim Rafeq, "The Socioeconomic and Political Implications of the Introduction of Coffee into Syria, 16–18th Centuries," M. Tuchscherer ed., *Le commerce du café avant l'ère des plantations coloniales*, Cairo, 2001, pp. 127–142.

(18) Hanna, *Making Big Money*, pp. 78–79.

(19) E. W. Lane, *An Account of the Manners and Customs of the Modern Egyptians*, repr. from the fifth edition of 1860, Cairo, 2003.

(20) 佐藤次高「現代エジプトの宗教事情――カイロ・タンター・ファイユーム」片倉もとこ編『人々のイスラーム』日本放送出版協会，1987年，pp. 87–101.

用語解説

＊は独立の解説項目があることを示す.

ア　行

アイヤール　ʻayyār　複数形はアイヤールーン ʻayyārūn. 9世紀以降のイスラーム社会に登場した任侠・無頼の徒.

アサル　ʻasal　砂糖きびの搾り汁を1回煮沸した後, カンド*と分離された糖蜜. 蜂蜜もアサルという.

アズク　ʻazq　雑草を取り除くための中耕.

アッシャーブ　ʻashshāb　薬事学者.

アッタール　ʻaṭṭār　香辛料・香料・砂糖などを商う生薬商.

アミール　amīr　軍隊を指揮する司令官. マムルーク朝時代には, 百人長, 四十人長, 十人長などの地位が設けられた.

アミール・アルハーッジュ　amīr al-ḥājj　メッカ巡礼を統率し, 保護するアミール. 1年ごとに任命された.

アルダッブ　ardabb　容量の単位. 約90リットル. マムルーク朝時代には, 小麦1アルダッブの価格は約1ディーナール*.

アルッズ　aruzz　稲と米. ルッズともいう.

アーンマ　ʻāmma　特権層のハーッサ*に対して, 市場の商人や職人, モスクの指導者(イマーム), 学者, 公証人, 書記などからなる社会の中間層.

イクター　iqṭāʻ　10世紀半ば以降, 大アミールやスルタンから騎士に与えられた町や村からの租税の徴収権. イクター保有者をムクター muqṭaʻ という. ムクターにはイクターからの取り分を取得する見返りに, スルタンに対する軍事奉仕の義務が課せられた.

イード・アルアドハー　ʻīd al-aḍḥā　メッカ巡礼後の犠牲祭.

イード・アルフィトル　ʻīd al-fiṭr　断食明けの祭.

イナブ　ʻinab　ブドウ.

イブラーヒーミーヤ　ibrāhīmīya　カリフ・マフディーの息子イブラーヒームが創作したとされる料理.

イフランジュ　Ifranj　フィランジュともいう. フランクのアラビア語転訛. 十字軍騎士をさして用いられた.

ウーキーヤ　ūqīya　薬や氷砂糖をはかる重量単位．37.4 グラム．
ウブルージュ　ublūj　複数形はアバーリージュ abālīj．砂糖きびの搾り汁を煮沸した後，分蜜して砂糖の結晶をつくるための円錐形素焼き壺．ペルシア語ではアーブルージュという．
ウルバーン　'urbān　都市や農村の定住民に対して，遊牧生活を送るアラブ人．

カ　行

カァク　ka'k　ケーキ
カサブ・アッスッカル　qaṣab al-sukkar　砂糖きび．学名は Saccharum Officinarum（「薬屋の砂糖」の意味）．カサブ・アルファーリスィー（ペルシアのきび）ともいう．
カターイフ　qaṭā'if　クルミ・氷砂糖・バラ水・アーモンドの油を混ぜたドーナツ状の甘菓子．またアーモンドと砂糖をまぜ，ロール状に，あるいは平たくつくった揚げ菓子もカターイフという．
カッムーン　kammūn　クミン．
カーディー　qāḍī　イスラーム法を司る裁判官．
カーティブ　kātib　官庁（ディーワーン*）で働く書記．
カブリーティーヤ　kabrītīya　羊肉にナス・ワイン酢・砂糖を加えて煮込んだ滋養食．
カムフ　qamḥ　主食であるパン（フブズ*）の原料となる小麦．
カーリミー　Kārimī　12 世紀から 15 世紀半ばまで，インド洋と地中海を結ぶ香辛料・香料・砂糖・陶磁器などの交易に活躍したムスリム中心の商人グループ．
カルフ　Karkh　バグダードの円城南に位置する商工業地区．サラート運河とイーサー運河にはさまれた交通利便のところにあり，9–10 世紀には商工業センターとしてバグダードの繁栄を支えた．
カンド　qand　砂糖きびの搾り汁を 1 回煮沸した後，分蜜工程をへて析出した褐色の粗糖．スッカル・アフマル*（赤砂糖）ともいう．オスマン朝時代のエジプトでは，スッカル・ハーム sukkar khām の名で知られた．
ギザー　ghidhā'　薬膳あるいは滋養食．複数形はアグジヤ aghdhiya．
キスワ　kiswa　メッカ・メディナの両聖都を守護するスルタンがカァバ神殿に奉納する黒い絹製の覆い．1 年に一度，巡礼時に掛けかえられた．
キンタール　qinṭār　重量の単位．アッバース朝時代は 30 キログラム．エ

ジプトでは45キログラム．砂糖をはかるキンタール・ジャルウィー qinṭār jarwī は約96.7キログラム．

クズバラ　kuzbara　香菜の実(コリアンダー)．クスバラともいう．

クターラ　quṭāra　砂糖きびの搾り汁を2回あるいは3回煮沸した後，ウブルージュ*による分蜜によってできた上質の糖蜜．

クナーファ　kunāfa　糸状の生地を重ね，砂糖・バター・蜂蜜をまぶして焼いた練り菓子．

クフル　kuḥl　アイメイク用の化粧料．

グラーム　ghulām　複数形はギルマーン ghilmān．元来は少年や召使いを意味するアラビア語．アッバース朝時代から奴隷の同義語としても用いられた．

ゲニザ　Geniza　文書の保管室を意味するヘブライ語．1889年，フスタートにあるユダヤ教会のゲニザからヘブライ文字で記された大量のアラビア語文書が発見され，「ゲニザ文書」と名付けられた．

コプト　Qibṭ　キリストには単一の性質のみが存在すると説く単性論派のキリスト教徒．エジプトには地方行政の知識を受け継ぐコプト教徒が多く，官僚として重要な役割を果たしていた．

サ　行

サカンジャビーン　sakanjabīn　砂糖酢．尿閉を解消する効能があるとされていた．

サーキヤ　sāqiya　牛・ロバ・ラクダなどの畜力を用いる灌漑用の揚水車．マハーラともいう．

サファルジャル　safarjal　マルメロ．この花の搾り汁に砂糖を入れて煮たシャーベット(シャラーブ*)はバラ水(マー・アルワルド*)と並ぶ健康飲料．

サーブーニーヤ　ṣābūnīya　石けん(サーブーン)状の平たい甘菓子．

サリード　tharīd　ヒヨコ豆入りの肉料理．パンを浸して食べる．預言者ムハンマドが好んだ料理とされている．

ジスル　jisr　ナイルの増・減水をコントロールする灌漑土手．

シャーバンダル　shāhbandar　商人たちの長．

シャラーブ　sharāb　複数形はシャラーバート sharābāt．レモン・イチジク・オレンジ・リンゴなどの果物に砂糖と水を加えた甘い飲み物．シャーベットの語源．飲み薬もシャラーブという．

シャラーブ・アッティーン　sharāb al-tīn　砂糖入りイチジク薬湯．肝臓を強化し，咳を鎮める．

ジューザーバ　jūdhāba　粗挽きパンと蜂蜜・氷砂糖・サフラン入りのプディング．

ジュラーブ　julāb　果物のシロップ．

スィクバージュ　sikbāj　羊肉に塩・コリアンダー・シナモンをふりかけ，これにナスを入れ，ワイン酢・ディブス*を加えて煮る．バラ水をふりかけてから食べる．

スィマート　simāṭ　原義は「食事を並べるための布」．転じてカリフやスルタンやアミール*が催す「宴席」の意味に用いられた．

スーカ　sūqa　単品の商品を扱う市場商人．バーア bāʻa（小売商）ともいう．タージル*を参照．

スーク　sūq　市場を意味するアラビア語．ペルシア語ではバーザールという．

スッカリー　sukkarī　ムスリムやユダヤ教徒などの砂糖専門の商人．

スッカル　sukkar　砂糖を意味するアラビア語．サンスクリット語 sarkarā にもとづくペルシア語 shakar のアラビア語転訛．sugar（英），Zucker（独），sucre（仏）はスッカルに由来．

スッカル・アフマル　sukkar aḥmar　赤砂糖．カンド*（粗糖）と同義語．オスマン朝時代のエジプトでは，スッカル・ハーム sukkar khām と呼ばれた．

スッカル・アブヤド　sukkar abyaḍ　繰り返し精製してつくられた白砂糖．スッカル・ムカッラル*と同義語．

スッカル・アンナバート　sukkar al-nabāt　最高級の砂糖である氷砂糖．スッカル・タバルザド*ともいう．

スッカル・キフティー　sukkar qifṭī　キフティー白糖．上エジプトのキフト地方でつくられる上質の白砂糖．

スッカル・スライマーニー　sukkar sulaymānī　スライマーニー白糖．イラン南西部のスライマーナーンでつくられた．

スッカル・タバルザド　sukkar ṭabarzad　氷砂糖．スッカル・アンナバート*ともいう．

スッカル・ファーニーズ　sukkar fānīdh　ファーニーズ白糖．ファーニード fānīd ともいう．精製が不十分でやや赤みがかっていたとする説もある．

スッカル・マーサカーニー　sukkar māsakānī　イランのマーサカーン地方で生産された白砂糖.

スッカル・ムカッラル　sukkar mukarrar　「繰り返し精製された(ムカッラル)」白砂糖.

スッカル・ラマダーン　sukkar Ramaḍān　ラマダーン月の甘菓子をつくるために, カリフやスルタンから臣下に下賜される砂糖.

スフラ　sukhra　運河の開削や補修, あるいは灌漑土手の建設などに徴発された農民の力役.

タ　行

ターウーン　ṭā'ūn　ペスト. 初期イスラーム時代から中東・イスラーム世界に蔓延したが, 1347–48 年には, シリア・エジプトで大流行し, ヨーロッパにも蔓延し「黒死病」として恐れられた.

タージル　tājir　大きな資本を元手に多品目の商品を扱う大商人. カーリミー*商人はその典型である. スーカ*を参照.

タバルザド　→スッカル・タバルザド

タフキール　taḥkīr　胡椒や砂糖の販売を統制する政府の専売政策.

ダール・アルカンド　dār al-qand　ファーティマ朝時代以後, フスタート*に建設された粗糖(カンド*)貯蔵用の倉庫. 政府の管理下におかれた.

ダール・スィーニー　dār ṣīnī　シナモン.「中国(スィーン)産の香木」の意味.

ダワー　dawā'　複数形はアドウィヤ adwiya. 薬一般をさす.

ディーナール　dīnār　金貨. 重量は約 4 グラム. マムルーク朝時代には, 1 ディーナールは 20 ディルハム*で交換された.

ディブス　dibs　ブドウ, イチジク, アプリコット, ナツメヤシの実などの熟した果物からつくった濃縮ジュース. 砂糖生産がはじまってからも, 民間では安価な甘味料として用いられた.

ディルハム　dirham　銀貨. 重量は約 3 グラム. マムルーク朝時代の交換比は, 20 ディルハムが 1 ディーナール*に相当.

ディーワーン　dīwān　租税庁(ディーワーン・アルハラージュ), 文書庁(ディーワーン・アッラサーイル), 駅逓庁(ディーワーン・アルバリード)などの官庁.

ティーン　tīn　イチジク.

ドゥーラーブ　dūlāb　砂糖きび圧搾用の揚水車.

ナ　行

ナーズィル・アルハーッス　nāẓir al-khāṣṣ　スルタンの私的な財庫を預かる管理人.

ハ　行

ハウタ　ḥawṭa　政府による財産の差し押さえ．これにつづいて財産没収(ムサーダラ*)が行われた.

ハジャル・リルマァサラ　ḥajar lil-maʿṣara　砂糖きび圧搾用の石臼.

ハーッサ　khāṣṣa　都市社会の中間層(アーンマ*)に対して，カリフやスルタンとその一族，アミール*，マムルーク*騎士，高級官僚，大商人などからなる富裕な特権層.

ハラーワ　ḥalāwa　各種の甘菓子．ハルワー*ともいう.

ハリーサ　harīsa　肉入りのおかゆ.

ハルカ　ḥalqa　奴隷出身のマムルーク*に対して，マムルークの子供など自由身分の騎士を意味する.

ハルワー　ḥalwā　甘菓子．複数形はハラーワー ḥalāwā．ハラーワ*ともいう.

ハルワーニー　ḥalwānī　甘菓子屋.

ハワージャー　khawājā　「先生」を意味するトルコ語ホジャのアラビア語転訛．マムルーク朝の領域外から来住した富裕な商人に与えられた称号.

ヒスバ　ḥisba　ごまかしのない商取引など，都市生活の秩序を維持し，生活を改善する職務．これを行う者をムフタスィブ*という.

ヒムル　ḥiml　ラクダ1荷の荷物．約250キログラム.

ヒルファ　khilfa　2年目に生えてくるひこばえの砂糖きび．1年目の砂糖きびをラァス*という.

ファッダーン　faddān　耕地面積の単位．元来は耕牛につける軛《くびき》の意味．アイユーブ朝からマムルーク朝にかけては，1ファッダーンは0.637ヘクタール.

ファッラーフ　fallāḥ　複数形はファッラーフーン fallāḥūn．スルタン領やイクターで耕作に従事する自小作の農民．ムザーリウーン*やムラービウーン*もこのなかに含まれる.

ファーニーズ　fānīdh　→スッカル・ファーニーズ

フィランジュ　→イフランジュ

フィルフィル　filfil　香辛料の主要な品目である胡椒．生産地はインド・東南アジア．

フシュカナーニジュ　khushkanānij　アーモンドあるいはピスタチオの実をのせた円形の甘菓子．

フスタート　Fusṭāṭ　7世紀はじめにアラブの軍営都市から発展したエジプトの州都．10世紀後半にカイロが建設されてからも，商業活動の中心地として繁栄した．アイユーブ朝・マムルーク朝時代には，粗糖を精製する製糖所(マトバフ・アッスッカル*)が数多く建設された．

フブズ　khubz　小麦からつくられるパン．騎士たちの生活を維持するイクターも「生活の糧」という意味でフブズと呼ばれた．

フルースィーヤ　furūsīya　アラブの騎士道．

フンドク　funduq　宿屋を意味するアラビア語．イタリア語フォンダコ(商館)の語源．

マ　行

マァサラ・アッスッカル　maʻṣarat al-sukkar　農場の近くにある砂糖きび圧搾所．

マー・アルワルド　mā' al-ward　バラ水．香料用と料理用の2種類がある．

マスラハ　maṣlaḥa　公益．カリフやスルタン，あるいは富裕者にはモスク，マドラサ，病院などを建設して社会の公益を増進することが求められた．

マトバフ・アッスッカル　maṭbakh al-sukkar　砂糖きびの液汁を煮詰めて砂糖をつくる製糖所．粗糖をさらに精製する精糖所もマトバフ・アッスッカルという．

マフミル　maḥmil　メッカ巡礼団を先導するラクダが運ぶ輿．マフマルともいう．

マムルーク　mamlūk　男奴隷を意味するアラビア語．歴史的には，トルコ人，スラヴ人，チェルケス人，アルメニア人，ギリシア人などの「白人奴隷兵」をさして用いられた．

ムカルキラ　muqalqila　砂糖きび栽培用に開発された深耕用の大型犂．

ムサーダラ　muṣādara　富裕者・大商人などを対象にした財産没収．財政補塡策の一環として利用された．

ムザーリウーン　muzāriʻūn　政府やイクター*保有者と耕作請負契約を結

ぶ分益小作農．ファッラーフーン*ともいう．

ムスリマーニー・アルキブト　muslimānī al-Qibṭ　コプト教徒のイスラームへの改宗者．

ムフタスィブ　muḥtasib　都市社会の秩序維持，とくに市場での商取引の公正さを監督する者．この職務をヒスバ*という．

ムラービウーン　murābi'ūn　砂糖きび栽培に従事するエジプトの「四分の一分益農民」．

ラ　行

ラァス　ra's　初年のきび．

ライース・アットゥッジャール　ra'īs al-tujjār　「商人たちの長」．マムルーク朝のスルタンから有力な商人に与えられた名誉職．

ラウク　rawk　検地．税務調査や土地測量にもとづいてイクター*収入を確定し，それにもとづいて軍人へのイクターの再分配をおこなう事業．「サラディンの検地」，「フサーム検地」(1298年)，「ナースィル検地」(1313–25年)などが知られている．

ラスム　rasm　牢獄税，砂糖きび税，香辛料税など，ハラージュ，ウシュル，ジズヤなどの正規税以外の雑税．

ラトル　raṭl　100分の1キンタール*．アッバース朝時代のエジプトでは約300グラム，イランでは2275グラム．アイユーブ朝・マムルーク朝時代のエジプトでは450グラム，砂糖をはかるラトル・ジャルウィーは967グラム．

ラバン　laban　牛乳．ラバン・ハリーブは新鮮な牛乳．砂糖きびを煮沸するときに，雑物を凝固させてとり除くための添加剤としても用いられた．

リシュワ　rishwa　賄賂．

ルッズ　→アルッズ

ルッマーン　rummān　ザクロ．

ワ　行

ワクフ　waqf　寄進および寄進財産を意味するアラビア語．モスク，マドラサ，病院，市場など公共施設の管理・運営費の調達に用いられた．

ワズィール　wazīr　官庁(ディーワーン*)を統括する宰相．

ワバー　wabā'　疫病．ターウーン*(ペスト)を含む流行病をさす．